河南省重点学科——教育学原理（DC2100007072）建设经费资助

国家级课题培育项目"无缝学习时代中小学教师学习领导力模型建构与实践研究"（2020-PYJJ-008）

河南省哲学社会科学规划项目"中小学教师增值性评价素养结构模型与培养机制研究"（2021CJY055）的阶段性研究成果之一

中小学教师的学习领导力

理论建构与现实观照

白文昊 著

Primary and Secondary School
Teachers' Leadership in Learning

Theoretical Construction and Realistic Reflection

中国社会科学出版社

图书在版编目(CIP)数据

中小学教师的学习领导力:理论建构与现实观照/白文昊著.—北京:中国社会科学出版社,2021.12
ISBN 978-7-5203-9342-3

Ⅰ.①中… Ⅱ.①白… Ⅲ.①中小学—教师—教学能力—能力培养—研究 Ⅳ.①G635.12

中国版本图书馆 CIP 数据核字(2021)第 232676 号

出 版 人	赵剑英
责任编辑	周晓慧
责任校对	刘 念
责任印制	戴 宽

出　　版	中国社会科学出版社
社　　址	北京鼓楼西大街甲 158 号
邮　　编	100720
网　　址	http://www.csspw.cn
发 行 部	010-84083685
门 市 部	010-84029450
经　　销	新华书店及其他书店

印刷装订	三河弘翰印务有限公司
版　　次	2021 年 12 月第 1 版
印　　次	2021 年 12 月第 1 次印刷

开　　本	710×1000 1/16
印　　张	19.75
字　　数	316 千字
定　　价	108.00 元

凡购买中国社会科学出版社图书,如有质量问题请与本社营销中心联系调换
电话:010-84083683
版权所有　侵权必究

序　言

　　教师的核心使命在于"教学生学习"，关涉端正学习态度、明确学习价值、选择学习内容、掌握学习方法、改善学习条件、体验学习过程、分享学习成就、提升学习境界等。这一方面要求教师具有极其强大的学习能力和技术水准；另一方面也呼唤教师能够切实彰显其榜样作用和引导力量。唯此，才有可能培育学生学习的主体意识和自律品格，从萌学、会学不断走向善学、乐学，进而促成英才辈出，实现化民强国。所以，教师是否具备学习领导能力，直接影响学生的成长过程和成才结果。古往今来，历代名师大儒无不以身立教、率先垂范，用自己笃实的学习行动教学生学知识、学做人，沿着格物、致知、诚意、正心、修身、齐家、治国、平天下的路径尽智达才，推动教育学人的薪火相传、历久弥新。所谓"严师出高徒"，正是学者严谨治学精神与非凡教育成就的精准概括和价值体现。"教师乃立教之本、兴教之源。"研究教师学习领导力乃文化传承的客观规律和历史必然。

　　当下，移动技术、物联网技术等新兴科技的应用，业已催生了MOOC、社交网络学习、移动学习等新的学习方式。可以说，信息技术与教育的深度融合，引发了教与学更深层次的变革，使得无缝学习成为一种新常态。教与学不仅可以理所当然地发生在课堂上，也可以随时延伸于教室外的任何场所；这不仅需要教育重新思考和定位教学目的、教学内容、教学原则、教学过程、教学策略、教学效能，而且意味着教学越来越从"教"走向"学"，从"完成知识传递"转移至"促进学生学习"。这是一种超越，超越以"教"凌驾于"学"价值之上的逻辑错位；又是一种回归，回归"以学论教"的传统教育智慧；更是一种唤醒，唤醒教师对学生自主学习能力养成的高度重视。当代分布式领导理论亦积极倡导发挥所有教育参与者，包括学校领导、教师、学生等主体的领导潜能与智慧，构建学校联结式的领导体系，强调借助系统持续的努力，改变校内的学习条件与其他相关条件，最终让学校更有效地实现教育目标。研究教师的学习领导力乃学校教育发展的现实要求和时代召唤。

2018年以来，我国先后颁布了《关于实施卓越教师培养计划2.0的意见》《新时代中小学教师职业行为十项准则》以及《关于全面深化新时代教师队伍建设改革的意见》等政策文件，对新时代中国教师队伍建设做出了纲领性、系统性的部署。习近平总书记在全国教育大会上提到"三个牢固树立""四有好老师""四个引路人"和"四个相统一"，特别强调提升教师教书育人的素质与能力。而其中一个关键内涵就是充分发挥教师学习的领导价值。新时代深化我国教师队伍建设的伟大工程已全面启动，中小学教师承担着引领教与学深度变革的重要责任，是推进教育领导改进的中坚力量，必须广泛开发与深度挖掘中小学教师的学习领导力资源，充分彰显其教育主体作用。研究教师的学习领导力乃教师专业发展的未来追求和政策导向。

《中小学教师的学习领导力：理论建构与现实观照》是白文昊博士基于历史、现实与未来的综合考量，在其博士学位论文基础上丰富和完善后的研究成果。通读全书，不难发现，该书具有如下显著特点：

第一，该书以我国中小学教师为研究对象，以分布式领导和领导力模型为研究的理论基础和逻辑起点，提出了中小学教师学习领导力这一研究课题。对学习活动而言，领导不仅仅是学校领导干部的职责，更是教师的责任。教师不仅是传统的教育者，而且是学生学习的直接榜样和引导者。这一选题走在了教师研究的前沿，突破了固有的领导范畴和教师角色意识，具有重大的理论建设价值和现实发展意义。

第二，该书基于混合研究方法开展研究，形成了整合研究范式，尤为注重理论建构与实践应用的有机结合。在理论建构部分，作者采用工作任务分析法描绘出中小学教师的学习领导力任务图谱，借助关键事件访谈法，发掘中小学教师潜在学习领导力的核心构成要素，而后将两种方法所得结论予以深度整合，进而提炼出中小学教师学习领导力的核心要素，并据此编制评价量表，同时借助德尔菲法与小样本调查法对所建构的理论模型进行规范化验证。在实践探究部分，依据所建构的中小学教师学习领导力理论模型自编了"中小学教师学习领导力现状调查问卷"，采取分层随机抽样方法，对东部地区五省市、西部地区四省市与中部地区四省的1387名中小学教师进行了大样本问卷调查，还对中小学校长、骨干教师和普通教师做了深度访谈，考察了中小学教师学习领导力的现状，发现其学习领导力存在的诸多问题，由此提出解决问题的策略。可以说，在整体上做到了理论建构与实践探究的密切关联和相互印证。

第三，该书廓清了中小学教师学习领导力的内涵，并创立了教师领导力的结构模型。作者认为，中小学教师的学习领导力是中小学教师借助自身的知识素养、专业技能和领导潜能等，通过共享领导权责，以学习为中心，对学生和教师同事施予的影响力。这种影响既有方向上的，涉及指向的正负、角度的广狭等；也有程度上的，涉及范围的大小与水平的高低等。从学习领导力的机构来看，主要体现于学习自治力、学习教导力、学习变革力、学习决策力、学习合作力以及学习感召力六个维度。围绕这六个维度，用大量的数据和事实材料进行了充分的论证。此类观点是作者对教师领导力的原理性探索，不仅迎合了教育领导力崭新的发展趋势，也自然回应了新时代建设高质量教师队伍的需求。

第四，该书用自身所建构的理论观照现实问题，具体探寻并尝试提出中小学教师学习领导力提升的策略。作者认为，中小学教师领导力的培养和提升是一项复杂的系统工程，需要多个利益相关主体齐心协力，一致行动。由此构设了以高校的教师教育为基础、以中小学的环境氛围营造为抓手、以教师的个体发展为中心、以政府的教育政策支持为保障的 T-U-S-G 多主体协同联动策略体系，带有显著的创新色彩。

统而言之，白文昊博士的《中小学教师的学习领导力：理论建构与现实观照》一书研究视角新颖、价值突出，方法独特、结构严谨，观点鲜明、理据翔实，关注实用、操作性强，较充分地体现了作者深入的专门知识以及跨学科知识，展示出其厚实的科学研究功底和能力。可以说，这是一部优秀的教师专业发展研究著作。在该著作即将出版之际，作为她的博士生导师，我内心充满喜悦，深感欣慰。原因说来简单，在我指导的十几位博士毕业论文中，她是我所在的学位点历届答辩委员会认定的唯一一篇博士学位论文答辩成绩优秀者。尽管该论著已做多方面的修整，不再是原先的风貌，依然存有部分瑕疵，但瑕不掩瑜，透过字里行间可以感受到其学术之气，折射出诸多闪光点。因而真诚希望她一如既往地热衷于教师专业发展和学习领导研究，并锐意进取，持续发力，追求卓越，将其确立为自己的专业研究特长；同时也愿将其推荐给学校教育领导工作者、教育改革与创新者、教师教育研究者及广大中小学教师朋友，期待对深化教师的学习领导力研究并提升中小学教师的学习领导力水平有所助益。

谨为序。

李保强

2021年7月27日于珞珈山

目 录

前 言 …………………………………………………………… (1)

第一章 绪论 …………………………………………………… (1)
第一节 研究背景 …………………………………………… (1)
一 数字时代教与学深度变革的新趋势 ………………… (1)
二 学习领导力是学校改进的重要课题 ………………… (2)
三 新时代我国教师队伍建设的要求 …………………… (3)
第二节 研究意义 …………………………………………… (4)
一 理论意义 ……………………………………………… (4)
二 实践意义 ……………………………………………… (5)
第三节 文献综述 …………………………………………… (7)
一 国内外关于学习领导的研究 ………………………… (7)
二 国内外关于教师领导力的研究 ……………………… (36)
三 已有研究评析 ………………………………………… (48)
第四节 研究思路与方法 …………………………………… (50)
一 研究思路 ……………………………………………… (50)
二 研究方法 ……………………………………………… (52)
第五节 研究的重点、难点与创新点 ……………………… (53)
一 研究重点 ……………………………………………… (53)
二 研究难点 ……………………………………………… (54)
三 研究创新点 …………………………………………… (54)

第二章　核心概念界定与理论基础解读 …………………………… (56)
第一节　核心概念界定 ………………………………………… (56)
　　一　领导力 …………………………………………………… (56)
　　二　学习领导力 ……………………………………………… (59)
　　三　教师学习领导力 ………………………………………… (60)
　　四　教师学习领导力理论模型 ……………………………… (62)
第二节　相关概念辨析 ………………………………………… (62)
　　一　领导与领导力 …………………………………………… (62)
　　二　教学领导与学习领导 …………………………………… (64)
　　三　教师领导力与教师学习领导力 ………………………… (66)
第三节　研究的理论基础分析 ………………………………… (68)
　　一　领导力五力模型 ………………………………………… (68)
　　二　分布式领导理论 ………………………………………… (73)

第三章　中小学教师学习领导力理论模型建构与验证 ………… (78)
第一节　中小学教师学习领导力理论模型建构的方法 ……… (78)
　　一　能力模型建构方法比较与分析 ………………………… (78)
　　二　中小学教师学习领导力模型建构的技术路线 ………… (79)
第二节　中小学教师学习领导力理论模型的初步构建 ……… (82)
　　一　基于工作任务分析的中小学教师学习领导力要素
　　　　提炼 ……………………………………………………… (82)
　　二　基于关键事件访谈的中小学教师潜在学习领导力
　　　　发掘 ……………………………………………………… (88)
　　三　中小学教师学习领导力理论模型框架的整合提炼 …… (98)
第三节　中小学教师学习领导力理论模型的验证 …………… (102)
　　一　中小学教师学习领导力评价量表的开发 ……………… (102)
　　二　中小学教师学习领导力模型的实践检验 ……………… (131)
第四节　中小学教师学习领导力理论模型的修正与阐释 …… (141)
　　一　中小学教师学习领导力理论模型的修正 ……………… (141)
　　二　中小学教师学习领导力理论模型的阐释 ……………… (142)

第四章　中小学教师学习领导力的现状调研……………………（148）
第一节　调研设计……………………………………………（148）
　　一　调研目的………………………………………………（148）
　　二　调查工具………………………………………………（149）
　　三　调研实施………………………………………………（150）
第二节　调研结果分析………………………………………（153）
　　一　中小学教师学习领导力各维度之间发展不均衡……（153）
　　二　中小学教师学习领导力的发展存在群体间差异……（169）
第三节　中小学教师学习领导力的现实问题及原因………（189）
　　一　学习自治力：思维固化，动机困乏…………………（189）
　　二　学习教导力：知能欠缺，范围受限…………………（194）
　　三　学习变革力：意识匮乏，动力不足…………………（198）
　　四　学习决策力：认知偏差，行动迟滞…………………（202）
　　五　学习合作力：浅表合作，学做分离…………………（206）
　　六　学习感召力：信念乏力，视域狭窄…………………（210）

第五章　中小学教师学习领导力的影响因素分析……………（214）
第一节　个体自身因素对中小学教师学习领导力的影响…（214）
　　一　教师的角色认同………………………………………（214）
　　二　教师的学习态度………………………………………（216）
　　三　教师的学习技能………………………………………（217）
第二节　学校环境对中小学教师学习领导力的影响………（219）
　　一　学校的发展愿景………………………………………（219）
　　二　校长的领导风格………………………………………（221）
　　三　骨干教师的带领作用…………………………………（222）
　　四　学校的激励机制………………………………………（224）
第三节　高校教师教育对中小学教师学习领导力的影响…（226）
　　一　教育领导课程的学习…………………………………（226）
　　二　学习领导实践的参与…………………………………（227）

第四节　政府教育政策对中小学教师学习领导力的影响 …… (228)
　　一　教师的考评制度 ………………………………………… (228)
　　二　相关的激励机制 ………………………………………… (230)

第六章　中小学教师学习领导力的提升策略 ……………………… (232)
第一节　教师个体自我提升：教师学习领导力发展的
　　　　根本策略 ……………………………………………… (233)
　　一　认同角色，增强领导自信 ……………………………… (233)
　　二　坚持学习，提升领导知能 ……………………………… (236)
　　三　及时反思，改进领导实践 ……………………………… (238)
　　四　分享合作，实现共同进步 ……………………………… (241)
第二节　高校教师教育导引：教师学习领导力发展的
　　　　基础策略 ……………………………………………… (244)
　　一　推进职前教师教育改革 ………………………………… (244)
　　二　优化职后教师继续教育 ………………………………… (245)
　　三　健全教师混合研修体系 ………………………………… (246)
　　四　促进专业师资队伍建设 ………………………………… (246)
第三节　中小学环境营造：教师学习领导力发展的
　　　　关键策略 ……………………………………………… (247)
　　一　校长践行民主型领导方式 ……………………………… (247)
　　二　明确教师学习领导的权责 ……………………………… (248)
　　三　改进教师队伍的激励机制 ……………………………… (250)
　　四　营造教师领导的学校文化 ……………………………… (251)
第四节　政府教育政策支持：教师学习领导力发展的
　　　　保障策略 ……………………………………………… (253)
　　一　将教师学习领导力内化为教师专业发展 ……………… (253)
　　二　构建教师学习领导力培养的相关制度 ………………… (254)
　　三　开发教师学习领导力的相关专业标准 ………………… (255)
　　四　将教师学习领导力纳入教师评价体系 ………………… (256)

第七章 研究结论与展望 (258)
第一节 研究结论 (258)
一 中小学教师是学习领导者,应赋予其学习领导权责 (258)

二 中小学教师学习领导力模型是多维复合的结构模型 (259)

三 中小学教师学习领导力各维度之间的发展尚不均衡 (259)

四 多维联动策略可助推中小学教师学习领导力的提升 (260)

第二节 研究不足 (261)
一 调查样本的总量不够丰富 (261)

二 原始数据的利用深度不足 (261)

第三节 研究展望 (262)
一 深化中小学教师亚群体的针对性研究 (262)

二 继续保持对横截面数据的追踪与研究 (262)

参考文献 (264)

附 录 (282)
一 中小学教师的学习领导力理论构建访谈提纲 (282)

二 德尔菲专家征询问卷(第一轮) (284)

三 德尔菲专家征询问卷(第二轮) (289)

四 中小学教师学习领导力调查问卷 (293)

五 中小学教师学习领导力访谈提纲 (297)

后 记 (300)

前　　言

本书通过梳理国内外相关主题研究发现，直接涉及教师学习领导力的成果多集中在教师领导力、教与学变革、学校改进以及学校分布式领导等相关内容上，且集中对教师领导力的内涵与外延、价值及国外实践经验的引介方面。总体而言，关于教师学习领导力的研究尚处于初步探索阶段，成果比较少见，且存在一定的局限性，如研究对象缺乏针对性、研究内容缺乏系统性、研究视角相对单一、研究方法缺乏整合等。本书从跨学科研究视角出发，遵循理论与实践相结合的研究思路，运用整合研究范式，利用文献研究法、工作任务分析法、关键事件访谈法、德尔菲法与调查研究法，尝试廓清中小学教师学习领导力的内涵，建构了包括其全部要义的理论模型，并用所建构的理论观照现实问题，探寻了中小学教师学习领导力提升的策略。

本书得出的主要结论如下。

（1）践行中小学教师学习领导力的首要前提是认可与肯定教师的学习领导者角色。教师以学习为中心开展领导，既是学生学习的引领者，又是同伴学习的促进者。他们不仅在课堂上发挥着学习领导作用，对教师同伴群体的专业学习也具有一定的领导价值，而且学习领导力的辐射范围正逐步拓展。毋庸置疑，学习成为教师开展教学实践活动并发挥领导作用的中心。

（2）中小学教师的学习领导力模型是一个由多维度构成的复合结构模型。具体而言，该理论模型由中小学教师的学习自治力、学习教导力、学习变革力、学习决策力、学习合作力以及学习感召力六个维度构成。从逻辑关系上看，教师的学习自治力注重教师个体对自身学习的领导作用。如果将"学习自治力"视为教师学习能力的"输入",那么,"学习教导力"则可看作教师领导知识与技能的"输出",它关注的是教师如何借助自身的知识与技能对其学生以及周围同事的学习产生导向作用。"学习自治力"与"学习教导力"是中小学教师基本的学习领导能力。"学习变革力"与"学习决策力"互为先决条件与补充,共同构筑了中小学教师学习领导力的核心驱动层面。"学习合作力"与"学习感召力"构成了彼此衔接、循环渐进的学习领导过程,且贯穿整个学习领导力体系的全过程。从目标向度来看,中小学教师学习领导力以引领学生学习、促进教师成长和推动学校改进为目标导向。

(3) 经调查研究发现,我国中小学教师的学习领导力水平整体上居于中等,具有较大的提升空间。其学习自治力、学习教导力、学习合作力、学习感召力这四个维度的得分均超过了 3 分,而学习变革力与学习决策力这两个维度的得分则未达到 3 分,且与得分最高的学习教导力维度的分差最大,达到了 1.19 分,由此表明,我国中小学教师的学习领导力在各个维度之间的发展尚不均衡。教龄、职称、所获荣誉、职务以及学校所在地域与中小学教师学习领导力的发展相关性较大,而教师的学历、年龄以及所在地区与中小学教师学习领导力的相关性较小,性别以及学校类型与中小学教师的学习领导力之间则不存在相关性。

(4) 提升中小学教师的学习领导力可采用多主体联动的策略。针对中小学教师在学习领导力上所存在的问题,本书认为,中小学教师学习领导力的培养与提升是一项复杂的系统性工作,需要建立多主体联动的策略。由此,依据分布式领导理论的核心要义,尝试构建并落实以高校教师教育为基础、以中小学的环境氛围营造为抓手、以教师的个体发展为中心、以政府的教育政策支持为保障的 T-U-S-G 多主体协同联动策略,以期切实提升中小学教师的学习领导力。

第一章 绪论

第一节 研究背景

伯恩斯说:"领导是地球上见得最多却对之认识较少的现象之一,专业领域狭窄所引发的困难也是其他学科不曾遭遇的,综合性理论的问题仍然悬而未决。"① 本书将"中小学教师的学习领导力"作为研究对象,有其特定的缘由与背景。21世纪初,顺应知识经济的到来,终身学习以及步入学习型社会使得教育教学领域发生了诸多变革,与学习直接相关的主要变革包括从个人主义到学习共同体,从知识获得到学习技能提升,从单一方式学习到多元与个性化学习,从学校学习到无边界学习与无缝学习。对学校而言,保障每一位教育参与者的学习成效,提供多元、个性化学习推荐机制是学校效能改进的根本追求。

教师的学习领导力是治理理念下学校教师教育主体作用的再发现,表现为一种间性(成员与成员之间)的影响力,以社会赋予教师的职责为内容指向,以直接引领或潜移默化的形式对教育活动对象和其他参与者施加影响。教师的学习领导力在引领学生个性化学习与自我管理、推动学校管理优化、助力学校效能改进与促进教师专业成长进而建设优秀教师队伍等方面具有多元价值。

一 数字时代教与学深度变革的新趋势

移动技术、物联网技术等新兴科技的应用引发了教与学的巨变,催

---

① 转引自[美]芭芭拉·凯勒曼《领导学:多学科的视角》,林颖、周颖译,格致出版社2008年版,序言。

生出 MOOC、社交网络学习、移动学习等新的学习方式。毫无疑问，无缝学习成为数字时代学习的新常态。① 教与学可发生在课堂上，也可以发生在教室外，这就需要教育重新思考和定位教学目的、教与学的过程，意味着教学越来越从"教"走向"学"。教学需要从"完成知识传递"转移至"促进学生学习"。这是一种超越，超越以"教"凌驾于"学"价值之上的逻辑错位；又是一种回归，回归到"以学论教"的传统教育智慧上；更是一种唤起，唤起教师对学生自主学习能力养成的足够重视。可以说，在教与学发生深度变革的时代，教师学习领导力的研究是对教师作为教育主体及其作用的再发现与深挖掘。

二　学习领导力是学校改进的重要课题

分布式领导倡导发掘所有教育参与者，包括学校领导、教师、学生等主体的领导潜能与智慧，构建学校联结式的领导体系。借助"系统持续地努力，旨在改变校内的学习条件与其他相关条件，最终让学校更有效实现教育目标"②。新一轮基础教育改革的深入，不仅对学校管理工作的改进提出了挑战，同时也使得教师传统的"教书匠"身份及其原本的教学观与教学方式遭受很大程度的冲击。因此，这就要求教师重新审视自身的角色，同时寻找新的定位，成为学习领导者。

自笔者于 2017 年 9 月攻读博士学位以来，在导师团队的带领下，一直致力于基础教育教与学变革问题与教师管理问题的相关研究。在参与课题理论研究和深入学校教学现场的实践研究过程中，在对一些问题的理解越来越清晰的同时，笔者又感觉似乎陷入了越来越深的泥淖中，这是一种对理论与实践、理性与感性、理想与现实纠葛难明的困惑。尽管变革教与学的方式，使学生学会学习已经成为理论上的共识，但学校是如何将这一目标整合在具体的教育实践中的呢？仅靠"领头羊"的校长显然是不行的，或许直接引领学生学习的教师才是问题解

---

① 祝智庭、孙妍妍：《无缝学习——数字时代学习的新常态》，《开放教育研究》2015 年第 1 期。

② 梁歆、黄显华：《学校改进的理论与实证研究》，华东师范大学出版社 2010 年版，第 8 页。

决的关键,通过开发全体中小学教师的学习领导力,进而通过教学实践培养学生学习的自我领导力。正是基于对现实问题的考察与思考,促使笔者将博士学位论文聚焦在"中小学教师的学习领导力"这一领域。此后,通过检索和阅读大量相关文献,以及对现实实践进行持续追踪,最终确定了本书的研究主题。

三 新时代我国教师队伍建设的要求

《中华人民共和国教师法》明确规定,教师有"对学校教育教学、管理工作和教育行政部门的工作提出意见和建议;通过教职工代表大会或者其他形式,参与学校的民主管理"的权利。[①] 已颁布的《中(小)学教师专业标准》和教师专业领导标准为教师专业发展的阶段性提供了必要的参考。然而,我国的现状是:官本位思想严重化、教育行政化、应试压力隐性化、检查评比常规化,这些都加剧了教师对管理体制的不满意感。近几年来,随着国内外学术界对教师专业化与教师专业发展研究的不断深入和拓展,"教师领导力"被越来越多的学者及改革者所关注。他们呼吁增强教师的领导角色,通过教师的共同努力、相互协作,促进其专业成长和发展,并将其影响拓展到课堂之外乃至全校范围的领导活动中去。

2018年以来,《关于实施卓越教师培养计划2.0的意见》《新时代中小学教师职业行为十项准则》以及《关于全面深化新时代教师队伍建设改革的意见》等政策文件相继颁布,对新时代中国教师队伍建设做出了纲领性、系统性的部署。"教师是立教之本、兴教之源。"习近平总书记在全国教育大会上提到"三个牢固树立""四有好老师""四个引路人"和"四个相统一",其中一个关键内涵就是提升教师教书育人的素质与能力。这些都表明,新时代深化我国教师队伍建设的伟大工程已全面启动,因而,研究中小学教师的学习领导力是对深化教师队伍建设改革的积极回应。

---

① 杜晓利:《教师政策》,上海教育出版社2012年版,第101页。

第二节 研究意义

本书首先将"学习"与"领导"两个领域相结合，从一个新的整合视角探索与建构中小学教师学习领导力的理论模型。其次，利用本书所建构的中小学教师学习领导力理论模型来观照我国基础教育现实实践中的中小学教师学习领导力，分析当前我国中小学教师学习领导力在实践中所存在的问题及其背后的原因。最后依据分布式领导理论的核心要义尝试建构旨在提升中小学教师学习领导力的多主体协同联动策略框架，这对于教育领导工作的改进具有较强的理论与实践借鉴意义。

一 理论意义

（一）明晰教师学习领导力内涵，丰富教育领导理论

本书在对教育领导理论以及已有的领导力相关研究进行认真研读的基础上，明确了学习领导力的内涵，认为学习领导力是指借助自身的知识素养、专业技能和领导潜质等，通过履行领导权责，以学习为中心，对他者的学习施予的影响力。中小学教师是学习领导者，具有学习领导力。移动技术与教育教学的深度融合，促使无缝学习成为数字时代学习的新常态，发挥教师的学习领导力尤为必要。本书进一步聚焦与深入学习领导力问题，建构了中小学教师学习领导力的理论模型，并提炼出中小学教师学习领导力理论模型的构成要素、特征，这进一步拓宽了教师领导力的研究领域，丰富了教育领导理论。

（二）重识教师领导角色，拓展学校管理理论

《国家中长期教育改革和发展规划纲要（2010—2020年）》指出，要"完善中小学学校管理制度，建立健全教职工代表大会制度，不断完善科学民主的决策机制"[①]。本书提出了中小学教师的学习领导力概念，并借助实证调研探索和完善教师学习领导力的作用机制，这在一定

---

① 《〈国家中长期教育改革和发展规划纲要（2010—2020年）〉中期评估教师队伍建设专题评估报告》，http://www.moe..gov.cn/jyb_xwfb/xw_fbh/moe_2069/xwfbh_2015n/xwfb_151207/151207_sfcl/201512/t20151207_223264.html。

程度上有利于重新认识和定位中小学教师的地位和作用，让中小学教师成为领导者，赋予中小学教师学习领导者的角色，督促其履行学习领导权责，是对教师教育主体作用的再发现与深挖掘，从而保障中小学教师在现代学校管理事务上更好地发挥领导作用。无疑，促使中小学教师学习领导力的制度化能够完善学校领导机制，拓展学校管理理论，构建促进管理者与被管理者意义交往的新型的学校内部关系。可以说，本书对教师学习领导力作用机制的研究为现代学校管理研究开辟了新的思路，也有助于为学校领导的改进提供理论借鉴。

（三）寻绎教师专业发展的内在逻辑和新的作用机制

教师的专业化发展是一个长期的、系统性的工作。本书提出的中小学教师学习领导力能够帮助中小学教师重新审视自身的角色，从教育领导者这一崭新角度对自身的角色进行重新定位，进而能够借助自身领导潜能的挖掘以及作为教育领导者专业素养的提升来加快其专业成长与发展的步伐。同时，对我国中小学教师学习领导力现实实践的透析有助于厘清教师专业发展的内在逻辑，能够发现中小学教师专业成长背后的新的作用机制。此外，本书尝试建构的中小学教师学习领导力的理论模型可以用来强化与促进以学习为中心的教育领导变革，促进中小学教师围绕学习来优化课堂上的教与学，从而在同伴教研、师生有意义交往中建构学习共同体，有助于教师肩负起提升全体学习者学习质量、推动学校改进的艰巨使命。总之，从中小学教师学习领导力的视角审视教师专业发展，能够廓清教师专业成长与发展的内在逻辑与意义，并为从真正意义上提高我国教师队伍的整体素质提供一种理论上的支持，能够进一步丰富教师专业发展理论。

二 实践意义

（一）借助学习领导这一新的领导范式，促进学校改进

近年来，如何理顺政府和学校之间的关系，建立学校层面的学习型组织，提高学校管理效能，推行"校本管理"以及如何建立现代学校制度一直是学校改进工作中的着力点。但是，应与学校改进工作相呼应的学校内部领导关系的理顺这一问题似乎并没有得到及时跟进研究。此

外，与欧美国家相比，我国学者对学校内部的领导关系与行为的研究起步相对较晚，对其的研究尚存在些许局限，研究者往往只注重校长个体或学校整体领导的提升，对教师作为领导者及其领导行为的研究较为少见，并且多注重关于学校领导的经验归纳，进行纯理论的、短期的思辨研究，因而忽视了长期的、实证的、实地的研究。因此，本书对中小学教师学习领导力的探索有利于完善学校组织内的领导体系，改进学校领导行为与成效，让领导力分布在学校组织中的各个层面，对促进学校的发展，提高学校管理工作效能有着积极的意义。

（二）促进师生间的意义交往，提升教学管理工作效能

研究中小学教师学习领导力可以破解传统意义上靠行政力量，自上而下、由外而内激发教师的学习动力，靠行政权力督促教师参与学校管理事务的弊病。促使中小学教师源自内在成长需要而主动建构教师同侪之间的学习共同体以形成学习领导合力，使其能够在学科融合日益加剧的大背景下，实现群体互助共进，增强凝聚力，构建专业的学习型教师团队。此外，中小学教师学习领导力的发挥可以有效激发教师的职业责任感和成就感，促使师生交往中平等关系的确立，改变教师的教学技能，提高学生学习成效，促使学生学会学习，提升其自我学习管理能力，同时，可以有效地增强教师的专业自信心，达到教学相长的目的。综上所述，教师学习领导力研究能够促进师生及同伴群体间的有意义交往，提升教与学管理工作的效能。

（三）迎接新挑战，或影响知识经济时代的学习生态

经济合作与发展组织（OECD）认为，学习领导力"与积极地促进强有力的、创新的学习环境的设计、实施和维系相关。它通过分布式、联结式的活动和关系来实现。它不仅涉及正式的领导者，还包括其他不同的参与伙伴，在整个学习系统的不同层面得以实施"[①]。这表明学习领导力的具体指向是使知识经济时代学习生态发生巨大改变，这对新时代学习科学领域创新学习生态及其持续有力的实施提出了新方向。因

---

① OECD, *Leadership for 21st Century Learning*, Educational Research and Innovation, OECD Publishing, 2013.

而，在学校学习管理改进层面引入并实施教师学习领导力，与当前创新型学习环境的设计以及日益兴盛、始终强调立足于学习的学习科学的发展趋势亦相呼应，有利于推动知识经济时代新的学习生态的涵育与优化。

第三节 文献综述

一切科学研究均需要在前人研究的基础上进行，借助对已有国内外研究成果的梳理和分析，熟悉研究前沿，进而寻找新的研究空间。同时，通过对最新研究成果的剖析，发现国内外与本书内容相关的最新理论、手段以及研究方法无疑有利于研究的顺利推进。由于教师的学习领导力这一主题尚处于初步探索阶段，因而直接涉及教师学习领导力的相关研究成果较为少见。而与之相关的一些文献多集中在教师领导力、教与学变革、学校改进以及学校分布式领导等相关研究主题上，因此，本书在文献综述部分将根据研究的需要，对与学习领导以及教师领导力相关的研究成果进行梳理。

一 国内外关于学习领导的研究

学习领导（leadership for learning）这一概念是舶来品，由于翻译的差异，在国内有"学习领导""学习领导力"以及"学习导向领导"等不同名称，本书则选择采用较多学者所认同的"学习领导"这一称谓。事实上，"学习"和"领导"两个概念早就存在，但学习领导理念在过去十多年里才流行起来。[①] 当前，"学习领导"一词在西方发达国家陆续成为国际潮流，美国、英国、澳大利亚等西方发达国家，以及中国的香港、台湾等地区的学者都先后对学习领导开展了相关的研究，这些国家和地区在学校层面也进行了学习领导的实践探索。

---

① 比较早地探讨学习领导的理论并以此来命名的著作是美国佐治亚大学 Carl. D. Glickman 所写的《学习领导：如何帮助教师成功》（Leadership for Learning: How to Help Teachers Success）一书，由美国视导与课程发展学会（Association for Supervision and Curriculum Development）于 2002 年出版。

（一）国外关于学习领导的研究

本书对国外关于学习领导的研究成果与现状进行了梳理。以 Web of Science（WOS）核心合集为检索源，主题为"learning leadership"和"leadership for learning"，共检索出论文 4179 篇，检索日期为 2019 年 1 月 1 日，剔除与主题不直接相关的文献，筛选后共得到 3856 篇有效文献，导出全部文献信息，包括题目、作者、关键词、摘要、参考文献、出版刊物等，以此形成研究数据库。

本书使用由美国德雷赛尔大学（Drexel University）陈超美博士开发的可视化分析软件 CiteSpace 和荷兰莱顿大学（Leiden University）CWTS 研究机构研发的被广泛应用于知识图谱分析的软件 VOSviewer 作为主要研究工具。"CiteSpace 不仅能够对文献标题、摘要、关键词、作者、国家（地区）、研究机构、引用文献等信息进行数据挖掘与分析"，"而且在绘制科学知识图谱以及呈现各个研究领域的新动态趋势等方面具有较强的技术和功能优势"[1]。不仅可以统计出不同关键词出现的频率以及共现关系，而且在图谱展现，尤其是在关键词聚类技术等方面有其独特优势。[2]

表 1-1   "学习领导"相关研究数据来源统计

数据检索情况	
数据来源	Web of Science（WOS）核心合集
检索方式	主题检索形式
检索主题词	"learning leadership"或者"leadership for learning"
检索时间	2019 年 1 月 1 日
文献数量	3856

1."学习领导"研究的国家（地区）与机构分布

将 CiteSpace 的 NodeTypes 设置为 Country（国家或地区），运行可

---

[1] C. Chen, "CiteSpace: Detecting and Visualizing Emerging Trends and Transient Patterns in Scientific Literature," *Journal of the American Society for Information Science and Technology*, March 2006, p. 3.

[2] 杜淑幸、彭丽萍、连立麟：《基于 CiteSpace 计量分析的国外工业设计研究现状》，《图书情报工作》2017 年第 6 期。

视化操作得到国家合作图谱（见图1-1）。通过图1-1可以看出"学习领导"研究国家主要集中在美国、英国、中国、澳大利亚等，并且不同国家（地区）之间研究合作关系并不密切。在本书检索出的有效文献中，"学习领导"研究的发文量在不同的国家显示出了较大的差异。其中，美国的文献数量共计44篇，占到发文总数量的28.2%，位居第一。其后依次为英国和中国，分别是28篇和14篇。从全球来看，在学习领导研究领域排名靠前的国家有美国、英国、中国、澳大利亚等。需要注意的是中国虽排名靠前，但在追踪原始文献时发现，在中国学者发表的14篇文献中，中国香港地区占11篇，另外3篇为中国台湾学者发表的，这表明学习领导在中国大陆尚属于有待深入研究的领域。

图1-1　学习领导研究的国家分布

2. 学习领导的研究热点分析

通过CiteSpace软件对国际上学习领导研究的关键词进行科学知识图谱可视化分析得出了学习领导的研究热点知识图谱（见图1-2）。节点代表着检索文献的关键词，关键词所属的面积大小代表其出现的频次，并且频次越多，面积就越大。从图1-2可以明显地看出，领导力（leadership）面积最大，可见其出现频次最高，可以推断出当前学习领导力是该领域的一大研究热点。其次，从图1-2中还可以看出领导力（leadership）、表现（performance）、学习（Learning）、管理（management）以及学校改进（school improvement）等所占面积较大，说明这些关键词出现的频次也很高，可见，这些关键词所代表的意义都属于学习领导研究领域的热点内容。

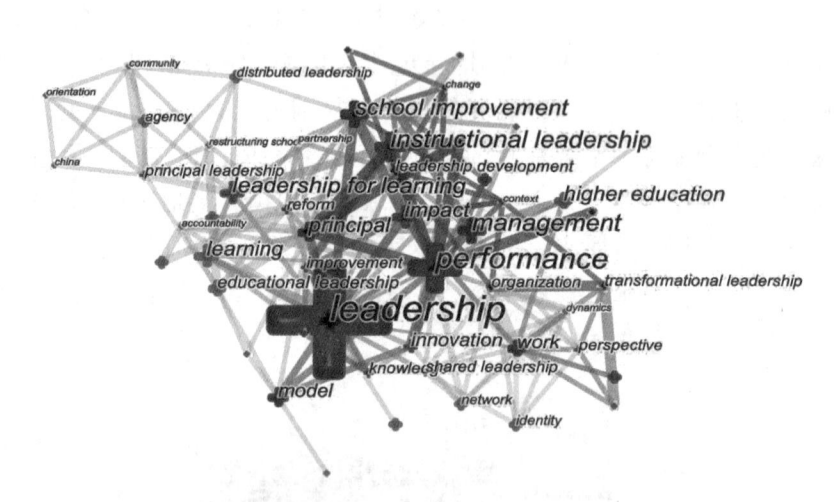

图1-2 国外学习领导研究关键词共现知识图谱

为深入分析学习领导的相关研究热点主题，运用CiteSpace剔除与检索主题无关的关键词，计算出频数表，挑选出频次较高的前10位，制成表1-2。领导力（Leadership）出现的频次最高，为42次，中心性达到0.42；其次为表现（Performance）、教学领导（Instructional leadership）、管理（Management）、学校改进（School Improvement）、学习（Learning）及影响（Impact）等。借由关键词的频次和中心性，本书对相关的原始文献进行分析，进而判定出当前学习领导领域研究的热点如下：学习领导的内涵；学习领导的表现；学习领导的主客体及其关系；学习领导的类型；学习领导在教师教学工作中的实践。另外，高等教育（Higher Education）领域的学习领导研究成果明显多于基础教育领域内学习领导的研究成果，因而高等教育出现在关键词的前10名中。

表1-2　　　　　　　"学习领导"研究关键词前10名

排名	关键词	频次	中心性
1	Leadership for learning（学习领导）	42	0.42
2	Performance（表现）	19	0.43
3	Instructional Leadership（教学领导）	12	0.05
4	Management（管理）	10	0.13
5	Leadership for Learning（学习领导力）	9	0.20
5	School Improvement（学校改进）	9	0.23
6	Learning（学习）	8	0.07
6	Impact（影响）	8	0.07
6	Principal（校长）	8	0.21
7	Higher Education（高等教育）	7	0.08

关于学习领导的意蕴解读。Murphy等认为，学习领导要求领导者始终如一地关注学校教育的核心方面：教与学、课程与评价。学校的其他方面（如行政管理、组织管理、财政管理）也要为核心技术服务，提升学生学习。[1] Swaffield、MacBeath（2009）进一步解释说，领导涉及影响他人、采取主动、做出有利于他人的决定、示范学习行为、为更广泛的利益做出道德选择、适应外部环境、对情境反应灵敏并能够对情境进行影响等活动。[2] 而学者MacBeath将学习领导定义为"学习领导是教育实践的一种独特形式，它聚焦学习，创造学习条件，保持对话，分享领导，共同负责，把领导和学习看作由人类行动连接起来的一种以道德目的为价值追求的活动"[3]。

---

[1] J. Murphy, S. N. Elliott, E. Goldring and A. C. Porter, "Learning-Centered Leadership: A Conceptual Oundation", http://www.wallacefoundation.org/knowledge-center/school-leadership, prinpal-evaluation/Documen.s/Learning-Centered-Leadership-A-Conceptual-Foundation.pdf.

[2] S. Swaffield and J. MacBeath, "Leadership for Learning," In J. MacBeath & N. Dempster (Eds.), *Connecting Leadership and Learning: Principles for Practice*, Hoboken: Taylor and Francis, 2009, pp.32-52.

[3] J. Maceath and N. Dempster, *Connecting Leadership and Learning: Principles for Practice*, Abingdon: Routledge, 2009, p.42.

由此，学习领导是指以学习为中心的一种教育领导，将学习视为领导的核心目标与价值追求。学习领导可视为通过改善学生学习，从而实现学校改进的一种教育实践形式。而学习领导渗透在所有意义交往者之间，展现在成员的关系性交往中，不再是具有领导职位者的专利。一个有力的学习领导者表现出诸如挚爱学习，并履行对自己、对他人的承诺；施加影响，并帮助他人拓展思维，更新看问题和工作的方式；能为不同的人达到更高目标提供咨询帮助；是组织学习的发起者和实干家；理解并倾听组织成员的意见和建议；起模范带头作用并帮助他人一起成为终身学习者。[1] 简单地说，传统的学校学习领导方式在于教师教和学生学，但是，值得深思的是教师的教并不必然导致学生的学，学习也并不等同于学校教育。倘若我们把领导看作一种分享性领导，学习领导则是分散开放的，学习和领导的连接是为学习而领导，不是为领导而学习，领导的重心落在了学习之上。[2] 所以，"学习领导是教育实践的一种独特形式，它关涉坦诚对话，聚焦学习，悉心支持学习，领导既是分享的，也是担当责任的，领导和学习被看作由人类行动连接起来的一种以道德目的为价值追求的活动"[3]。

关于学习领导的主客体及其关系的研究。学习领导与其他教育领导一样，它包含了领导的主体和客体、领导环境等基本要素。但学习领导的目标聚焦于"学习"，着力点在"学习"上，一切领导工作都围绕着"学习"来进行。围绕"学习"的领导，有学者认为，学校是一个学习机构，新的学习范式不再仅仅着眼于个体学习，而是将个体学习置于实践社群这一社会情境之中。在学习上，领导的主体和客体没有严格意义上的区别，但是，校长在领导学习过程中其示范、激励和行政权威的作用大于教师，教师作用又大于学生，而在相互的影响效果上，学生的作

---

[1] Graham Donaldson, "Leadership for Learning: The Challenges of Leading in a Time of Change," Livingston: Denholm Holrse, 2007: 13. http://dera.ioe.ac.uk/8061/7/lflcltc_Redacted.Pdf.

[2] 菲利普·贺灵杰:《学习型领导力：模型及核心维度》,《教育研究》2013年第12期。

[3] John MacBeath and Neil Dempster, *Connecting Leadership and Learning: Principles for Practice*, Abingdon: Routledge, 2009.

用大于教师,教师的作用大于校长。巴斯(1990)指出:"校长在学校应该既不是管理者的领袖,也不是教师的头头,而是学习者的领袖。"①而美国学者 Sylvia 和 Eunice(2004)提出:"学校领导和教师之间是一种合作性的工作关系。在专业学习共同体中,每个人都是学习者。对于学习,学校领导的领导行为应分布于学校组织中的领导者、追随者和特定情境交互作用网络中,领导者既是学校群体的一员,又要为学校的发展负最终的责任;教师是成人学习者,更是引领学生学习、努力学会教学、追求自身主动发展的学习者。"② 由此可见,教师既是学习领导的主体,也是学习领导的客体,既领导学生的学习,又引导自己的学习。

关于学习领导的类型研究。在理清学习领导主体、客体及其关系的同时,国外研究者将学习领导分为学习型领导、学习共同体领导等多种类型。从获取的研究资料来看,国外对学习领导的研究主要将教学领导与分布式领导视为主要的理论来源。

以下将对国外研究者对学习领导类型的研究进行逐一归纳与梳理:

第一,学习型领导。自 20 世纪 60 年代首次提出"学习型组织"这一概念后不久,Argyris 等就提出组织学习的概念,并发表了大量的相关文章,Argyris 也因此被誉为"组织学习"之父。20 世纪 90 年代,彼得·圣吉(Peter. M. Senge)在《变革之舞——学习型组织持续发展面临的挑战》一书中提出,在学习型组织中"将以不同的眼光看待领导",把领导艺术看作一个人类社团塑造未来的能力,特别是持续不断地进行必要的重要变革过程的能力。学习型组织理论,主要讨论使用中的理论、单环与双环学习的概念与系统学习模型;组织心理动力学,基于英国的比恩(Bion)与美国的莱斯(A. K. Rice)研究,发展了关于组织中法定系统与影子系统的双系统理论(the legitimate system and shadow system)。③

---

① [美] 马修斯(Matthews, L. J.)、克罗(Crow, G. M.):《今天怎样当校长》,徐益能译,中国轻工业出版社 2008 年版,第 13 页。
② [美] Sylvia. M. Robert, Eunice. Z. Pruitt:《学习型学校的专业发展——合作活动和策略》,赵丽等译,中国轻工业出版社 2004 年版,第 51 页。
③ C. Argyris and D. Schon, *Organizational Learning: A Theory of Action Perspective*, Addison Wesley Publishers, 1978, pp. 340–352.

学习型领导的核心理念是必须学习一些新的技能和运用一些新的工具，使组织成员能持续不断地提高其能力，并鼓励成员不断进行自我超越，持续不断地学习。此外，致力于学习的过程比致力于任何具体问题的解决更为重要，领导者应负责建立一种组织，能够让其他人不断增进了解复杂性、厘清愿景和改善共同心智模式的能力。也就是说，领导者要对组织的学习负责。学习型领导是指具有强烈的自主学习意识和积极的学习行为，主动引导、激励全体组织成员进行系统学习，提高组织的竞争力和创造力，不断推动自己的组织向学习型组织发展的组织领导者。学习型领导与学习领导的功能基本上是相同的，但是学习领导是一个过程、一种领导范式，它不像学习型领导那样具有固定的称谓，学习领导可以发展成为学习型领导。

第二，学习共同体领导。日本教育学者佐藤学认为："学校是人们共同学习成长的场所，我们必须从这个朴素的观念出发重建学校理想。"而"在学校内部构筑文化与教育公共圈的学校，称之为'学习共同体'。作为'学习共同体'的学校，不仅是儿童相互学习的场所，也是教师相互学习的场所，家长和市民相互学习的场所"；"作为'学习共同体'的学校，是借助一系列具体的工作得以实现的，以学习为中心的教学的创造、教师之间'同事性'（collegiality）的构筑、基于家长与市民的学习网络的构筑、地方教育行政援助学校体制的构筑"[①]。因此，在一所好的学校里，每个人都是教师，每个人又同时是学生。学生学习知识，同时也创收知识；校长教授知识，同时也学习知识；教师在教学的同时也在学习。学习是学校的中心任务，所有的事情都必须围绕这个中心进行。可以说，校长作为学校学习的领导者，对学习成就的提升有着怎样的认识，直接影响着领导取向和师生的学习。

关于学习领导的实践研究。由图 1-2 可知，当下的学习领导研究对学习领导的表现以及学习领导的实践高度关注。事实上，英、美等国

---

① ［日］佐藤学：《学习的快乐——走向对话》，钟启泉译，教育科学出版社 2004 年版，第 340—341 页。

的教育界均从各自的研究中发现了学习和领导之间的密切关系,不约而同地强化了学习和领导之间的联结和影响,重新审视了传统的教育领导方式在实践中产生的问题,并剖析了当前学校教育在学习问题上所遇到的困难。① 例如,研究者 Raaen 认为,教师实践学习领导需要制度空间的支持,而学习的社会性为每一位教师学习者提供了发挥领导的机会,学校除了鼓励教师基于自己的岗位职责,自觉、主动地引领自身的发展之外,还应建立各种学科的、跨学科边界的、不同角色或不同地位的教师构成的学习社群,把教师放入不同的志同道合的团队中,培育学习共同体。而在此之前最重要的是确保每位教师的专业自主权,包括学习的自主权和做出专业判断的自主权。专业自主权意味着一位专业人士有权控制自己的活动,并在权限范围内,有专业合法权和权利来判断什么是对的。② 而在 Wenger 看来,建构多样化的教师专业社群,促进教师以社群为本的学习与发展是促进教师学习领导实践的可靠路径。并且提出:"理想化的教师专业社群,应该是自发性的、非正式的,社群的形成仰赖于三个要素:成员之间经过意义协商而获得的共同的事业心,通过实践和参与而形成彼此卷入的状态以及公共资源的全部共享。"③

在此基础上,英美研究者提出了学习领导理论,研究者将目光聚集在学校最为核心的"学习"任务上。④ 进而主张以学习为焦点来促进学校的发展,分散学校主要负责人的领导压力。⑤ 2001 年,英国剑桥大学 LfL(Leadership for Learning)小组建立了"学习领导:剑桥网络"(Leadership for Leadership: The Cambridge Network)网站。该小组以学习与领导两者的关系为研究重点,其主要目标是提高学习者的学习质量

---

① 艾诗根:《英国学习领导实施的经验评述》,《全球教育展望》2014 年第 9 期。
② F. D. Raaen, "Autonomy, Candour and Professional Teacher Practice: A Discussion Inspired by the Later Works of Michel Foucault," *Journal of Philosophy of Education*, No. 4, 2011, pp. 627 – 641.
③ E. Wenger, *Community of Practice: Learning, Meaning, and Identity*, Cambridge: Cambridge University Press, 1998, pp. 73 – 85.
④ Graham Donaldson, *Leadership for Learning: The Challenges of Leading in a Time of Change*, Livingston: Denholm House, 2007, p. 13.
⑤ David Frost, "The Concept of 'Agency' in Leadership for Learning," *Leading and Managing*, No. 2, 2006, p. 19.

以及实现学校领导方式的更新。① 他们选取了横跨美国、澳大利亚和欧洲五国的 22 所中小学校为研究对象，开展学习领导的国际研究，其影响覆盖世界各地。研究者将学习作为领导的核心，并提出了学习领导实践的五项原则和学习领导模型。② 2006 年，范德堡大学的 Joseph Murphy、Stephen N. Elliott、Ellen Goldring 与 Andrew C. Portor 等在美国华莱士基金会（Wallace Foundation）③ 的支持下，提出了学习领导的概念及其重要意义，同时建构了学习领导的理论模型。在此基础上，他们结合美国州际学校领导者认证联合会（the Interstate School Leaders Licensure Consortium）制定的"学校领导者标准（Standards for School Leaders）"，开发了以学习领导为基础的范德堡大学领导行为评价体系（Vanderbilt Assessment of Leadership in Education，VAL-Ed）。2011 年，由 Spinger 公司出版、格拉斯哥大学教育学院 Tony Townsend 与剑桥大学教育学院 John MacBeath 主编的《学习领导国际手册》（International Handbook of Leadership for Learning）出版。④ 来自世界 9 个地区、31 个国家的作者，立足于本国政治、经济与文化背景，论述了学习领导理论对于本国教育领导研究与推动学校改进的意义，开拓了学习领导理论与实践探索的国际视野。

经比较发现，英、美两国关于学习领导的研究有以下几点不同：首先，研究的侧重点不同，范德堡大学领导行为评价体系是一项 360 度的领导行为评估工具。其研究对象不只是校长，还包括教师、学生等其他人员。但是，最终目的是评估领导者的领导行为对学校的改进，特别是

---

① Christine Forde, "Leadership for Learning: Educating Educational Leaders," In Tony Townsend & John MacBeatb (eds.), *International Handbook of Leadership for Learning*, London: Springer, 2011.

② E. Goldring, A. C. Porter, J. Murphy, S. N. Elliott and X. C. Cravens, "Assessing Learning-Centered Leadership: Connections to Research, Professional Standards, and Current Practices," *Leadership and Policy in Schools*, No. 1, 2009, pp. 1 – 36.

③ 美国华莱士基金会是一个独立的基金会，其使命是为所有人拓展学习机会。为此，资助了许多相关的项目研究。该基金会将增强教育领导，改善学生学业成就作为主要目的之一。详见：www.wallacefoundation.org。

④ T. Townsend and J. MacBeath (eds.), *International Handbook of Leadership for Learning*, London: Springer, 2011.

对学生学业成就的影响，进而采取相应的学校改进策略，改善教育质量。而英国 LfL 小组将重点定位在学习与领导两者的连接上。不仅关注学习、领导，而且想要探明如何将学习与领导连接起来，并尝试超越语言、距离等障碍，开展国际学习领导研究，最终提出了学习领导实践的五项原则，即聚焦学习、创造学习条件、保持对话、分享领导与分享问责。[1] 此外，英国的跨国学习领导实践试图探索适合各国学习领导研究的普适性方法。尽管语言、文化等方面存在差异，但是他们通过大量的实证研究，历时三年得出了各国普遍适合的学习领导实践原则[2]，具有重大的研究意义。最后，两国对学习领导的研究方法稍有不同。美国的学习领导研究主要使用的是量化研究方法。而英国的学习领导研究则采用了量化研究、质化研究等多种方法。例如，研究者为了真实地反映24 所学校学习之前的基本情况，利用"肖像画"等质化研究方法，从校长、教师、学生及研究团队成员中全面收集数据。

从图 1-3 关于学习领导研究关键词聚类知识图谱中我们可以看出，当前国外对学习领导的研究主要形成了五个大的聚类，即学习型组织（learning organization）、变革（change）领导、激励（motivation）、共享式领导（shared leadership）以及中介群体（agency）。这反映出学习领导理论在过去十几年里取得了较快的发展，出现了教学领导（instructional leadership）、管理式领导（managerial leadership）、转型领导（transformational leadership）、道德领导（moral leadership）、参与式领导（participative leadership）、权变领导（contingent leadership）、教师领导（teacher leadership）等主要的教育领导方式，这些不同的教育领导方式各有侧重，也有与学习领导研究相互重合和借鉴的一面，整体上反映了教育领导理论的发展状况及其走向。

同时，研究者对学习领导的研究逐步拓展到学校教育领导变革上。

---

[1] Cambridge University, Faculty of Education. Leadership for Leadership: The Cambridge Network, http://www.educ.cam.ac.uk/centres/lfl/about/PDFs/LfL%20framework%20&%20principles.principles.pdf.

[2] J. MacBeath and N. Dempster, *Connecting Leadership and Learning: Principles for Practice*, Abingdon: Routledge, 2009, p.42.

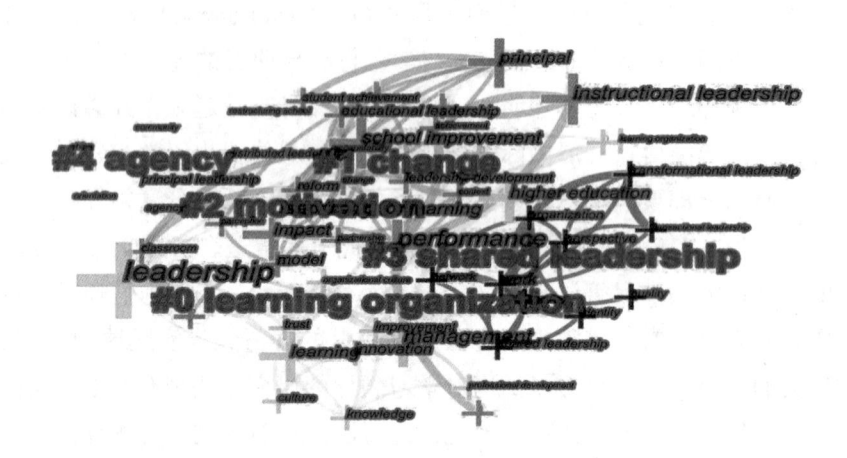

图1-3 学习领导研究关键词聚类知识图谱

有研究者提出，学习领导是领导者个体与他人一起分享责任的活动，也是领导者影响并服务他人，为了目的至善而主动做出决策，以及敏感地察觉当下的社会文化环境并带头学习的实践活动。以共享式领导、中介群体、共同体等为特征的学校领导实践变革为学习领导的发展提供了更为有利的环境支持，而学习领导也促使学校领导实践发生深度变革。[1] 例如，美国有学者认为，通过学习领导实践，可提高学生的学习成绩，提升教师的专业能力，促进学校发展。[2] 此外，在许多关于学校改进的研究中，校长扮演着重要的角色，但是真正获得成功的学校，只有"领导集体"才具有促进组织变革成功的态度和技巧。[3] Silins 与 Mulford 通过"为了组织学习与学生成就的领导"项目（Leadership for Organisational Learning and Student Outcomes，LOLSO），探究学校领导与学生非学术成就的关系。学生非学术成就是相对于学生的学术成就来说的，例如学生参与学校活动、出勤率、学生对自身学术表现的看法、学校留级

---

[1] John MacBeath & Neil Dempster (eds.), *Connecting Leadership and Learning: Principles for Practice*, Abingdon: Routledge, 2009, p.38.
[2] 刘茜：《学习领导理论述评》，《外国教育研究》2011年第1期。
[3] ［挪威］波·达林：《理论与战略：国际视野中的学校发展》，范国睿译，教育科学出版社2002年版，第95页。

率、毕业率等。该项研究还审视了学生的非学术成就与留级率以及学生的学术表现的联系。研究发现，学校领导、组织学习及教师工作对学生的非学术成就，例如出勤率、对学术的自我概念形成等发挥着重要作用。他们还归纳了成功的学校领导的三个基础："发展人员、确定方向、重构组织"。① 这三个基础也可被称作成功的学校领导实践的核心内容。具体来讲，"发展人员"指的是如何对待人。那些成功实现改进的学校，每个人都被赋予领导职责，积极参与到学校工作中。他们在公开透明的、相互促进、支持他人的学习共同体中被信任、被尊重、被鼓励参与学校决策制定。拥有明确的发展方向是专业学习共同体的基本特征。学习共同体成员共享价值观与规范，通过合作与批判性对话，共同参与，持续改善学生学习。"重构组织"指不断增强组织的学习能力。学习共同体成员在持续的、充满关怀的专业发展计划中培养这种能力。Heck 和 Hallinger 总结了有关学校领导的研究成果，归纳了促进学校改进的领导特征：领导者为学生创造积极的学习环境；将学术期望与支持融入课程标准、组织结构与教学过程之中；改变学习策略以适应学校变革；鼓励全体成员的专业学习，促进学校从事、实施、维持变革领导，通过人员、结构、过程来影响学习。② 由此可见，分享领导权利，赋权于教师，鼓励教师和学生参与学校决策，鼓励人人都成为领导者，将是学校领导发展的一大趋势。

3. 关于学习领导研究的前沿趋势分析

借助 CiteSpace 软件对学习领导相关研究的关键词时区分布情况进行可视化分析（见图 1-4）。2009—2010 年的研究重点主要是在学习领导理念以及表现上，但 2010 年，学者开始对教学领导（instructional leadership）进行研究，2010—2012 年，伴随着学习领导理论的研究，

---

① H. Silins and B. Miilford, "Leadership and School Effectiveness and Improvement," In T. Townsend J. MacBeath (eds.), *International Handbook of School Effectiveness and Improvement*, Springer, 2009, pp. 635–658.

② Ronald H. Heck and Philip Hallinger, "Assessing the Contribution of Distributed Leadeahip to School Improvement and Growth in Math Achievement," *American Educational Research Journal*, No. 46, 2009, pp. 659–690.

开始出现领导力提升（leadership improvement）与领导力发展（leadership development）等有关提升学习领导实践的探索。与此同时，也出现了学习领导方式的探索，如管理式领导（managerial leadership）、转型领导（transformational leadership）、道德领导（moral leadership）、参与式领导（participative leadership）等。2013 年学习领导的模型（model）首次出现，随后，学习领导（leadership for learning）提升与分布式领导（distributed leadership）、教育质量（education quality）以及教师专业发展（professional development）等的相关性开始密切起来。根据对近十年来外文文献中的关键词时区演进趋势以及 2018 年出现的关键词进行合理推断，笔者预测，学习领导与学校文化的关系、学习领导与教师专业发展的关系、学习领导与学校改进的关系以及学习领导模型等方面的研究将持续成为学习领导领域的研究热点与趋势。

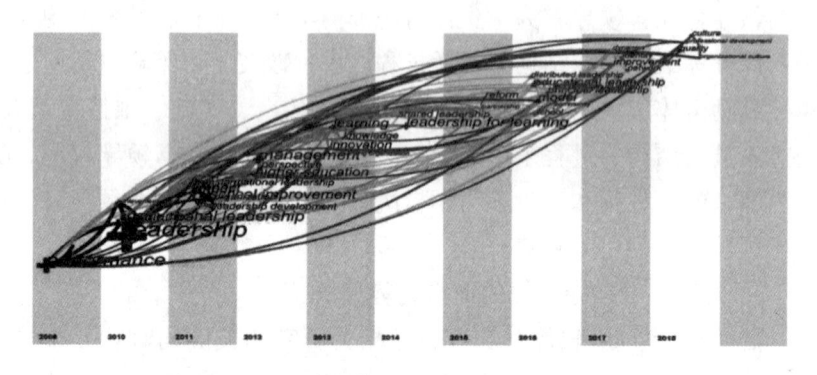

图 1-4 学习领导研究热点时区演进分布

学习领导理论指出，理解与实现一所学校或一个教师社群的学习，除了关注学什么、怎么学之外，学校系统中的支持性文化环境建设也十分重要。学校文化对于学习领导而言，犹如土壤与空气，其重要性不言而喻。支持学习领导的学校文化氛围应该是开放的、信任的与进取的。英国剑桥大学 LfL 小组也提出，学习领导是一种道德责任，是人类行动变革的标志，是对"个人英雄式"科层制领导的修正。学习领导体现了学校的隐性文化与分布式领导的知识优势、弹性和创造性，注重对话的本质和质量,体现学校的隐性文化。①

关于学习领导与教师专业发展关系方面的研究,当前的研究趋势是,研究者不约而同地认为领导者不是组织中职位最高的人,最有效的组织需要每个层次都有优质的领导者,引导所有人为实现最高目标做出个人的贡献,由此教师也是学习领导着重培养的对象,要求教师成为课堂教学、校际和学习共同体的领导者,这样的学习领导者是优秀的教师,他们拥有专业标准认可的专业知识技能和优厚的经济报酬,通过自己的持续学习和发展成为专业实践者,并在专业发展中支持其他老师专业知识和技能的发展。例如,在英国,高级技能教师(Advanced Skills Teachers)、卓越教师(Excellent Teachers)和特许教师(Chartered Teachers)被认为是有潜力和能力成为 21 世纪的高级教育实践者,承担着学习领导的重任。②

关于学习领导与学校改进的关系研究,国外学者主要聚焦于四个方面的探索:其一,建立共同的学校愿景、确定目标,鼓励学校全体成员为了实现共同的目标而努力,具体来讲,建立共同的愿景、制定共同的学校目标以促使成员对工作保持高期望与高热情。其二,理解与培养学习领导者,其基本目的是激发学校成员的成就动机,以提高他们的知识与技能,增强学校成员的使命感。具体来讲,包括提供个性化支持、激励,进行价值观引领与行为示范。其三,重构组织,包括建立良好的学校环境,鼓励教师充分利用动机、承诺与能力。具体来讲,包括发展合作的学校文化,创造一种能够参与决策的组织结构。其四,管理教与学,目的是为教师提供富有成效的工作环境,包括改善学校基础设施、改进学校教学计划、提供学习领导支持等。

当前,对学习领导理论模型进行建构与探索日益成为研究者饶有兴趣的研究主题。比较典型和有代表性的学习领导理论模型有三种:学习领导的"婚礼蛋糕"模型(wedding cake model)、学习中心领导结构模

---

① 义诗根:《英国学习领导实施的经验评述》,《全球教育展望》2014 年第 9 期。
② David Frost, "Creating Participative Learning Cultures through Student Leadership," Tony Townsend & John MacBeath (eds.), *International Handbook of Leadership for Learning*, London: Springer, 2011, pp. 872–873.

型（learning centered leadership framework）和学习领导的综合模型（synthesized model of leadership for learning）。

学习领导的"婚礼蛋糕"模型（见图1-5）是由美国华盛顿大学的克纳普（Michael S. Knapp）、科普兰（Michael A. Copland）和斯坦福大学的塔尔伯特（Joan E. Talbert）在2003年提出来的。① 在领导实践中，学习领导的"婚礼蛋糕"模型包括五个方面的内容：②

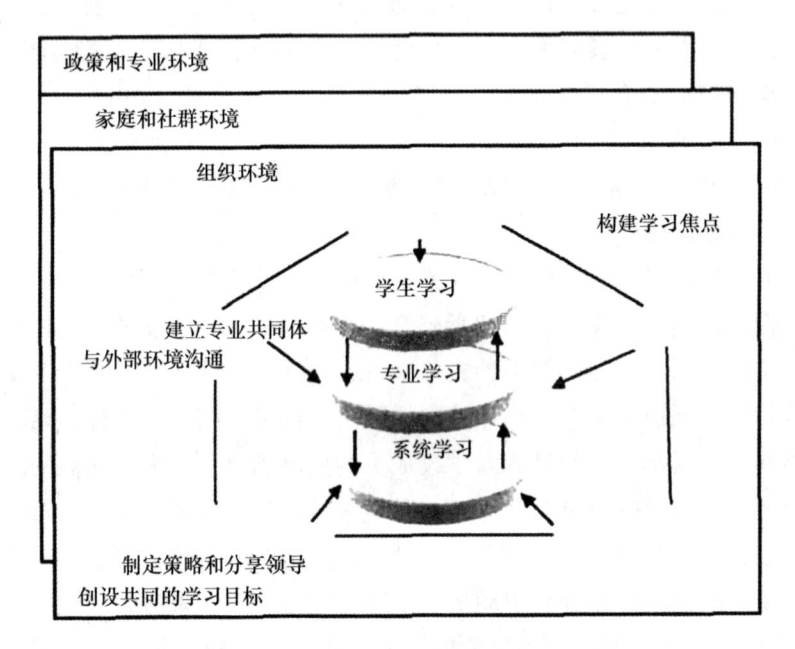

图1-5 学习领导的"婚礼蛋糕"模型

第一，构建学习焦点。学习是领导工作的中心，领导者需要经常与学生交流学习的重要性，花时间观察教学，并与师生和行政人员一

---

① Michael S. Knapp, Michael A. Copland and Joan E. Talbert, *Leading for Learning: Reflective Tools for School and District Leaders*, Seattle: Center for the Study of Teaching and Policy, University of Washington, 2003, p. 13.

② Michael A. Copland and Michael S. Knapp, *Connecting Leadership with Learning: A Framework for Reflection, Planing and Action*, Alexandria: Association for Supervision and Curriculum Development, 2006, pp. 24-25.

起讨论学习的方法，弄清楚学习的核心价值。第二，建立有价值的专业共同体。领导者需要培育工作文化（work cultures）和支持成员的学习，与学校和社区的专业人士建立相互信任的关系，与成员一起工作，共同分担责任，引导成员积极参与专业共同体的学习，支持群体的核心价值观。第三，与外部环境沟通。努力理解社区、专业和政策环境，培育个体和团体的关系，预测并学会管理不同形式的冲突，为学习者争取和提供财力、智力和人力资源的支持。第四，制定策略和分享领导。领导者需要最大限度地通过不同途径动员学习者参与学习，让学校的所有成员都担当起一分责任，给予不同个体不同的职位和责任，帮助他人学做领导。第五，创设共同的学习目标。领导应有目的地整合学生学习、专业学习和系统学习，学校领导需要与成员协调一致，创设学校教学和学习的共同愿景，鼓励不同学习主体之间的相互交流和支持。

学习领导的"婚礼蛋糕"模型提出了23条具体的实施路径，每条路径都包括了不同层面的学习活动，主要有四个层面：一是学生学习与课程、评估和问责相结合；二是教师和行政人员的专业发展路径；三是支持学习者的特殊学习需要；四是立足于现场学习与完善制度相结合。该模式注重学习领导的可操作性，对学生学习、专业学习和系统学习在学校、社区和领导实践中的具体做法进行了详细的分析，其最终的目的是呼吁领导聚焦学习以及通过领导来学习。

学习中心领导结构模型是由美国范德堡大学的墨菲（Joseph Murphy）、艾略特（Stephen N. Elliott）、戈德林（Ellen Goldring）、波特（Andrew C. Porter）共同开发的，该模式旨在评估校长和学校的领导团队以学习为中心的领导行为（见图1-6）。学习中心领导结构模型认为，领导的行为是由领导者的个人经历、知识积累、个性特征、价值观和信念四个方面组成。该模型围绕如何改善学生学习和追求学校进步等核心概念进行设计，强调领导者通过影响学校运行和班级活动来间接影响学生的学业成就。领导行为影响的结果具体表现为三个重要的时间段，即期末考试的成绩、毕业和大学的入学率，并假定从学习质量、价值增值和机会平等三个方面来看待学生的高成就，承认环境在改善学校

方面所起的重要作用。该模式概括了学习领导的八个方面：①

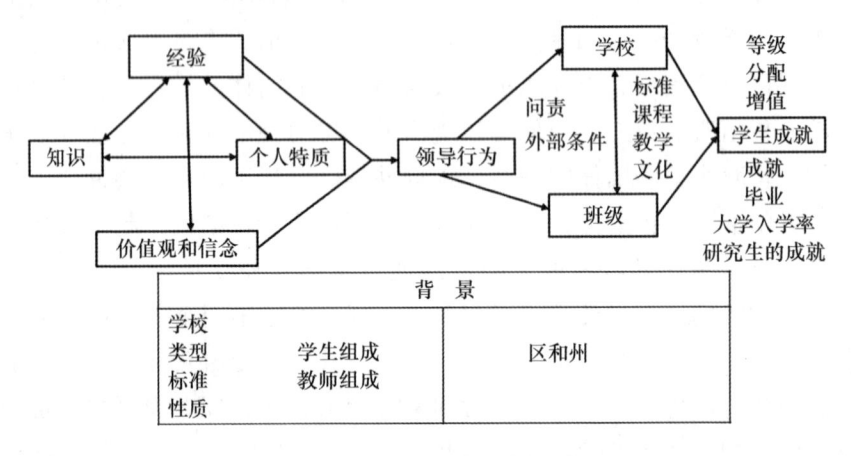

图 1-6　学习中心领导结构模型

一是学习愿景。大量证据表明，优质学校的领导者注重制定反映高标准学习的学校愿景，通过不同方式向全体成员阐明学校使命，并落实学校目标，领导乐观、热情，并能激发他人一起促使学习愿景的实现。二是教学方案。具有高成就的学校领导者能够把握学习和教学的核心技术，带领教师有效利用各种资源引导学生思考，最大限度地提升学生的学业成就和社会学习能力。三是课程方案。以改善学校为中心的领导者，能与同事共同制定严谨的课程方案，能够提供适合每个学生学习的高质量的方案和学业内容，学习目标、教学、课程材料和评估能够协调一致。四是评估方案。学校领导者通过正式或非正式的途径来监测和收集关于课堂和学校的数据，确保真实测量学生的学习成就，为学生学习服务。五是学习共同体。有效的学校领导者能营造健康的学习环境，是教师专业发展的积极推动者，能够有效促进学习共同体的发展。六是资源的获得与运用。学校领导者特别善于争取和利用资源支持教师的教学发展，

---

① Joseph Murphy, Stephen N. Elliott and Ellen Goldring, "Leadership for Learning: A Research-based Model and Taxonomy of Behaviors," *School Leadership and Management*, No. 2, 2007, pp. 179–201.

以促进学校目标的实现和满足学生的学习需要。七是组织文化。一个有效的学校组织有自身文化生产的重点,并能促进组织文化的持续发展,使组织成员能够在安全有序的学习环境中成长,能够塑造学校组织文化的特色和个性。八是社会性支持。要使学校有高期望以及学生有高标准的学业成就,学校需要与家庭、社区建立合作互惠的关系,家庭和社区对学校的积极支持有助于学校目标的实现和学生学习质量的提升。学习中心领导结构在上述主要内容的基础上,提出了实施学习领导的六项关键过程,它们分别为规划、实施、支持、倡导、沟通和监督。[①]

Hallinger 在总结诸多学者研究成果的基础上,归纳了学习领导的综合模型(见图1-7),认为学习导向的领导研究在促进学习和改善学校方面取得了巨大的进步,为此他提炼出了学习领导的四个重要维度:价值领导、领导焦点、领导脉络和共享领导。[②]

学习领导的综合模型强调学习和领导需要植入学校组织和各种环境背景中来考虑,因为学校领导者会受到学校、社区、制度和社会文化情境的影响。领导权的行使与领导者的个人特质也有联系,价值、信念、知识和经验都是领导实践的重要变量,这些变量是对上述学习领导理论模型的合理整合。领导者并不直接对学生成就带来影响,而是通过学校组织或其他条件对学生的学习成就带来间接的影响,学校领导者对学校的影响也受到学校条件的限制。首先,领导者需要价值观念做支撑,学校的价值导向可能是多方面的,无论是为了改进学生的学习,还是组织发展和社群服务等,领导者都要意识到这些不同层面的价值取向对教师和学生学习的影响。其次,领导者需要探明通过哪些路径对学习者产生影响。已有研究表明,清晰的学校愿景和目标有助于改善课堂的学习和教学,激励员工多奉献,努力达成集体目标,这是学校发展的风向标。同时,也要选择合理的领导方式,比如,教学领导能够更好地捕捉学校领导对学习的影响。更重要的是发挥组织中人员的能动性,学校的发展

[①] J. 墨菲、E. 戈德林、S. 艾略特等:《范德堡教育领导力评估:以学习为中心的评估方式》,《华东师范大学学报》(教育科学版)2011年第1期。

[②] Philip Hallinger, "Leadership for Learning: Lessons from 40 Years of Empirical Research," *Journal of Educational Administration*, No. 2, 2011, pp. 125–142.

是全体成员共同努力的结果。再次，领导不能脱离社会文化的背景，学习领导起初是源于有效学校的研究，学校的背景是影响学习成就和领导的重要因素，领导者的行为以及影响的效果因学校的差异而有所不同。最后，领导责任不能只落实在校长身上，学校的成员也应参与学校决策领导，让教师领导、分享性领导以及分布式领导发挥更大的作用。由此可见，该模型肯定了校长是学校发展的价值引领者，但校长也只有与组织成员密切合作，方能有效改善学习的条件和促进学校的发展。领导者要建构学校不断改善的能力，花时间了解学校的背景，找寻适合学校发展的领导策略，与他人一起合作分享领导权并赋权增能，从而改善学校的发展和提升学习者的学习质量。

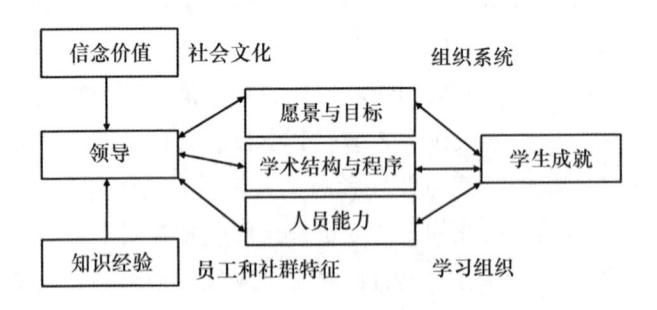

图1-7 学习领导的综合模型

综上所述，国外研究者将学校教育的最终目的不断聚焦于学生学习方面。而学习领导以学习为中心，其实践的核心是分享领导与共享责任，这与分布式领导理论所强调的"领导并非一个或少数几个占据领导职位者所独享的职能，而是在合作性工作中发生的、分布于整个组织中的集体行为"[①] 高度耦合。由此可见，分享领导适应了学校领导理论的发展趋势，在分享的学习共同体中，学习领导可促进学校改进。进而，我们可得出结论，学习领导是一种成功的学校领导，可促进学校改进，提升学生的学习成就。此外，国外学者对学习领导理论模型的建构也为我们思考和探索基于本土教育实际的学习领导模型提供了相关借鉴。

---

① 冯大鸣：《分布式领导理论的教育管理意义》，《现代基础教育研究》2012年第4期。

(二) 国内关于学习领导的研究

借助 CNKI 数据库，以关键词"学习领导"，不设置发表年度进行检索，共检索出 49 篇文章，经过筛选发现，仅有 20 篇文章的内容与学习领导研究高度相关。这些文章包括学习领导理论的建构、国外学习领导理论研究、学习领导在学校改进中的实施研究以及学习领导的个案研究等，从不同视角展示了学习领导内涵的最新发展。

本书采用文本分析法对文章内容及主要观点进行提取、总结、分类，借助 Excel 2016 分析工具统计出频率和分布，从研究内容、研究目的、研究方法和研究对象四个方面对已有研究成果进行概括、分析和讨论（见表 1-3）。

表 1-3　　　　　　　　国内学习领导文献类目编码

维度	类目	编码	类目描述
研究内容（C）	内涵、理念研究	C1	学习领导的内涵、外延与基本理论的研究
	比较借鉴研究	C2	国外学习领导述评、经验的介绍与启示
	实践研究	C3	学习领导推进学校改革；学习领导模式的实施
	个案研究	C4	对某一区域或者学校学习领导实施进行调查研究
研究目的（O）	对学校发展的影响	O1	对学校改进的影响
	对教师发展的影响	O2	对教师自身专业发展的影响
	对学生发展的影响	O3	对学生学业成绩、学习能力等的影响
	综合研究	O4	对以上至少两个主体产生影响
研究方法（M）	理论思辨研究法	M1	仅从理论上构建一种模型或者进行理论思辨研究
	问卷调查研究法	M2	利用问卷调查学习领导的实施
	访谈研究法	M3	利用问卷调查学习领导的实施
	教育实验研究法	M4	教育实验设计
	统计分析研究法	M5	对统计数据进行简单描述
研究对象（P）	学校领导	P1	包括班主任在内的从事学校行政工作的人员
	教师	P2	从事学科教学的老师
	学生	P3	在校生

相对于国外的研究现状而言，我国学习领导研究因起步较晚而尚未形成体系。通过分析国内已有的研究成果，可明确我国关于学习领导研究的现状，并管窥未来的发展趋势。从图 1-8 国内关于学习领导的研究成果增长趋势来看，学习领导理论在国内还是一个崭新的领域，我国对学习领导的研究尚处于初步探索阶段，最早关于学习领导研究的成果是刘茜 2011 年发表在《外国教育研究》上的题名为"学习领导理论述评"的论文。该文主要从学习领导理论的内涵与理论模型，实施策略与方法，探讨学习领导理论对学校领导、教师专业发展、学生学习成绩、建设学习型学校的重要影响。[①] 同时可以看出，相关研究的数量虽不多，但近五年来呈明显增加的趋势，这表明国内研究者开始关注学习领导这一领域的发展及其影响。

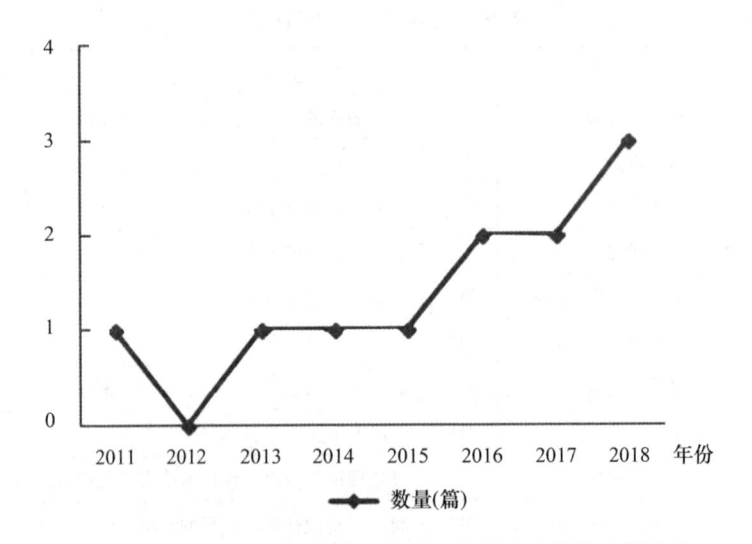

图 1-8 2011—2018 年国内关于学习领导研究的发文量趋势

关于学习领导研究内容，从图 1-9 所示的学习领导研究内容分布中可看出，已有研究成果的近半数在探讨学习领导的内涵、外延及基本理念问题，这在一定程度上反映出国内对学习领导的概念界定尚

---

① 刘茜：《学习领导理论述评》，《外国教育研究》2011 年第 1 期。

未清晰，研究者对学习领导的相关理论尚未达成共识，因而争鸣较多，这也是国内研究者把学习领导内涵作为重点关注的一个原因。另外，国内研究者较为注重介绍国外经验与做法及其启示，在实践中开始尝试进行个案研究分析，这说明我国的学习领导实践处于初步探索阶段。

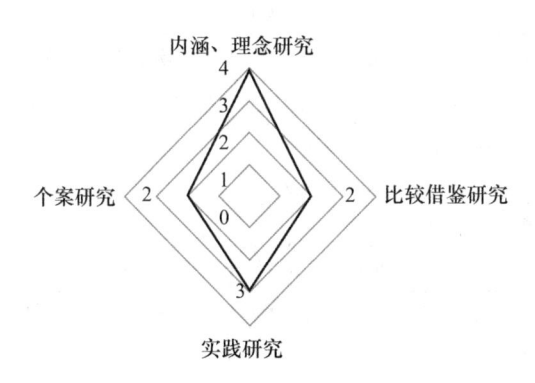

图1-9 国内关于学习领导研究的内容分布

为了进一步探明我国学者对学习领导的研究，本书对原始文献进行仔细分析并整理成表1-4，以求对学习领导的研究内容进行深度剖析。

1. 国内学习领导的研究主题与内容

关于学习领导内涵与外延的研究。当领导就要能够领导学习。学会领导他人首先要学会领导自己，因而学习领导者的自主学习很重要。在学校这样的组织中，学习领导者需要不断地学习，学习是行使领导责任首要关心的问题，学习和领导是相互嵌合在一起的，学习能够让人们自信地与他人一起共享领导和解决问题。[①] 曾艳、黎万红、卢乃桂（2014）认为："教育是以学习为中心的事业，学习从来就是教育领导和学校领导的核心目标和领域。学习与领导的关系始终是教育领导探究的核心问题，提出学习领导的广泛分布可视为教育社群的本质特征，即学习者即领导者，领导者即学习者；将关注点从学生学习扩展至整个教

---

① 单文经：《试释学习领导的意义》，《教育研究月刊》2013年第5期。

表1-4　　　　　　国内关于学习领导的研究成果汇总

关键词	数量	篇名	内容与主题
学习领导	10	教师学习领导的"内涵·意义·实践"机制（2015）	教师学习领导
		学习领导理论述评（2011）	理论研究
		英国学习领导实施的经验评述（2014）	学校改进
		小学英语教师学习领导的个案研究（2012）	教师学习
		通过学习领导来推动学校改进的理论与实践研究（2016）	学校改进
		学习领导理论的基本理念、理论模型和经验启示（2016）	理论研究
		学习领导模式的建构与实施研究（2016）	理论研究
		轮岗交流教师的学习领导信念、行为与影响：基于北京市Z区的调查（2018）	校本研修 教师学习
		"学习领导"视野下的校本研修建设路径（2017）	学习社群
		学校教学领导的典范转移：兼论学习领导的兴起（2017）	学习领导理论
学习型领导力	3	学习型领导：模型及核心维度（2013）	学习领导理论
		学习型领导理论的研究与探索（2013）	学习领导理论
		探寻学习型领导——一项关于中学校长的质的研究（2004）	校长的学习领导
学习的领导	1	学习的领导：理解教育领导的新范式（2014）	本质内涵
学习领导者	1	课程改革中教师成为学习领导者的路径探索——基于一项实证研究的探讨（2014）	教师学习领导
学习导向型领导	1	学习导向型领导：影响教师组织学习的领导因素——来自上海部分中学的调研数据（2015）	教师组织学习 提升学校效能
以学习为中心的领导	2	美国教育领导力评价研究三十年：回顾与启示（2012）	领导力评价 关系研究
		以学习为中心的校长领导力与中小学教师领导的关系研究（2015）	
学习领导力	2	校长的教师学习领导为个案研究（2015）	校长的学习领导 学习领导力 学校改进
		学习领导力：区域层面学校改进的新视角（2018）	

资料来源：根据CNKI数据库检索结果自行整理。

育社群的学习，从校长领导扩展至整个教育社群的领导。"① 樊亚峤、胡亚慧（2015）则主张教师的学习领导是教师领导理论在学习领域的体现，在一定程度上反映了教师领导理论发展的新方向②，进而从教师是领导者、学习是教师领导的核心以及专业影响力是教师学习领导的基础三个方面对教师学习领导的内涵给予了较为完善的界定。目前理论界对学习领导虽未有明确的概念界定，但均试图将学习置于学生、教师与学校领导发展的核心位置，同时，对学校进行关键步骤上的改进是多数学者公认的该理论的特点。③ 换言之，大多数学者与教师均认为学习是一个主动的意义建构过程，是个体基于已有经验对知识进行加工与建构的过程，而非被动的接受过程。④ 教学不再单纯地被认为是一个知识的传递过程，而是知识的建构过程。学校要培养的不仅是有知识的人，而且是会学习的人，即学习者。⑤ 由此，研究者关注的是学习领导对学生的影响以及对学校的影响。

关于开展学习领导意义的探讨。华中科技大学刘建强博士在其博士学位论文《学习领导模式的建构与实施研究》中，从理论上阐述了实施学习领导的必要性，分析了学习领导的积极意义，认为学习领导隶属于教育领导的范畴，是继课程领导、教学领导之后的一种新的领导范式、领导形态；学习领导直接服务于学习者的学习，以关注和提升学习者的学习质量和效果为第一要义；学习领导将领导的职能、范围、功效延伸至教师、学生、与学校学习密切相关的人员之上，这些成员的行为直接影响着学生的学习活动，并间接影响着学校文化的创建、共同愿景的塑造、教和学的各种资源提供等活动。⑥ 由此，学习与领导之间形成

---

① 曾艳、黎万红、卢乃桂：《学习的领导：理解教育领导的新范式》，《全球教育展望》2014年第4期。

② 樊亚峤、胡亚慧：《教师学习领导的"内涵·意义·实践"机制》，《现代中小学教育》2015年第8期。

③ 林明地：《学习领导：理念与实践初探》，《教育研究月刊》2013年第5期。

④ 曾艳、黎万红、卢乃桂：《学习的领导：理解教育领导的新范式》，《全球教育展望》2014年第4期。

⑤ 刘胜男：《学习导向型领导：影响教师组织学习的领导因素——来自上海部分中学的调研证据》，《教育发展研究》2015年第4期。

⑥ 刘建强：《学习领导模式的建构与实施研究》，博士学位论文，华中科技大学，2015年。

一种互惠的建构式关系，学习取向的领导文化建构新的学校领导意义，产生可持续性的效果。学者刘志华等（2015）研究发现，以学习为中心的校长领导力最终目的是促进学生成绩提高，校长各类行为的关注焦点都在如何提高学生的学习上，而教师领导力的本质是积极改善学生成绩的影响力。由此推论出，校长是通过影响教师进而影响学生的学习，以学习为中心的领导力与教师领导力之间存在相关关系。[1] 李艺伟、李文举（2011）在研究以学习为中心的教学模式和体系时发现，当前的学习过程是分布式的学习发现，学习条件是综合式的认知情境，而学习策略则是个别式的意义建构；并且认为未来的学习应强调学生学习的意义性，鼓励学习共同体的建立与发展，要求学习者学会自我调控，倡导提供多方位的学习支持服务。[2]

关于国外学习领导经验的引介。学者王红、陈纯槿（2012）回顾了1980—2010年美国教育领导力评价的研究路向。对美国学习领导兴起的背景做了详细的介绍，认为21世纪以来，学习领导之所以成为美国教育领导研究领域的新范式，不仅是2001年《不让一个孩子掉队》法案对美国教育领导者提出的新要求，而且是学习型社会背景下保证学校持续发展的客观要求。[3] 艾诗根（2014）在《英国学习领导实施的经验评述》中，对英国学习领导实施的缘起、实践原则和特征进行了详细的论述，同时，提出了"建立学校领导和学生学习的关联性，通过学习导向领导来培养学生强大的学习能力以及增进学生的学习质量"[4]。这为本书提出教师作为学校领导与学生学习质量提升的中介变量，将教师学习领导力作为研究对象提供了重要参考。艾诗根（2016）对英美国家21世纪以来教育领导范式的演进进行了重新梳理，在此基础上重点探讨了学习领导理论的基本理念与模型的实施方式，提出增强领导密

---

[1] 刘志华、罗丽雯：《以学习为中心的校长领导力与教师领导力关系研究》，《华南师范大学学报》（社会科学版）2015年第3期。

[2] 李艺伟、李文举：《"以学习为中心"的心理学解读与启示》，《辽宁工业大学学报》（社会科学版）2011年第2期。

[3] 王红、陈纯槿：《美国教育领导力评价研究三十年：回顾与启示》，《比较教育研究》2012年第1期。

[4] 艾诗根：《英国学习领导实施的经验评述》，《全球教育展望》2014年第9期。

度是坐实学习领导实践内涵的有效路径。① 学习领导理论的相关研究启发我们,一方面需要思考学习领导的本质和探索适合学校自身发展的领导方式,另一方面需要考虑如何提升学习者的学习质量以此改善学校的发展。与此同时,需要考虑到每所学校都有自己独特的文化意蕴和个性特色,教育领导者如何从其文化脉络中领悟学习和领导的本土意义,在学校领导实践中探寻适合自身发展的路径和策略是极为重要的。只有摄取他者的学习领导理念、理论框架和实施方式,聚焦本土的教育领导实践,方能从中提炼出更为至善的教育领导智慧。

关于学习领导实践改进的探索。关于学习领导实践改进的研究在已有文献中尚不多见,经过对大量文献进行检索发现,相关译著中散落着学者对学习领导实践改进的相关思想。由学者张健翻译的澳大利亚鲍勃·林嘉德(Bob Lingard)等的《领导学习——达成教育者的愿景》,通过对大量学校与领导者的采访,解释领导与学习是如何开展的,最后提出了优秀领导者的领导能力:"保持对教学的重视;努力提高教师和学生的学习能力;反向思考;共同负责。"② 另外,学习领导思想散见于国外学校教育、教师教育等译著之中。《创建优质学校的 6 个原则》一书认为,学习领导是创建优质学校的重要原则之一;所有学校领导者的主要责任是支持学习;学习领导者将学习置于他们所有工作的核心位置:学生的学习是第一位的,为了支持学生的学习,其他所有人也要进行学习。③ 2015 年由教育科学出版社出版的译著《可见的学习——最大限度地促进学习(教师版)》,也提及了学习型领导。作者主张学校内部的领导应由教学领导(过于关注教学方面)向学习领导(强调学生和成人的学习)转变。学校领导应更多地关注学,而不是教。学校领导的重要性在于创造信任和共治的氛围,从而使讨论转向对学生学习产

---

① 艾诗根:《学习领导理论的基本理念、理论模型和经验启示》,《比较教育研究》2016 年第 5 期。
② [澳大利亚] 鲍勃·林嘉德、黛布拉·贺氏、马丁·米尔斯:《领导学习——达成教育者的愿景》,张健译,湖南教育出版社 2008 年版,第 127 页。
③ [美] 布兰克斯坦:《创建优质学校的 6 个原则》,林玲等译,华东师范大学出版社 2007 年版,第 23 页。

生效应的证据之上,并使之成为常规。这需要坚强有力的学习领导,允许、鼓励和维持这种对影响的讨论,也就是说,在学习领导的支持下,学校领导者应更多地为学生学习而工作。

2. 国内关于学习领导的研究目的

从图1-10关于研究目的的统计中可以看出,在对学校领导目的的研究中,对学校影响和对学生、教师与学校影响的综合类研究的成果明显较多。这表明研究者关注的视角从单一转向多元,国内对学习领导的研究已经进了一步。近几年来,学者开始关注学习领导影响的多元有效性,也就是说,学习领导除了提升学生学习的效能外,还对教师自身专业发展,① 学校组织改进以及领导结构优化影响深远。② 于是,学者开始关注学习领导对学生、教师以及学校产生影响的综合研究。③ 此外,从研究文献中可以发现,虽然学者尝试拓宽学习领导的研究领域,想要借助综合研究探索学习领导的多元效应,但不可"眉毛胡子一把抓",即不可忽略将研究视角聚焦,研究学习领导的某一方面,如教师的学习领导、学生自我的学习领导等,以期深度研究学习领导。

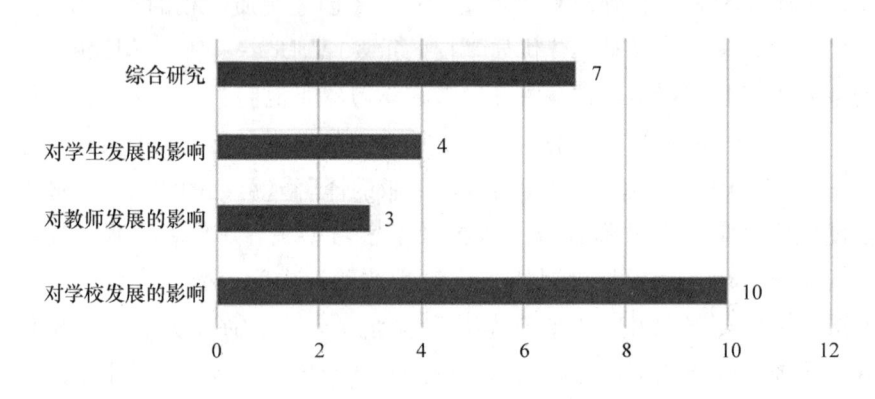

图1-10 国内学习领导研究目的分布(篇)

---

① 刘保兄、刘小娟:《教师成为领导者——美国新教师发展观述评》,《全球教育展望》2007年第6期。
② 刘志华、罗丽雯:《以学习为中心的校长领导力与教师领导力关系研究》,《华南师范大学学报》(社会科学版)2015年第3期。
③ 冯大鸣:《分布式领导之中国意义》,《教育发展研究》2012年第12期。

3. 国内关于学习领导的研究方法

从研究方法来看,国内学者关于学习领导的相关研究多采用理论探究的方法(见图1-11),从理论上构建一种模型或者从理论上进行思辨研究的文章占60%以上,而比较典型的实证研究也初见端倪,如陈粤秀、陈志利(2012)对范德堡大学领导行为评估体系在中国的适应性进行了研究。[①] 但研究中因缺乏可操作的行为指导,尚不能检验所提出的众多策略是否行之有效。而《课程改革中教师成为学习领导者的路径探索——基于一项实证研究的探讨》一文采用个案研究的方法,对北京两所学校的校长、教学主任、骨干教师、普通教师等43人进行访谈,探索课程改革中教师成为学习领导者的发展路径。研究发现:"自上而下的课程改革为教师转变为学习领导者注入内在动力、提供变革契机,但国家主导教师学习目标阻碍着初萌学习领导意识的教师成长为真正成熟的学习领导者。在自上而下的改革理路中,教师能否将个人能动性汇聚形成互惠的共同目标成为教师突破结构限制、成长为真正的学习领导者的关键所在。"[②] 总的来看,国内关于学习领导的实证研究成果

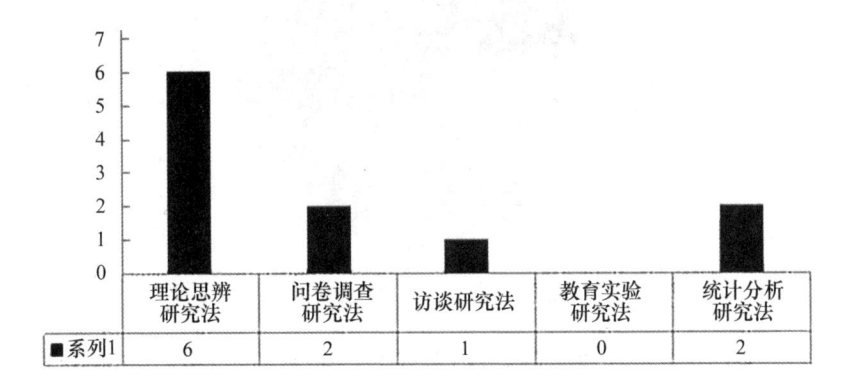

研究方法	理论思辨研究法	问卷调查研究法	访谈研究法	教育实验研究法	统计分析研究法
系列1	6	2	1	0	2

图1-11 国内关于学习领导研究方法分布

[①] 陈粤秀、陈志利:《范德堡校长领导行为评价体系在中国的适用性研究》,《南京师大学报》(社会科学版)2012年第3期。

[②] 曾艳、黎万红、卢乃桂:《课程改革中教师成为学习领导者的路径探索——基于一项实证研究的探讨》,《教师教育研究》2014年第1期。

较少，未来可研究的空间巨大。由此，后续的研究应关注实证研究以及对相关策略的验证性分析。

4. 国内关于学习领导的研究对象

通过统计分析发现，已有研究成果中对学校领导的研究要远远多于对一般教师的研究（见图1-12）。事实上，随着学习领导内涵和外延的不断发展，越来越多的研究者应扩大教师作为学习领导者的研究范围，把学习领导的主体扩展至从事教学工作的一般教师，进而落实到学习领导的最直接主体——学生身上。① 因为与学习者朝夕相处的教师才是对课程和具体的教与学做出关键决策的最佳人选，能更好地实施全面的、不断变化的学习领导。② 研究校长或学校主要领导者的学习领导对学校效能和学校改进具有十分重要的作用，但是教师的学习领导对学校和学生的改进则更为重要，这应是今后研究者关注的方面。

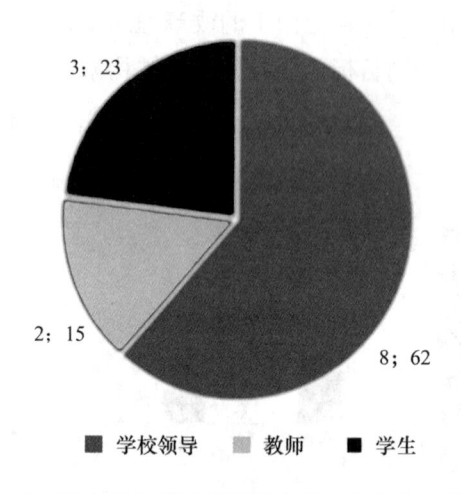

图1-12 国内关于学习领导研究的对象分布（篇;%）

二 国内外关于教师领导力的研究

教师领导力（Teacher Leadership）的概念最早出现在美国学者利伯

---

① 杜芳芳：《教师领导力：迈向研究日程》，《外国教育研究》2010年第10期。
② 樊亚峤、胡亚慧：《教师学习领导的"内涵·意义·实践"机制》，《现代中小学教育》2015年第8期。

曼、萨斯尔和迈尔斯（Lieberman，Saxl & Miles）于1988年发表的题为"教师领导力：理论与实践"（Teacher Leadership：Ideology and Practice）一文中。① 起初，教师领导力的提出旨在促成中小学校长与教师协作推动学校效能改进。② 自20世纪80年代以来，欧美国家尤以美国、英国、加拿大、澳大利亚等为代表，已取得了教师领导力研究的丰硕成果。21世纪初，我国台湾、香港学者陆续开始关注教师领导力。近年来，随着教育领导范式的发展、学校改进步伐的加快以及教师专业发展的备受重视，教师领导力受到越来越多学者的关注。

（一）国内外关于教师领导力研究成果的比较

国内文献以CNKI数据库为检索源，检索主题词为"教师领导力"，剔除与主题并不直接相关的文献，筛选后共得到186篇有效文献。国外文献以Web of Science数据库为检索源，检索主题词为"Teacher Leadership"或"Leadership of Teacher"，筛选后共得到2231篇有效文献。考虑到我国教师领导力研究较国外起步晚，为了能够较为直观、清晰地比较国内外研究成果的异同，本书从研究数据库中选择21世纪以来的文献作为研究对象，绘制出中外教师领导力研究领域的时间分布折线图（见图1－13）。

由图1－13可见，国外教师领导力研究成果总体上呈现出波动式增长趋势。在2007年以前，国内并没有出现直接与教师领导力相关的研究成果，意味着教师领导力在我国是新兴研究领域。2007—2010年是我国教师领导力研究的起步阶段，研究者介绍国外教师领导力的研究成果，并从中获得启示。如吴颖民（2008）分析了美国、加拿大中小学教师领导力中所存在的问题。③ 陈盼、龙君伟（2009）就国外教师领导力的定义、研究方法、影响因素及其作用分别进行了评述。④ 陈纯槿、

---

① A. Lieberman, E. R. Saxl, M. B. Miles, "Teacher Leadership: Ideology and Practice," *Building a Professional Culture in Schools*, New York: Teachers College Press, 1988, pp. 148－166.

② Day, Harris, Hadfield, Tolley and Beresford, "Leading Schools in Times of Change," Buckingham: Open University Press, 2000.

③ 吴颖民：《国外对中小学教师领导力问题的研究与启示》，《比较教育研究》2008年第8期。

④ 陈盼、龙君伟：《国外教师领导力研究述评》，《上海教育科研》2009年第12期。

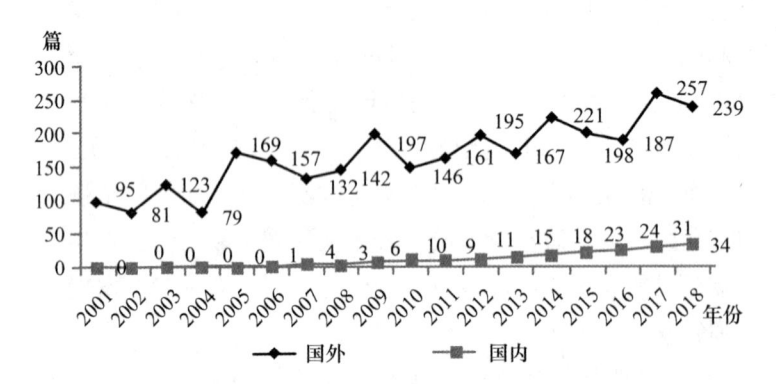

图 1-13　国内外关于教师领导力研究成果时间分布折线图

王红（2010）对英国教师领导力的发展历程进行了回顾与总结。[①] 2011年至今是教师领导力研究的渐进深入阶段，如郭凯（2011）[②]，王绯烨、洪成文、萨莉·扎帕达（2014）[③] 及彭云（2017）[④] 等就教师领导力的内涵、价值、意义及提升策略进行探讨。较之国外，虽然我国教师领导力的相关研究起步较晚，但从论文发表量的增长情况来看，研究成果呈稳步上升趋势。

（二）国内外教师领导力研究者合作分布情况的比较

了解国内外研究分布以及研究者之间的合作情况，对助推研究主题的实现具有更大的发展意义，同时为该领域后续开展合作研究提供参考。鉴于此，本书描绘了国内外研究者合作情况分布的知识图谱（见图 1-14、图 1-15）。

由图 1-14 可知，国外教师领导力的研究机构主要集中在美国、澳大利亚、英国、南非、西班牙、土耳其等，且各国之间已形成了较为密集的合作网络。这种合作出现在美国、英国、澳大利亚、加拿大、南非之

[①] 陈纯槿、王红：《近二十年英国教师领导研究发展述评》，《上海教育科研》2010 年第 8 期。
[②] 郭凯：《教师领导力：理解与启示》，《课程·教材·教法》2011 年第 6 期。
[③] 王绯烨、洪成文、萨莉·扎帕达：《美国教师领导力的发展：内涵、价值及其应用前景》，《外国教育研究》2014 年第 1 期。
[④] 彭云：《教师领导力的核心要素与提升路径》，《教育理论与实践》2017 年第 23 期。

第一章 绪论

图 1-14 国外教师领导力研究者合作分布知识图谱

间。与之相比，中国尚未形成具有较大影响力且有稳定合作关系的群体，中国作者与上述国家之间的合作研究关系尚不明显。这说明我国学者在教师领导力研究方面应主动加强跨机构、跨地域的合作研究。

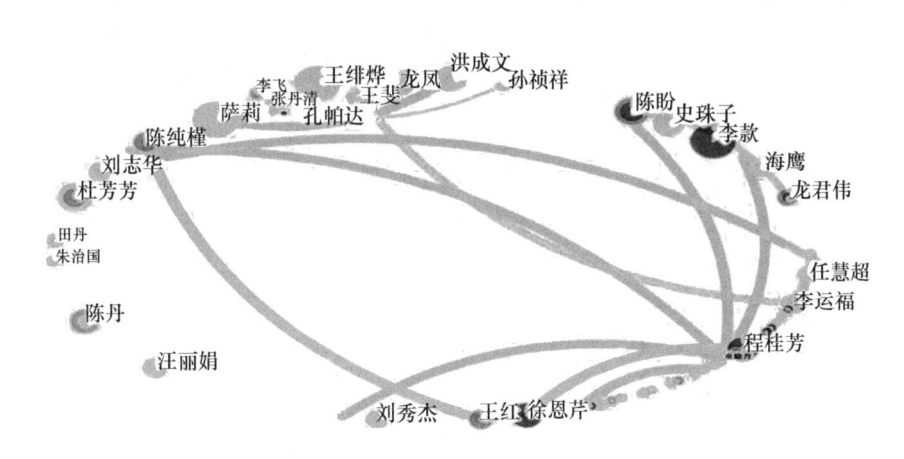

图 1-15 国内教师领导力研究者合作分布知识图谱

"对相关领域有深入见解和科研成果的作者进行研究，可有效地掌握本领域科研活动的发展进程，有助于分析、总结、提炼研究主题

39

的现状。"① 由图 1-15 可知，国内作者关于教师领导力研究的合作并不密切，研究者之间较少存在合作研究的关系，仅程桂芳与徐恩芹，程桂芳与陈盼、刘志华、陈纯瑾，以及洪成文与萨莉·扎帕达、王绯烨之间存在相关合作。此外，这些合作研究者多隶属于同一个研究机构，同一机构内部合作较多，跨机构、跨地域的合作较少。

（三）国内外关于教师领导力研究热点分析与比较

关键词是研究者对文献内容的提炼和总结，最能直接反映和概括一篇文献研究的主题和内容的题录信息，能够帮助读者快速了解论文主题的内容单元。② 同时，借助某一研究文献中的高频关键词可窥探该领域内的研究热点。本书对国内外教师领导力相关文献中排前 10 位的高频关键词进行统计（见表 1-5）。

表 1-5　　　　　国内外教师领导力高频关键词比较

	WOS			CNKI	
排名	关键词	频次	排名	关键词	频次
1	Leadership	785	1	教师领导力	186
2	Teacher	511	2	领导力	153
3	School	297	3	教师专业发展	98
4	Education	278	4	美国	71
5	Performance	217	5	影响因素	70
6	Principal	207	6	内涵	67
7	Professional Development	194	7	中小学	52
8	Student Achievement	156	8	学校改进	50
9	Model	148	9	提升策略	48
10	School Leadership	146	10	教学领导力	23

---

① C. Chen, "CiteSpace: Detecting and Visualizing Emerging Trends and Transient Patterns in Scientific Literature," *Journal of the American Society for Information Science and Technology*, No. 3, 2006, p. 359.

② 李俊、王梦媛：《国内外专利挖掘研究的可视化分析》，《高校图书馆工作》2019 年第 2 期。

领导力、学校领导力、教师专业发展、教师领导力的内涵与表现以及教师领导力与学生学业关系是国内外该研究领域的热门话题。为了进一步聚焦国内外教师领导力具体的相关研究主题,我们以"Keyword"为中心聚类,通过"LLR"算法对数据中的关键词进行共现网络分析,绘制出国内外教师领导力研究热点知识图谱(见图1-16、图1-17)。

1. 国外关于教师领导力研究热点分析

由图1-16国外教师领导力关键词聚类知识图谱可知,当前国际上对教师领导力的研究形成了较为明显的六个聚类。第一个是以领导力(Leadership)为中心,由教师(Teacher)、学生(Student)、校长(Principal)、专业发展(Professional Development)等形成的聚类,探讨校本层面教师领导力实践。第二个是由行为(Behavior)、影响(Impact)、管理(Management)以及模式(Model)等形成的关于教师领导力模式探索的聚类。第三个是由学校领导力(School Leadership)、变革型领导(Transformational Leadership)、教学领导力(Instructional Leadership)、分布式领导(Distributed Leadership)等形成的对学校领导方式与领导结构改进探索的聚类。第四个是由班级(Classroom)、教师领导力(Teacher Leadership)、教育领导力(Educational Leadership)等形成的探讨课堂微观情境中教师领导力的聚类。第五个是以教师领导力(Teacher Leadership)和观点(Perspective)关键词形成的对教师领导力基本理论研究的聚类。第六个是以教师领导力(Teacher Leadership)和设计(Program)为关键词探讨关于教师领导力具体实施的聚类。

教师领导力的内涵研究。虽然教师领导力概念兴起已有近40年的历史,但目前仍是国际上学者关注的热门话题。截至目前,国外研究者尚未对教师领导力达成一致共识。梳理国外文献发现,可以将研究者对教师领导力内涵的研究分为四个角度:角色和职责视角下的领导力、课程领导视角下的领导力、参与学校管理视角下的领导力以及自主领导视角下的领导力。在角色和职责视角下,研究者关注的是教师对正式领导权的行使,即教师的领导力存在于其担任正式的领导角色(教研组长、班主任等)中,不可避免的是,人们对这一视角下教师行政职责的效

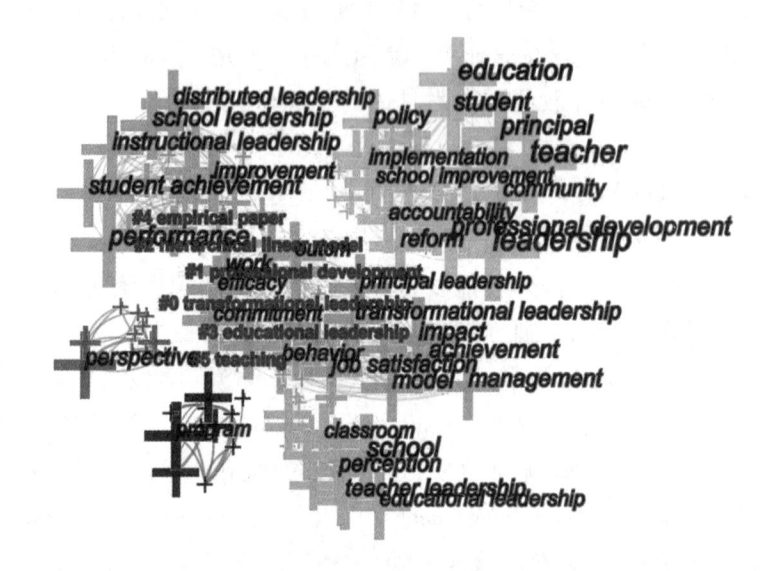

图 1-16　国外关于教师领导力关键词聚类知识图谱

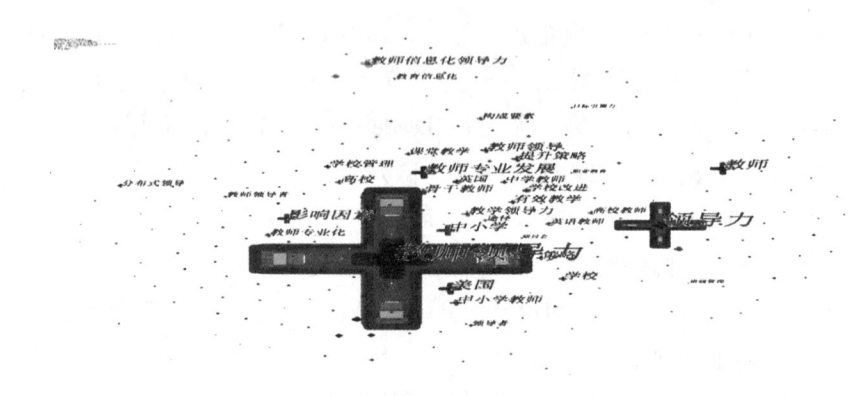

图 1-17　国内关于教师领导力研究热点知识图谱

率和效果的期待远高于教学实践中的领导潜能。课程领导视角下的教师领导力重视教师在课程实施、团队建设方面所发挥的作用。此时，教师领导力也就要使教师成为课程的领导者。然而，课程领导者角色也仅有少数教师担任，这一视角下的教师领导力依然把多数教师排除在领导角色的外围。随着分布式领导在学校管理实践中的应用，研究者更关注教师的参与合作，且被视为重塑学校领导的核心，由此，开始在参与、合作视角下阐释教师领导力。与此同时，有学者认为，"课堂才是每位教师最应当开发领导力的领域"①，并主张探讨教师应如何在课堂上开展领导。

教师领导力的功用研究。概括而言，国外研究者认为，教师领导力的功用包含三个方面：第一，有利于教师参与学校治理，助推学校改进。Harris是最早运用分布式领导理论分析教师领导力的研究者。他在其书中一直强调学校的领导权不应该只属于某个人或者一部分人。教育一线的教师也应该被赋予领导权。提倡教师领导力的重点不在于让教师发号施令，任命、指导他人或者进行责任分配，而是让教师推动和维持学校变革……与同事商议个人发展规划。确保这些规划是适当的和切实可行的，并且是有助于促进学校改进的。② 由此，教师也是影响学校改进的重要力量。通过赋权，重视教师的领导力，促进学校的有效发展，提高学生的学业成绩。Harris等（2019）认为，在学校教育中，教师是最直接的服务者，他们拥有专业知识和日常智慧，他们的参与可以为教学管理提供更有效的决策，参与管理和决策可以使教师有更强的归属感，更容易使教师的个人目标趋同于学校目标。"当分享决策时，他们会更认同所形成的决定，产生主人翁的责任感，因此，也更加自觉执行决策。"③对此，Jill Harrison Ber and Bill Zoellick（2019）也持相同的观点，他们主张教师是校长推进学校改革中的最得力助手。④ 第二，大多数研究者认为，教师领导力给教师群体带来了积极作用，促成了学习共同体的形成，对教师群体的教学技能有普遍提升作用。但也有研究者得出教师领导力会使领导者与普通教师群体在决策时产生冲突。第三，与教师领导力对教师群体产生

---

① J. S. Pounder, "Transformational Classroom Leadership: The Fourth Wave of Teacher Leadership?," *Educational Management Administration & Leadership*, No. 5, 2016, pp. 533–545.

② [英] 阿尔玛·哈里斯、丹尼尔·缪伊斯：《教师领导力与学校发展》，许朕、吴合文译，北京师范大学出版社2007年版，第101页。

③ Alma Harris and Michelle Jones, "Teacher Leadership and Educational Change," *School Leadership & Management*, No. 2, 2019, pp. 220–235.

④ Jill Harrison Ber and Bill Zoellick, "Teacher Leadership: Toward a New Conceptual Framework," *Journal of Professional Capital and Community*, No. 1, 2019, pp. 99–119.

的功用相同，多数研究者认为，教师领导力的开发无疑能促进学生学习成绩的提高，但这也引起了少数研究者的质疑和验证。Leithwood 等归纳了关于学校领导的研究文献，认为管理人员与学校领导者提供了大多数的学校领导，但是其他潜在的领导资源也依然存在。最新的研究指出，教师领导或其他非正式领导者能够帮助其他教师制定目标，改善教与学，共同促进学校改进。①

教师领导力的测量研究。Charlotte 等人指出，21 世纪以来，国外关于教师领导力的研究多数采用理论思辨的方法，还有一部分研究属于质的研究或小样本的定量研究。这些研究大都采用叙事法、访谈法和问卷调查法。采用样本抽样进行小范围调查的研究也较为普遍，但仅有少量的研究属于规模较大的定量研究。②众多国外学者偏好自主建构维度，多从学校改进、教师专业发展与学生学业成就的提高等方面出发，借助编制问卷来测量教师领导力，但由于跨学科研究储备不足，所编制问卷的标准化程度与普适性程度均较低，同时缺乏成熟的、系统的测量工具，因而即便是开展实证研究，所得出的结论也存在较大争议。另有研究显示教师专业成长、教师领导对学生的学业成就有积极影响。Harris 与 Daniel Muijs 在《教师领导力与学校发展》一书中，系统阐释了教师领导力对学校发展的重要作用，认为"在一个瞬息万变的时代，要提升和改进学校，显然不能再把领导力和管理问题仅仅看作高层管理者的专业领域，这样的趋势将越来越明显。还有的研究显示，在效能最高的学校，其领导力通常不只是局限在高层管理团队，而是扩展到学校的其他群体当中，一般具有不同层次的领导力"③。

---

① K. Leithwood and C. Riehl, What We Know about Successful School Leadership, *A Report by Division A of AERA*, *National College for School Leadership*, Autumn 2003.

② Charlotte Struyve, Karin Hannes, Chloé Meredith, Machteld Vandecandelaere, Sarah Gielen and Bieke De Fraine, "Teacher Leadership in Practice: Mapping the Negotiation of the Position of the Special Educational Needs Coordinator in Schools," *Scandinavian Journal of Educational Research*, No. 5, 2018.

③ [英] 阿尔玛·哈里斯、丹尼尔·缪伊斯：《教师领导力与学校发展》，许朕、吴合文译，北京师范大学出版社 2007 年版，第 21 页。

教师领导力的提升策略研究。国外研究者多从教育行政政策、学校实践方案的层面探讨教师领导力的培养与提高。一些国家设立了旨在促进教师领导力提升的专业机构和组织。美国设立了国家协作项目，让有经验的教师担任教师领导者，带领教师队伍开展活动并行使领导职能。英国国家卓越教学中心资助教师作为领导者举办各类教学活动，且提供教师跨校交流与学习的机会和资金扶持。芬兰的中小学校则通过推行"校长共享"的方法，助推教师跨校组成学习社群，向不同学校学习领导力。

2. 国内关于教师领导力研究热点分析

关于教师领导力含义研究。当前，国内学者对教师领导力含义的探讨众多，多是引进与借鉴国外的界定。归结起来有能力说、行为说、过程说。如邵建东（2018）认为："教师领导力是治理理念下学校教师教育主体作用的再发现，是一种主体间柔性的影响能力。"[①] 学者对教师领导力含义的不同解读，是由其对"Teacher Leadership"具体语境理解和翻译的区别引起的。若将"Leadership"译成"领导"，其内涵就包括行为、过程和能力。而将"Leadership"译成"领导力"的学者，则会聚焦在领导主体的能力上。我们认为，将教师领导力理解为一种能力是较为合适、合理的。另外，研究者需要将教师的领导能力置于变革的教育情境中，建构出教师作为领导者的能力结构与能力体系。

关于教师领导力影响要素探究。对国内研究成果进行梳理发现，学者一致认为，学校合作文化、学校组织结构以及校长个人等外部因素与教师个人是教师领导力的主要影响因素。如胡继飞、古立新（2012）通过自行开发量表，提出包含与学术引领力、教学掌控力、人际沟通力和环境适应力四个维度相对应的影响因素假设，通过对调研数据进行分析验证，进而得出教师领导力首先受学校管理体制、校长的领导偏好、同事的信任等外部因素的影响，其次才归因于内部的和自身的因素。[②]

---

① 邵建东：《高职教师领导力：内涵、价值及发展路径》，《江苏高教》2018年第10期。
② 胡继飞、古立新：《我国教师领导力现状及其影响因素的调查研究——以广东省为例》，《课程·教材·教法》2012年第5期。

王绯烨、萨莉·扎帕达（2017）借助质性的案例研究法得出外在因素包括"校长的赋权程度、同事的信任程度、学校的文化氛围、学校的相关制度和措施，内在因素包括教师个人的专业素养和领导技能"①是教师领导力的主要因素。

关于教师领导力提升策略的研究。当前，几乎所有的国内教师领导力研究者都致力于教师领导力提升策略的探讨，且都主张采用综合性组合策略来提升教师领导力。如叶菊艳、朱旭东（2018）②主张从学校层面形塑共同愿景、营造文化氛围与建立支持型架构，在教师层面要注重个体教师的领导能力；赵迎（2015）③在其博士学位论文中提出从营造学校文化、转变领导观念、优化组织结构、发挥同侪领导作用等方面出发，构建全方位的教师领导力发展策略。不难发现，学者多从宏观、外部视角给出建议，对教师领导力提升的内生要素，即教师主体的自主性、主动性策略探讨不足。

对国外教师领导力研究成果的借鉴。在本书检索到的国内186篇文献中有12篇为美国、英国教师领导力借鉴研究，另有17篇关于国外教师领导力的研究综述，由此可见我国教师领导力研究者受国外该研究领域的影响之大。追踪原始文献发现，研究者多借鉴欧美国家教师领导力的培养与提升策略，如朱爱玲（2019）④、何林（2018）⑤剖析了美国为提高教师领导力所采取的做法，美国为职前教师开设领导力的理论与实践培训课程，一些州还出台了《教师领导力的示范标准》和《教师领导力计划》等相关政策与计划，并实施相应的监督，同时，完善由非营利组织成立的现实平台和网络平台。薛国凤、陈希红（2011）⑥，

---

① 王绯烨、萨莉·扎帕达：《骨干教师领导力影响因素的实证研究》，《湖南师范大学教育科学学报》2017年第3期。
② 叶菊艳、朱旭东：《论教育协同变革中教师领导力的价值、内涵及其培育》，《教师教育研究》2018年第2期。
③ 赵迎：《大学英语教师分布式领导研究》，博士学位论文，山东师范大学，2015年。
④ 朱爱玲：《美国发展教师领导力的路径与方法探析》，《教师教育学报》2019年第1期。
⑤ 何林：《美国教师领导力培养研究及其借鉴价值》，《中国成人教育》2018年第8期。
⑥ 薛国凤、陈希红：《英国学校改进中的教师领导力开发及启示》，《河北大学成人教育学院学报》2011年第1期。

陈纯槿、王红（2010）[①]阐述了英国为提高教师领导力所采取的做法。例如，构建共同愿景是英国学校在教师领导力提升方面较为成功的探索。此外，英国学校还根据自身的条件成立学习型团队，开展教师技能培训，鼓励教师参与学校决策。

（四）国内外关于教师领导力研究的差异分析

结合上述对国内外教师领导力的相关文献关键词知识图谱的分析，可以发现，国内外关于教师领导力研究的侧重点有一定的差异。

在研究历程方面。国外关于教师领导力的研究起步早、发展快，体系构建较国内而言比较成熟；我国关于教师领导力的研究是最近十多年才开始的，因而无论是理论建构，还是实践探索均有很长的路要走。

在研究对象方面。国外学者多将中小学教师作为研究对象，而国内学者则偏好研究高校教师的领导力。这与我国研究者的主体性质有关，目前，我国教师领导力的研究主体主要来自高校教师与教育研究者。

在研究内容方面。国内外研究者都关注教师领导力的内涵、价值、结构等理论。此外，均对教师领导力的提升策略从多角度进行综合性探索，但少有研究者就某一特定方略进行深度挖掘。不同的是，我国学者多从理论层面对教师领导力的提升给出建议，其建议和对策尚有待在实践中加以应用和验证。国外学者多从教师领导力提升的具体实践方案方面进行探索，并对方案的实施效果进行验证。

在研究方法方面。国外学者对教师领导力的研究既有理论探讨，也有实证调查，且大规模的量化研究已初见端倪。与之相比，我国理论研究占主导地位。近几年来，国内研究者逐步开始尝试对教师领导力采用定量研究的方法，但缺乏科学、可靠的评量标准，因而所得到的研究成果依然保留着主观判断的痕迹。

[①] 陈纯槿、王红：《英国学校改进中的教师领导研究述评》，《外国中小学教育》2010年第9期。

三 已有研究评析

经过对国内外已有研究文献进行梳理和分析发现，相比国外，我国在教师领导力领域还有较大的研究空间，而对学习领导的研究，我国学界的研究还处于初步阶段，且已有的相关研究尚存在方法守旧、内容深度不够、范围受局限、目标单一等方面的不足，后续研究应在以下层面进行进一步探讨。

第一，强化理论建构。理论研究是一切研究推进的基石，可为其提供一种观察的角度、思考的方法与解释的依据。目前，我国教师领导力研究主要集中在对教师领导力内涵与价值的探讨上。虽然对教师领导力的理论脉络有了较为清晰的认识，但尚未形成系统的理论分析框架，尤其是对于教师领导力的本原动力在哪里，即如何建构出教师领导力的长效机制是我国学者应特别关注的领域。而学习领导研究发展至今，对其概念仍然没有比较统一的界定，从而导致学习领导的研究没有一个较为稳定的立足点，阻碍其理论的形成和发展。鉴于此，今后应继续深化教师领导力的基本理论研究，形成教师领导力的科学分析框架，以更好地指导现实实践。一方面，在教育领导实践过程中注重从复杂的现象背后提取关键因素以凝练成该领域的独特理论。同时积极倡导与其他学科理论的互动、融合与创新，使其得以不断丰富。另一方面，借助理论观照现实实践，批判性地反思实践活动，同时借助于实践的"反驳"以实现自我的否定之否定，从而实现理论研究的纵深发展与自我超越。

第二，丰富研究方法。已有的研究方法过度地集中在理论探究上。从研究者过度的关注到行为指导，缺乏真实数据对理论研究的支撑。另外，对于学习领导的测量没有统一的方法和标准，不同的研究者根据各自对学习领导内涵的理解，从不同的测量角度进行研究，大多集中在学习领导类型及其对学生学业、学校改进的影响等方面。因此，发展一套科学有效的、能够被广大研究者认同的测量系统显得尤为重要。当前国内对学习领导的研究还处于初步阶段，大多数研究还属于探索性研究。为此，研究者应在此基础上，借鉴国外相对成熟的研究成果和方法，结合中国国情进行更加深入、有效的探讨和研究,在丰富学习领导理论的同时,还要开发出一系列旨在提升学习领导力的培训方案,让更多的一线教师关注自身的专业发展,进而从根本上转变当前的学校教学和领导模式。

第三,构建学习领导力模型。除了要深入进行理论研究外,建构学习领导力模型也是非常重要的。以往的研究者只是对学习领导的某一主体的某方面特征进行论述,未探索出行之有效、能深入实践解决问题的模式模型,以为今后的进一步研究提供参考资料,后继的研究者则应该在丰富理论基础的同时,将研究上升到实践的高度,进行更深入的探讨,为学习领导力的提升提出可行的解决方案。

第四,变领导力外部赋予为内部生发,形成长效机制。教师领导力的发展是一个处理多场域中多重关系的、复杂的过程。目前国内外研究者多从教育行政政策、学校组织文化以及学校组织结构等方面研究教师领导力,这就带领我们走出了过去将教师视作被任命、被领导的角色来探讨教师领导力的困局。"赋权增能"是国内外研究者一致认同的提升教师领导力的最佳方案,但在研究抑或实践改进的过程中,往往将焦点放在"赋权"上,弱化了"增能"的作用。相关研究证明:"教师自主学习的机会越多,专业学识增长越快,其在作为教育领导者的角色上将更为自信,其领导的成效也越明显。"[1] 因而,如何变领导力外部赋予为内部生发,如何引导教师自主自立,当是我国研究者应关注的重要问题。

第五,探索本土化教师领导力的评价和考核指标体系。研究者应突破纯理论思辨的方式,借鉴国外的实证研究、案例研究和叙事式的研究方法,同时还应开展大规模的定量研究,建构教师领导力的理论模型,探索教师领导力所包含的混合变量因素,开发出一套适应性较强的关于教师领导力的具体评价和考核指标。特别需要注意的是,我国在学习欧美国家研究成果时要避免全盘吸收,应考虑到中西方学校管理体制的差

---

[1] A. Harris, "Teacher Leadership: More than just a Feel-good Factor?," *Leadership and Policy in Schools*, No. 3, 2005, pp. 201-219.

异，应探索适合我国国情的教师领导力测量方法。

第四节 研究思路与方法

清晰的研究思路与科学严谨的研究方法是研究课题得以顺利开展的前提。研究思路是指研究者发现问题、提出问题进而验证问题、解决问题的理路，是对研究过程的逻辑性排序。而研究方法则是研究思路具体实施的工具。以下将对本书的研究思路与方法进行逐一阐明。

一 研究思路

第一步：分析与学习领导相关的基本理论，对本书中的核心概念进行界定，明确领导力、学习领导力、中小学教师学习领导力的内涵、外延、属性以及其中的互动关系，为研究的顺利开展奠定基础。

第二步：梳理、探索学习领导力的相关理论基础，包括领导力五力模型理论、分布式领导理论，为中小学教师学习领导力模型的建构提供理论支撑。

第三步：梳理和分析前人对"领导力模型"的研究成果，借助学习领导的相关理论，利用关键事件访谈与工作行为分析法，提炼与整合出中小学教师学习领导力模型的构成要素。

第四步：根据构成要素，编制中小学教师学习领导力的评价量表，利用德尔菲专家征询法，并借助小样本问卷测试，对初步建构的中小学教师学习领导力理论模型进行验证与修正，分析其构成要素及其关系结构与特征，为本书后续研究提供理论依据。

第五步：借助问卷调查、访谈等实证调研方法，分析中小学教师学习领导力形成与发展的现实问题与影响因素、中介变量以及相互的复杂关系，透析影响中小学教师学习领导力发展的因素。

第六步：探索中小学教师学习领导力培养与提升的实践路径，进而得出可行性结论，提出未来研究的指向。具体研究思路框架如图1-18所示。

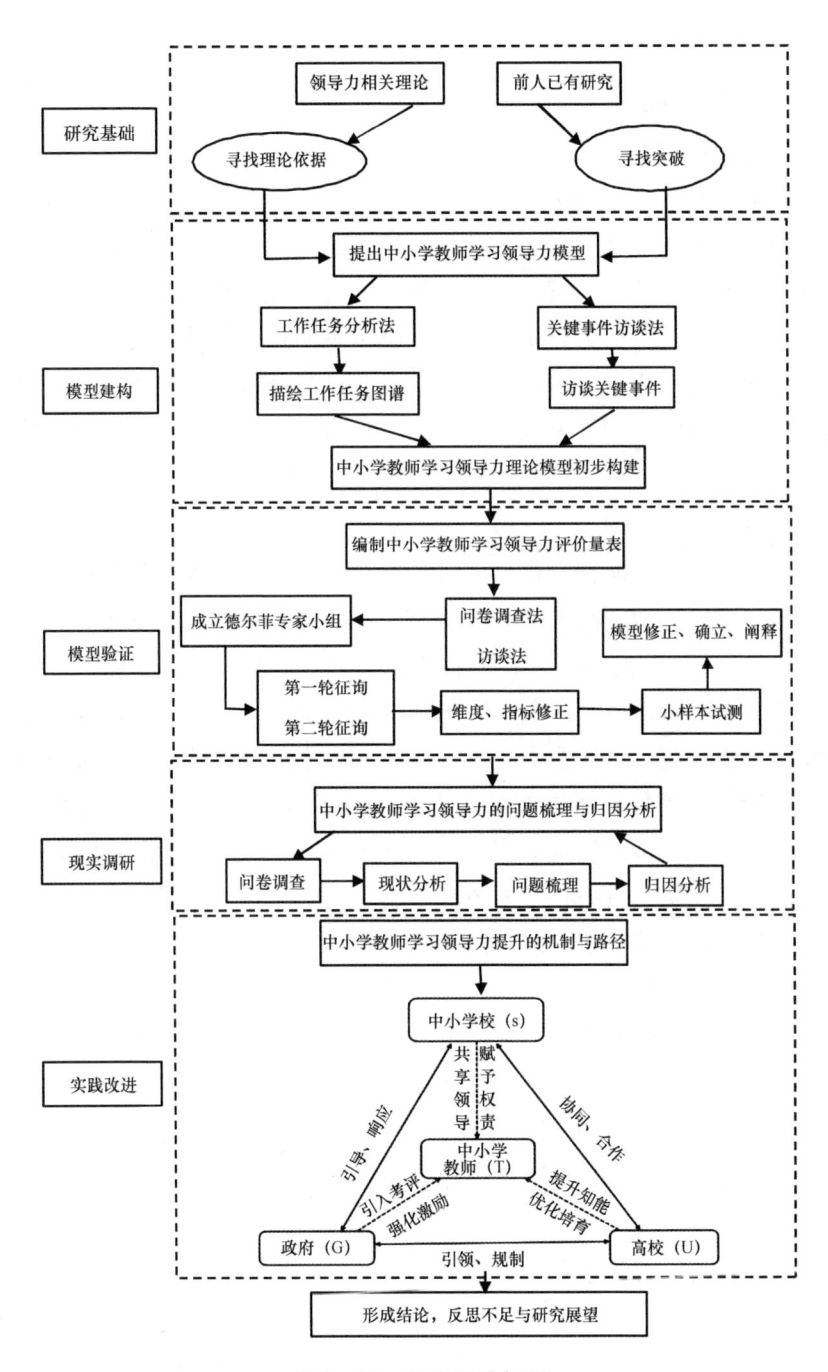

图 1-18 研究思路框架

二 研究方法

(一) 文献研究法

文献研究法是本书所采用的基本方法。一方面，运用国内外有关教育领导的相关理论作为本书的理论基础；另一方面，通过搜集和阅读有关教育领导、学校领导以及教师领导力的国内外文献，运用文献计量学的相关方法对资料进行分析和整理，找出本书可以实现的突破点与创新点。结合相关理论及前人的研究，提出中小学教师学习领导力的概念、构成要素，并尝试找寻契合中小学教师学习领导力属性的理论模型建构方法。

(二) 访谈法

访谈法是指借助研究者与受访对象的交谈来了解研究对象心理和行为的研究方法。[①] 根据访谈进程的标准化程度，可分为结构化访谈和非结构化访谈。[②] 首先，本书借助半结构化访谈，对中小学教师学习领导工作的开展进行访谈，从获得的第一手资料中归纳出中小学教师胜任学习领导角色所应具备的能力要素。其次，运用关键事件访谈法对中小学教师作为学习领导者所具有的潜在特质和关键行为进行深度挖掘。最后，对中小学教师（普通教师、骨干教师）与中小学领导进行半结构化的访谈，其研究目的是全面考察中小学教师学习领导力的发展现状以及存在的问题以弥补单一问卷调查的不足。

(三) 德尔菲法

德尔菲法又称专家评定法。为了避免人们屈服权威或者盲目跟从多数人的意见，20世纪40年代赫尔墨（Helmr）和戈登（Gordon）提出了这种研究方法。1946年，兰德公司首次在企业预测中使用了这种方法，当前，此种方法被广泛应用在各个领域。本书在初步构建的中小学教师学习领导力理论框架的基础上，自行编制出中小学教师学习领导力评价量表，利用德尔菲专家征询法对初步建构的理论模型进行验证。其

[①] ［美］艾尔·巴比：《社会研究方法》，邱泽奇译，华夏出版社2009年版，第231页。
[②] 陈向明：《质的研究方法与社会科学研究》，教育科学出版社2000年版，第108页。

内容主要是邀请专家组成员对量表的具体题项与内容进行相关程度的打分与评定。

(四) 问卷调查法

本书利用所编制的问卷对教师和学生进行调查,对建构的中小学教师学习领导力的理论模型进行验证,在修正初次建构的中小学教师学习领导力模型后再次使用调查研究法进行后测,进而为理论模型的确立提供较为准确的参考。此外,在现实研究环节,利用问卷调查法,以中小学教师为调查对象,对当前我国中小学教师学习领导力的发展现状进行研究。采用 SPSS 22 方法对问卷调查所获取的有效的原始数据进行描述性统计分析、相关性统计分析以及线性回归分析等操作,探讨中小学教师学习领导力的影响因素。

第五节 研究的重点、难点与创新点

一 研究重点

(一) 中小学教师学习领导力现实问题的调查研究

问卷调查是了解中小学教师学习领导力现实状况的主要手段。目前对领导力进行测量和评价的量表比较多,也受到了学者一定程度的关注,但对已有工具量表的认同度不一。原因之一是量表的普适性不够,即同一种工具量表的信度与效度尚不能满足对不同群体测量的要求。基于此种现实,本书将根据中小学教师工作实际特征和实际情境,自行开发中小学教师学习领导力量表,对样本学校实施问卷调查。同时,将横向调查与纵向观测结合起来,以深度了解我国中小学教师学习领导力的现实状况。

(二) 中小学教师学习领导力的提升策略研究

中小学教师学习领导力的形成与发展蕴含着多场域中各种中介因素的交互。本书将根据调查研究以及对中小学教师学习领导力影响因素分析的结果,以所建构的中小学教师学习领导力模型为理论依据,在理论与实践调查结果分析的基础上,从教师自身、学校、教育行政等多层面探索中小学教师学习领导力的提升路径,这是本书的重点研究工作。

二 研究难点

（一）构建中小学教师学习领导力理论模型

构建适切的中小学教师学习领导力理论模型的目的是为培养和提升当前中小学教师的学习领导力提供理论依据。这需要本书在对已有研究者所建构的能力理论模型进行深入研读与分析的基础上，依据领导力的相关理论基础厘清中小学教师学习领导力的核心要义，但研究者对教师学习领导力的内涵以及外延尚缺乏统一的认识，因而，本书需要明确教师学习领导力的内涵、外延，再结合中小学教师教学工作的实际特点与现实情境中的中介因素进行理论模型的探索，可以说，这一过程是非常烦琐的，这成了研究要突破的难点之一。

（二）中小学教师学习领导力影响因素的中介作用

中小学教师领导力的生成与发展受多场域、多主体、多因素的影响。事实上，需要从众多错综复杂的影响因素中理清其中的中介因素和互动关系。这些因素涉及文化、环境、群体、个体及政策等，有些是直接作用，有些则是间接产生影响的。因而，要明确中小学教师学习领导力影响因素的中介作用并非易事。

三 研究创新点

学术论文负载着科学研究的新成果，因而创新是学术论文的必需。[①] 一篇好的学术论文应当体现出独特的视角、独到的见解，反映最前沿、最有价值的问题，具有一定的思想性、理论性和现实意义。本书谨遵学术论文创新的要求，力争能在研究视角、研究方法和研究观点方面有所创新。本书的创新点主要包括以下三个方面。

（一）研究方法的突破

本书在理论研究环节，从整合研究范式出发，采用工作任务分析法描绘出中小学教师学习领导力的任务图谱，借助关键事件访谈法，发掘

---

① ［美］迈克尔·E. 查普曼：《人文与社会科学学术论文写作指南》，桑凯丽译，北京大学出版社2012年版，第74页。

中小学教师潜在学习领导力的核心构成要素,最后将两种方法所得出的结论进行整合,进而提炼出中小学教师学习领导力核心要素构成的理论框架,并据此编制评价量表,借助德尔菲法与小样本调查法对其进行验证;在实践研究部分,主要采用了问卷调查、半结构化访谈与数理统计分析的方法,在整体上做到了理论建构与实践研究的有机密切关联和相互印证。

(二)理论观点的创新

本书认为,学习领导力是借助自身的知识素养、专业技能和领导潜能等,通过共享领导权责,以学习为中心,对他者的学习施予的影响力。中小学教师是学习领导者,具有学习领导力。中小学教师学习领导力主要针对学生和教师同事施加影响,这种影响既有方向上的,也有程度上的,主要体现在学习自治力、学习教导力、学习变革力、学习决策力、学习合作力以及学习感召力六个维度。依据所建构的中小学教师学习领导力理论模型观照现实,发现中小学教师学习领导力尚未得到有效发挥,存在诸多问题:在学习自治力方面,思维固化,行动乏力;在学习教导力方面,知能欠缺,范围受限;在学习变革力方面,意识欠缺,动力不足;在学习决策力方面,存在认知偏差,行动迟滞;在学习合作力方面,合作浅表,学做分离;在学习感召力方面,信念缺乏,视野狭窄。

(三)实践策略的优化

针对当前我国中小学教师学习领导力所存在的问题,本书认为,中小学教师学习领导力的培养与提升是一项复杂的系统性工作,理应采取多主体联动的策略。由此,本书依据分布式领导理论的核心要义,尝试构建以高校的教师教育为基础、以中小学的环境氛围营造为抓手、以教师的个体发展为中心、以政府的教育政策支持为保障的 T-U-S-G 多主体协同联动策略框架,以期对中小学教师的学习领导力提升有所助益。

第二章 核心概念界定与理论基础解读

本章的主要任务是界定领导力、学习领导力、教师学习领导力以及教师学习领导力的理论模型等核心概念，并且对与之相关的概念进行辨析。同时将领导力五力模型理论、分布式领导理论作为中小学教师学习领导力研究的理论基础，构建出本书的整体研究框架。

第一节 核心概念界定

界定与廓清研究中所涉及的核心概念，明确概念的内涵和外延是研究顺利开展的前提性工作。由于领导力在具体活动中发生作用，且领导情境的变迁会促使领导者与被领导者的某些特征抑或行为发生变化，为了避免教师这一主体的内涵产生变异，本书将按照"领导力—学习领导力—教师学习领导力"的逻辑顺序来界定本书的核心概念。

一 领导力

概括而言，现代汉语中的"领导"一词可分为三种词性，这三种词性分别代表不同的意义：其一，"领导"用作动词，表示带领其他人开展某项工作的行为，也可以作为过程；其二，"领导"在用作名词时，指的是人，即担当某种职务、承担某些职责的引领者；其三，"领导"在作为动名词使用时，既可指领导者，也可指正在开展的领导工作，它包括了领导的行为、领导的过程及其结果。

领导力（Leadership）则是一个舶来品，在进入中国后，由于翻译技术的差异，也有学者将其译为"领导"。这样一来，这两种翻译方式，分别代表了我国学者对西方领导研究中权力说抑或是能力说的不同倾向与偏好。

关于"领导力"的内涵,国内外学者大多从"领导者"这一主体出发,对其做出考察与界定。例如,我国学者杨思卓将领导力看作领导者引领组织实现目标的能力。连玉明则认为,"可以将领导力视为一个影响的过程,其本质是一种影响力"①。此外,国外学者詹姆斯·M.库泽斯等也将领导视为人与人之间的一种关系,领导力就是带领群体走向卓越的能力。② 随着权变理论的兴起,研究者逐步将领导主体扩大至组织成员,如美国学者保罗·迈尔等在《领导力的五大支柱》中认为:"领导力是每一个人的事……领导力能够发挥作用在于借助群体的力量。"③ 目前,学界尚未对领导力给出比较统一的定义,本书对已有学者的界定进行梳理,发现可以将"领导力"大致分为责任说、能力说、关系说、特质说以及过程说几种类型(见表2-1)。

表2-1 关于领导力的主要观点汇总

类型	提出者	时间	主要观点
责任说	彼得·德鲁克(Peter Drucker)	2006	领导力不是头衔、特权、职位和金钱,而是责任④
能力说	库泽斯(Couzes)和波斯纳(Posner)	2005	领导力就是激励被领导者自愿地为组织做出努力并成就卓越的能力⑤
能力说	祝静文	2014	领导力就是领导者在一定的组织环境下,综合利用多种资源,引导和带领被领导者实现预定组织目标的能力⑥
关系说	威廉·乔伊斯(William Joyce)	2003	领导力就是领导者与追随者之间具有影响性的相互关系⑦

---

① 连玉明:《学习型领导》,中国时代经济出版社2005年版,第1页。
② [美]詹姆斯·M.库泽斯、巴里·Z.波斯纳:《领导力:如何在组织中成就卓越》,徐中、周政、王俊杰译,电子工业出版社2013年版,第132—141页。
③ [美]保罗·迈尔、兰迪·斯列塔:《领导力的五大支柱》,汉祺译,上海社会科学出版社2005年版,第8页。
④ 德鲁克基金会:《未来的领导者》,方海萍等译,中国人民大学出版社2006年版,前言。
⑤ [美]约翰·P.科特:《领导力革命》,廉晓红等译,商务印书馆2005年版,第89页。
⑥ 祝静文:《教师领导作用机制研究》,硕士学位论文,华东师范大学,2013年。
⑦ [美]威廉·乔伊斯:《组织变革》,人民邮电出版社2003年版,第17—18页。

续表

类型	提出者	时间	主要观点
特质说	王芳	2010	领导力是由多种特质组合共同决定的，其中包括智力、个性、价值观以及与领导情境相关的一系列人际技能、问题解决能力和默会知识①
	熊鑫	2011	领导力是在实现组织目标过程中，领导者以专业知能为核心的影响追随者的综合品质②
过程说	约翰·加德纳（J. Gardner）	1998	领导力是为实现组织目标，领导者说服或者树立榜样来激励群体的过程③
	哈罗德·孔茨（Harold Koontz）	2002	领导力是对人们施加影响的艺术和过程，从而使人们心甘情愿地为实现群体或组织的目标而努力④

资料来源：根据 CNKI 数据库检索结果自行整理。

综上分析，本书倾向于认为"领导力"是主体间交互关系视域下的能力说，即在某些活动中，领导者个体依靠自身特质、知识以及智慧，对其追随者产生影响，进而激发群体达成组织愿景的综合性能力。可以说，领导力是领导者综合素质的集中体现。由此，这种领导力便超越理论性的逻辑知识与可操作性的实践知识的鸿沟，更近似于一种兼具通约性以及可操作性的智慧。这种可操作性的智慧贯穿在领导行为过程中，表征为领导者与被领导者之间的一种主体间的交互关系，而这种关系绝不是单一行政权力可以包含的，也并非纯粹的赋权理论可以穷尽。我们有必要对现代领导理论视域下对"领导力"的认识进行矫正，走出"领导力"必然是指有正式职位和在权力作用下生发的误区，而将其生成机理扩充为包括正式和非正式维度。

---

① 王芳：《领导力早期发展的初步探讨》，博士学位论文，华东师范大学，2010年。
② 熊鑫：《教师课程领导力研究》，硕士学位论文，西南大学，2011年。
③ ［美］约翰·加德纳：《论领导力》，中信出版社2007年版，第21页。
④ 转引自杜芳芳《从行政控制到专业引领——学校教学管理变革取向研究》，博士学位论文，华东师范大学，2011年。

二 学习领导力

学习领导是学校领导发展的新典范。20世纪60年代,美国兴起了有效学校(Effectiveness School)运动,伴随着"学校无用论"的冲击,教育者开始重视学校变革与学生学习成效之间的关系。韦伯(Weber,1971)和爱德蒙(Edmonds,1978)先后提出了效能学校与行政领导的关联因素,并强调学生学习应是学校领导改进的重点,这一时期可看作学校领导发展的"行政领导"时期。20世纪80年代,学校领导将教学领导置于中心环节,学者黄昆辉、吴清基等提出"行政是手段,教学是目的"的学校领导理念。90年代后,受课程发展、教育治理理论发展的影响,学界认为,学校校长除了进行教学领导外,课程领导也应是学校领导的重要内容。但随着学校领导内涵的进一步发展,研究者发现,教师的教学并不必然导致学生学。由此,由关注教学领导转向教学活动的中心——学习,分享领导、担当责任、聚焦学习并为学习提供悉心支持成为条件式学习领导的核心理念。

2002年,美国佐治亚大学的Carl. D. Glickman教授在其出版的《学习领导力:如何帮助教师成功》(Leadership for Learning: How to Help Teachers Success)一书中最先提出了学习领导力(Leadership for Learning)的理念。随后受到美国、英国、澳大利亚等国学者的关注,21世纪初开始进入我国港台学者的研究视野。由于翻译的差别,国内学者也多将"Leadership for Learning"译为"学习领导"。学者陈霞将学习领导称为"为学习而领导",借此强调以学习作为开展领导工作的核心,而领导工作的目的是使学习得以发生。[1] 学者吴清山、林天佑将学习领导称为学习导向领导,指学校领导者发挥其专业力及影响力,以增进教师有效教学和学生有效学习的过程和行为。[2] 吴俊宪认为:"学习领导以促进学生学习为焦点,强调校长的领导角色;又彰显教师领导的重要性,凸显教师参与学校决策,发挥专业影响力,以改善教学实务、促进

---

[1] 陈霞:《"学习领导"视野下的校本研修建设路径》,《教师教育研究》2017年第5期。
[2] 吴清山、林天佑:《教学领导》,《教育资料与研究》2001年第43期。

学生学习的过程"①。由此，学习领导的意涵延伸为"人人都是学习者，同时也是学习领导者，学习领导是广泛分布的、开放的、分散的"②。学习领导渗透在所有意义交往者之间，展现在成员关系性的交往中。③ 学习领导将不再是具有领导职位者的特权。由此可见，强有力的学习领导者将会有以下行为特征：他们挚爱学习，并严格要求自我，认真履行对自己、对他人及对组织的承诺；努力帮助周围人改进思维，更新学习方式；是学习共同体的发起者和实干家；理解并倾听其他成员的意见和建议；起模范带头作用并帮助他人一起成为终身学习者。④

在对国内外学者的观点进行分析与解读的基础上，本书认为，学习领导力是以学习为中心开展的领导，通过教育相关主体分享领导与共担责任，借助正式及非正式的组织运作方式，以促进组织成员提升学习效能。

三 教师学习领导力

分布式领导的倡导者泰诺·斯图尔特认为："与学生学习活动最直接关联的是他们的教师，而如何将对学习的领导权利和机会分享给每一位教师才是学校进步的关键。"⑤ 可以说，本书中的中小学教师学习领导力是指教师在学习领域开展的领导实践。⑥ 中小学教师学习领导力的提出与教与学深度变革、教师专业发展理念的推动以及学校领导的发展密不可分。在新课程改革背景下，相比较而言，中小学教师可以成为教与

---

① 吴俊宪：《推动中小学校优质化——"学习领导"之观点分析》，《台湾教育评论月刊》2012 年第 1 期。

② 艾诗根：《英国学习领导实施的经验评述》，《全球教育展望》2014 年第 9 期。

③ 曾艳、黎万红、卢乃桂：《学习的领导：理解教育领导的新范式》，《全球教育展望》2014 年第 4 期。

④ Graham Donaldson, *Leadership for Learning*: *The Challenges of Leading in a Time of Change*, http://dera.ioe.ac.uk/8061/7/lflcltc _ Redacted.pdf, Livingston: Denholm HoLrse, 2007, p. 13.

⑤ Trae Stewart, "Classroom Teacher Leadership: Service Leadership for Teacher Sense of Efficacy and Servant Leadership Development," *School Leadership & Management*: *Formerly School Organisation*, March 2012, p. 233.

⑥ 樊亚峤、胡亚慧：《教师学习领导的"内涵·意义·实践"机制》，《现代中小学教育》2015 年第 8 期。

学活动中的知识权威，中小学教师对其学生学习的直接影响是毋庸置疑的。并且，中小学教师个体一直置身于群体学习活动中，作为学习经验丰富的组织成员，他们会从学习活动中得到相对独特的见解和体会，也就是说，中小学教师之间可以互相分享他们在参与一线教与学中所积累的经验与教训，以达到共同学习与发展的目标。由此可见，教师学习领导力的核心要义有以下几点：第一，教师是领导者，应赋予相应的领导权责；第二，教师围绕学习活动开展领导实践工作，这其中的学习包括学生的学习，也包括教师群体的学习；第三，领导对象包括学生和教师；第四，教师学习领导力主要借助以下活动发挥作用：帮助学生与其他教师明确学习目标、养成良好的学习习惯、营造适宜的学习环境以及实现学习资源的搜集与优化配置等。与此同时，教师还尤为注重自身的某些特质与行为对其学生以及其他教师群体所产生的潜在的影响力。

首先，教师是学习领导主体中的一员，对学生以及教师群体的学习实施领导。其核心要义强调教师具有领导的职责和权利，必然要求重新审视当前教师所具备的权利与责任范围，重新理顺其作为学习领导者，与学校领导者、被领导者的学生和其他教师之间的关系。换言之，要使教师成为一名优秀的学习领导者，首先应承认其在群体学习过程中的领导角色，其次应明确教师作为学习领导者的权责。

其次，帮助与促进学习活动的发生与发展是教师作为学习领导者的主要任务。教师作为学习领导者，围绕学习活动开展领导实践，既是所教学生学习与发展的引领者，也是同伴学习的促进者，同时还是学校课程与教学走向的影响者。著名学者佐藤学曾说："教师是学习专家与领袖，而学生在校园中学习，因此，教师与学生之间、教师与教师之间可以彼此互相学习成长。"[①] 可见，教师是学习领导者与这一教育理念不谋而合。

最后，教师的学习领导力由权力性影响因素和非权力性影响因素共同促成。

[①] 佐藤学：《学习的革命：从教室出发的改革》，黄郁伦、钟启泉译，天下杂志出版社2012年版，第119页。

教师是具备扎实的学习知识与技能的专业人，因此，可以对学生的学习活动产生直接的领导与影响。这种影响可以被视为是由教师的权力性影响因素促成的。此外，教师的非权力影响主要体现在教师在自身学习、元学习领导以及合作学习等方面对学生及教师群体产生的引领作用。

综上所述，本书将中小学教师学习领导力界定为教师借助自身的知识素养、专业技能和领导潜能等，通过共享领导权责，以学习为中心，对学生与教师的学习施予的影响力。对此，我们可以做以下解读：首先，中小学教师学习领导力"渗透在所有意义交往者之间，展现在组织成员之间的关系性交往中"①。中小学教师学习领导力发挥作用的前提是达成共享、合作与信任的分布式领导共识，即人人都是学习者，人人都是学习领导者。其次，教师作为学习领导者，能为学生、同侪等达到更高的学习目标助力。最后，在教师群体中，教师既是学习领导者，又是学习者，教师应担当专业学习领航员的角色，发挥模范带头作用并与成员一起成为终身学习者。

四 教师学习领导力理论模型

本书中的教师学习领导力模型，就是用来描述在中小学这一组织中作为学习活动中担任领导者角色的教师所应具备的能力要素。也就是说，中小学教师要胜任在学校教育中的学习领导者这一角色，应具备何种能力要素？这些能力要素的性质是怎样的？能力要素之间有怎么样的区别？相互之间又呈现出怎样的关联性？借助领导力模型进一步了解中小学教师领导力的内部结构以及各项能力要素之间的关系。

第二节 相关概念辨析

一 领导与领导力

"领导"是管理学中较为常见的概念。当前，国内外学者对领导

---

① 曾艳、黎万红、卢乃桂：《学习的领导：理解教育领导的新范式》，《全球教育展望》2014年第4期。

力的研究逐渐增多，不少研究者给出了界定。对领导与领导力进行辨析有利于加深对本书主题——教师学习领导力内涵的认识，为后续开展研究奠定基础。著名管理学家诺斯豪斯认为："领导是个体影响和带领群体为实现共同的目标而前进的过程。"① 对此，加里·尤克尔也持相似的观点，他指出："领导是让其他人理解并赞同为实现集体共同的目标，应该去做哪些工作，以及应采取什么样的行动可以高效率完成这些工作的过程。"② 相比较而言，我国学者吴志宏对"领导"则有另外的解读，他提出"领导可以被看作一个相对综合的过程，同时，他认为领导工作可以被分解为以下几个过程：明确目标导向；改善管理方式；借助实际行动去对他人与群体施予相应的影响"③。

"领导"一词作为名词时，可以被理解为领导者、领袖；作为动词时可以被看作过程或行为。根据需要，本书对"领导"采用名词形式的理解。由此，"领导"的核心特征主要有以下几点：首先，领导是一个影响其他成员或整个团体的过程；其次，领导的最终目的是实现共同的目标；最后，领导者与追随者在领导过程中发生相互作用。

综上所述，我们可以发现，领导与领导力虽有相似之处，但有着较为显著的不同点。领导可以被看作一个过程，侧重的是领导者如何借助自身的能力，发挥对其被领导者的影响作用，进而带领整个群体为实现组织目标而共同努力的过程。相比较而言，领导力强调的则不再是过程，它侧重于领导者自身的关键素质和能力，领导力重在凸显领导者自身对其被领导者产生的作用力。就领导与领导力两者的关系来看，领导过程的完成需要领导力作用的发挥，而领导力则是领导过程的有机构成部分；领导从整个活动的角度，而领导力则从领导主体，也就是人的角度来诠释领导学理论。

---

① ［美］彼得·G. 诺斯豪斯：《领导学：理论与实践》，江苏教育出版社2005年版，第2—3页。
② ［美］加里·尤克尔：《组织领导学》，中国人民大学出版社2004年版，第12—13页。
③ 吴志宏：《教育行政学》，人民教育出版社2000年版，第123—124页。

二 教学领导与学习领导

20世纪80年代,欧美各国先后开展了学校效能改进运动,由此,教学领导开始逐渐凸显并被众多研究者力推。Hallinger和Murphy对教学领导作了较为明确的界定,他们将教学领导看作学校校长应担负的责任,校长借助有效的学校管理,帮助教师改进他们的教学行为,进而达到教学领导的目标。① Kenneth A. Leithwood等人则提出了较为相近的意见,他们主张:"在教学领导实践中,教师的教学行为常常是被学校领导者所聚焦和集中力量改进的,与此同时,这些对教学开展领导较多地基于正式的行政权力,换言之,在学校中担当行政职务的领导者,具有领导权威,可以借此开展教学领导工作,而这一行政角色也通常集中于校长个体身上。"② 我国学者郑金洲(2012)就教学领导这一主题也发表了自己的见解。他提出:"教学领导工作要借助校长的力量发挥作用。在当前的学校领导变革中,校长要在学校的教学目标、教与学方式、师生交互影响等方面起到引领作用。这就要求校长对日常教学中出现的问题与困难保持高度的敏感性,能够及时捕捉教学中出现的问题,开展教学指导,化解教学中的各项矛盾,同时,要保障良好有序的教学条件,由此,才可以算是合格的教学领导者。"③ 学者高岩(2015)也对教学领导给出了界定,他认为:"教学领导工作包括确立学校教学愿景;明确教学目标;优化教学资源的整合与配置;制订合理的教学计划;创建合适的教学情境;督促与管理课堂上的教学;提供适切的教学支持;营造良好的教学文化等等。"④

通过以上对教学领导已有研究的梳理,我们不难发现,校长多被认为是教学的领导者,被赋予教学领导相应的职责。同时,教学领导更多

---

① 赵德成:《教学领导:内涵、测评及未来研究方向》,《外国教育研究》2013年第4期。
② [美] Kenneth A. Leithwood, Doris Jantzi, Rosanne Steinbach:《教育变革领导》,谢傅崇、邱郁伦译,台湾华腾文化出版社2011年版,第7页。
③ 郑金洲:《校长教学领导力初探》,《河北师范大学学报》(教育科学版)2012年第11期。
④ 高岩:《中小学校长教学领导胜任力提升研究》,博士学位论文,西南大学,2015年。

地关注如何提升教学成效,同时也包括对与教学相关的外围条件,如学校教学环境的营造,教学资源的整合与配置以及教师专业成长等方面的改进与发展。实践证明,教学领导的提出对教育领导理论与实践均有显著贡献。与此同时,教学领导也存在较为严重的问题,当前,研究者研究教学领导多聚焦于行政权威,即校长英雄式的影响力上,对非正式职位所产生的领导作用较为忽视。此外,研究者在谈及教学领导时,多关注如何提升教师"教"的技能,而对如何提升所教学生"学"的技能则重视不足。同时,一些研究者也开始注意到教学领导实践十分有必要摆脱科层制下英雄领导者的桎梏,但现实实践并不理想,在学校开展的教学领导实践中,依然无法摆脱科层制领导的工作思路。与之相比,分布式领导视野下学习领导的实践则就如何实现学校领导的巨大突破指明了方向,提供了方法与途径。

从六个不同的维度对比分析教学领导与学习领导的差异(见表2-2),我们可以看出,两者都是教育领导理论体系发展的结果。相比较而言,我们可以得出以下几点共识:首先,学习领导的提出,是对教育领导理论的丰富和推陈出新。在教育场域内,由于领导范式不断发生新的位移,学校内组织观、领导观、文化观、权力观、角色观及学习观等维度也随之发生变迁。教师领导、学习社群、分享与对话、分布式领导等新的元素融入教与学场域内,打破了原有教学领导的范式。[①] 正如约翰·哈蒂(John Hattie)所提倡的"学校应该强化校长领导与学校学习之联结,必须将校长及学校其他领导所欲发挥影响力的核心置于学习的议题上,特别是学生学习之上,但不限于此。"[②]

因而,相较而言,或许学习领导更能清楚、明确地表达学校是为学生学习而存在的,学习领导将成为继教学领导之后的一种新的领导范式。[③] 也

[①] John MacBeath and Neil Dempster, *Connecting Leadership and Learning: Principles for Practice*, Abingdon: Routledge, 2009, p.42.

[②] [新西兰] 约翰·哈蒂:《可见的学习——最大限度地促进学习(教师版)》,金莺莲、洪超、裴新宁译,教育科学出版社2015年版,第22—23页。

[③] 孙刚成、蔡进雄:《学校教学领导的典范转移:兼论学习领导的兴起》,《课程教学研究》2017年第8期。

就是说，学习领导实现了学校内部领导中心的转移，将使教师如何更好地"教"转向如何使学生更高效地"学"，学习领导既涵括了教学领导的内涵，也提供了更为宽泛的需要以及给予更多的行为。[①] 此外，学习领导围绕"学习"开展领导，将学习活动的生发和改进作为其工作的核心追求。

表2-2　　　　　　　　学习领导与教学领导的对比研究

比较维度	教学领导	学习领导
领导中介	强调正式组织的运作	除正式组织的运作外，还强调自发性的专业学习社群
领导主体	重视校长的教学领导及由上而下的教学领导	强调人人皆可以成为教学领导者，重视教师领导及分布式领导
组织文化	强调教师参与	除教师参与外，还强调分享对话及信任关系
领导权力	决定权主要集中于校长	决定权由成员共同分享
领导角色	校长是决定者，主任是规划者，教师是执行者	校长、主任及教师同是决定者、规划者及执行者
目标导向	重视教师学习与专业成长	除了教师学习外，还兼顾教育相关人员学习及家长学习，并融入建构主义的精神

三　教师领导力与教师学习领导力

对教师领导力与教师学习领导力进行辨析有利于加深对本书主题——教师学习领导力内涵的认识，为后续开展中小学教师学习领导力的理论建构奠定基础。

当前，国内外学者对教师领导力的研究逐渐增多，不少研究者给出了界定。如我国学者李飞（2011）认为，教师领导力表现为一种综合的影响力，它发挥作用的前提要有良好的组织氛围，教师在此能够分享、合作与信任，教师凭借自身的知识与技能、经验以及道德引领等，参与学校中与学习活动的开展密切相关的学校学习文化建设、师生管理计划的制订等等，由此对组织中的其他成员施予影响作用。[②] 邵建东

[①] 菲利普·贺灵杰：《学习型领导力：模型及核心维度》，《教育研究》2013年第12期。
[②] 李飞：《引领与自主：学校变革中的教师领导与管理》，博士学位论文，华东师范大学，2011年。

(2018)认为:"教师领导力的发挥以其被赋予领导职责为导向,对教育活动的对象——学生以及参与教育活动的其他主体产生领导作用,并且,这种影响多是潜移默化的。"① 另外,国外学者格兰特(Grant)指出:"教师领导力发挥作用的前提是教师要尤为注重丰富自身的知识储备、拓展视野,同时,要不断地更新教育观念,敢于摆脱陈旧的领导风格,要勇敢地变追随者为领导者,实现角色的突破。"②

相比较而言,当前国内外学者对教师学习领导力的研究尚不多见。学者樊亚峤、胡亚慧(2015)提出:"教师可以是学习的领导者,教师凭借自身的领导力改进其学生的学习,协助同伴教师发展进步,同时,教师是学习领导者还意味着他们应在建构优秀的学校学习文化,改进学校方面负有责任。"③ 国外学者杰夫·索斯沃斯(Geoff Southworth)系统论述了教师开展学习领导的相关特征与表现:首先,教师的首要任务是改进课堂上的学习。其次,教师应提升自身的领导知识与技能,挖掘自身的领导潜力,成为学校中其他教师学习的榜样,让每一位教师都可以被带动起来。此外,教师开展学习领导实践,努力尝试让教师群体中关于教和学变革的想法可以获得认同、传递,且能够尽快落实。最后,教师承担学习领导角色,开展学习领导的目的与使命在于改进学生的学习,激励其他教师参与学习领导行动。④

通过对相关概念的梳理发现,教师领导力与教师学习领导力的不同点在于,首先,就提出的背景来看,教师领导力与学校权力去中心化、校本管理与分权、教师赋权以及领导理论发展与转型有关,由此,教师的领导作用日益凸显和得到重视。也就是说,教师领导力的实践对学校领导理论的改进与发展功不可没,明确了教师应在学生学习与教师学习

---

① 邵建东:《高职教师领导力:内涵、价值及发展路径》,《江苏高教》2018年第10期。

② C. Grant, "Emerging Voices on Teacher Leadership: Some South African View," *Educational Management Administration & Leadership*, April 2006, p. 34.

③ 樊亚峤、胡亚慧:《教师学习领导的"内涵·意义·实践"机制》,《现代中小学教育》2015年第8期。

④ G. Southworth, Director of Research, National College of School Leadership An Overview of NCSL's Work into Learning-centred Leadership, http://www.national-college.org.uk/download?id=17330&filename=personalised-learning-overview.pdf.

活动中担当学习的领导者,同时,教师在学校领导发展和改进方面应赋予权责。而教师学习领导力的提出与知识经济时代对人才需求的变革以及学校中教与学的深度变革不无关联。此外,就包括的具体意涵而言,教师领导力的提出是学校对教师教育主体作用的重新认识与定位,侧重于教师对整个学校组织产生的影响力和作用。而教师学习领导力聚焦学习,而且这种学习成效不仅强调学生的成绩,还关涉学科、群体以及整个学校组织的学习与发展。

不可否认的是,教师领导力与教师学习领导力虽各有侧重,有所不同,但是,两者之间也有重合、印证与借鉴的地方。可以说,无论是教师领导力还是教师的学习领导力,都恰如其分地反映了教育领导理论的发展趋势。比如,两者都体现了分布式领导这一新的领导范式在学校领导实践中的应用;都强调领导力是一种间性(人与人之间)的影响,包含直接与间接的影响能力;都主张淡化个人价值、凸显群体智慧的标志;模糊个体作用,强调群体间合作增量,等等。

第三节 研究的理论基础分析

理论基础的有效支撑是使研究得以顺利开展的必要条件。本书根据需要,将领导力五力模型理论作为理论建构部分的主要依据。在此基础上,用所建构的理论来观照现实中的中小学教师学习领导力实践,发现和分析其中存在的问题,并透析问题背后的原因。由此,在实践研究部分,将分布式领导理论作为研究取得进展的依据,依据分布式领导的核心要义为培养和发展中小学教师的领导力提供可行性的策略与建议。

一 领导力五力模型

领导力五力模型是中国科学院"科技领导力研究"课题组的研究成果。课题组对领导力给出了比较明确的界定。他们认为,为实现集体或者组织的共同目标与愿景,在特定的情境中,领导者需要凭借自身的技能与特质吸引、影响其追随者,并且带动组织目标与愿景的利益相关者采取共同行动。① 与此同时,课题组还提出了领导力的五力模型,这一模型是由前瞻力、感召力、影响力、控制力和决断力五个要素组合而成的。

(一) 领导力的概念链

在建构领导力模型之前,需要明确的一点是领导力与领导的行为、过程、知识、能力以及特定的领导情境等要素有着紧密的关联度。换言之,这些要素相互作用,互相配合,共同组合而成了领导力的概念链(见图2-1)。

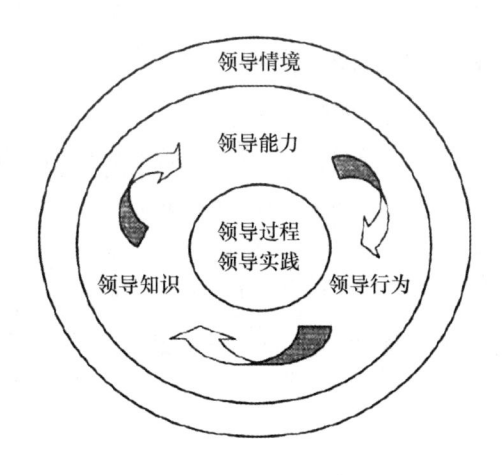

图 2-1 领导力概念链

领导力概念链很好地诠释了各构成要素之间的互相关系:

首先,领导过程居于最里面的圈层,且它是领导力概念链的核心层。显而易见,领导过程也是领导实践,而这其中包含了领导者诸多具体的领导行为。

其次,领导行为居于第二圈层。毋庸置疑,领导者具体的领导行为是由其所具备的领导知识和能力构成的,诸多领导行为组合构成了领导的过程。在此,需要强调的是,领导者的能力是领导行为得以有效发挥的关键,可以说,领导者的能力在一定程度上决定着领导行为的成效。

---

① 苗建明、霍国庆:《领导力五力模型研究》,《领导科学》2006年第9期。

而领导知识是构成领导能力最基本的元素,因此,也可以视为领导行为的组成要素之一。

最后,领导情境位于整个概念链的最外圈层,它由诸多环境因素所构成,可以认为是确保领导过程得以有序进行的保障要素。

通过对各个圈层的分析可以得出,领导力是领导者各项能力的聚合。而就整个领导力概念链的逻辑关系而言,领导力则发挥着承上启下的关键作用。一方面,领导者将自身已有的领导知识运用于领导实践中,在不断实践中将这些知识转化为领导力;另一方面,领导行为也是领导力发挥作用的关键途径,领导者借助自身的行为吸引和影响被领导者以及利益相关者为实现组织目标而努力。

(二)领导力五力模型的核心要义

领导力的概念谱系是深入理解领导力的可靠依据。据此可知,有效支撑领导者领导行为与领导实践得以开展的关键要素是其各项能力聚合的领导力,它是由领导者诸多能力要素组合而成的,在整个领导过程中聚力生效。中国科学院"科技领导力研究"课题组所建构出的领导力模型认为领导者必备的能力有五种,分别是前瞻力、感召力、影响力、控制力和决断力(见图2-2)。

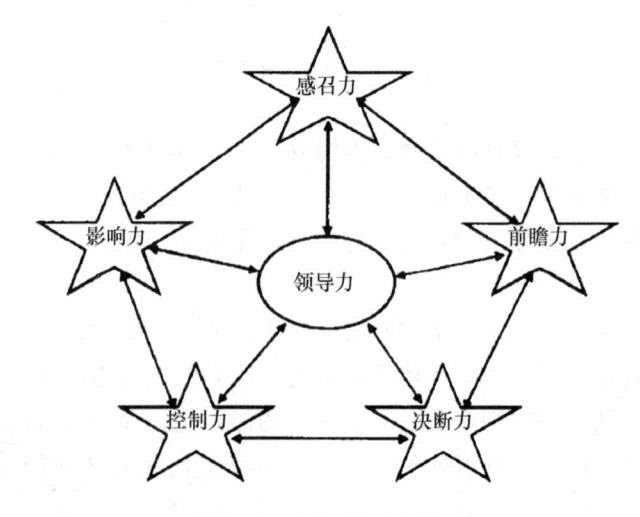

图2-2 领导力五力模型

前瞻力，可以理解为是领导者借此科学地预见未来形势，并能有效把握与应对未来各种不确定因素的能力。通常，组织中的领导者能够高瞻远瞩，能够对组织目标做出长期的战略规划。而领导者前瞻力的形成与其对行业发展规律的科学认识，对其组织外部所处的宏观大环境的精准研判以及对其竞争对手和利益相关者抱有合理的期望不无相关。可见，领导者的前瞻力是其领导力中的核心构成部分。

感召力，可以理解为是领导者角色与职务以外的非正式的影响力。它是领导者最本色的领导力，是由领导者自身的修养品德、人格魅力等产生的影响力，这种影响力会激发其追随者或被领导者更大积极性的发挥。越来越多的理论与实践证明，一个成功的领导者，绝不仅凭借其领导职位带领团队进步，而是领导者自身的素养、品德与人格等发挥着越来越大的作用。总的来讲，领导者感召力的形成与其坚定的信念与理想、高尚的人格、自信满满、以身作则、严于律己，以及领导者自身丰富的领导智慧与阅历等因素密切相关。

影响力，可以理解为领导者在其工作过程中对其他被领导者产生影响的能力。显然，这种影响是无形的，因此，它也可视为是感召力的拓展。与领导者影响力形成有关的因素主要包括在特定领导情境中，领导者与被领导者双方之间的正式与非正式交流与沟通技巧。此外，领导者能够及时洞察和识别被领导者的需求和动机，且能够给予其适时的激励是领导者影响力发挥的重要环节。

控制力，可以理解为领导者能够精准掌控组织的战略方向。领导者控制力的形成与组织有明确的愿景与科学可行的运转计划有关。当组织确立了明确的目标与价值追求，且这些目标与价值追求得到了组织中所有成员的认可和接受，包括领导者根据组织发展目标确立的相关规约与制度。由此，领导者就可以迅速了解组织运转状况，进而高效解决各种冲突，有效控制整个领导过程的顺利进展。

决断力，可以理解为领导者准确判断形势并做出果断决策的能力。这种领导力指向领导者在组织遇到突发或者紧急情况时，能够快速激活自身的领导能力并有效做出决定的能力。因此，也可以看作领导者灵活应变的能力。领导者决断力的形成往往与其对决策时机的把握，对科学决策方法与工具的熟练使用以及对决策所产生风险的科学评估等因素密切相关。①

该模型中的五种领导力互相配合，共同发挥作用，对一位成功的领导者而言缺一不可。需要强调的是，这五种领导能力并非处于同一层面，其中，感召力是最顶层最本色的领导能力；前瞻力以及影响力则可以视为感召力的延伸或发展，可看作中间层面的领导能力。此外，决断力和控制力是处于实施层面的具体的领导能力。

（三）领导力五力模型在本书中的应用

领导力五力模型全面而合理地描述了领导者应具备的各项领导能力。基于此，本书将其作为理论研究环节的主要依据，在建构中小学教师学习领导力的理论框架时，将参考这一理论。本书根据中小学教师学习领导工作的相关特征，并充分考量作为研究对象的中小学教师群体的职业标准与要求，尝试构建较为适切的中小学教师学习领导力理论框架。

首先，本书在建构中小学教师学习领导力理论模型初期，参考和借鉴领导力五力模型建构的过程和方法，并梳理和提炼出中小学教师作为学习领导者开展学习领导实践中的关键行为和特质。同时，将借助领导力概念链谱系，认真分析中小学教师开展学习领导实践的缘由，以及与其学习领导行为密切相关的自身对学习领导的认知、态度，另外还对中小学教师所具备的教育领导知识与技能进行逐一剖析。

其次，本书将根据领导力五力模型，结合已有的关于教师领导力理论、模型的研究成果，结合实证研究，初步预设中小学教师学习领导力由哪些主要领导能力构成，并从中尝试理清各个领导能力之间的逻辑关系。

最后，需要说明的是，尽管中小学教师学习领导力模型的最终确定需要本书结合其他实证研究方法进行验证与修订，但不可否认的是，本书在研究过程中，尤其是在研究之初对中小学教师学习领导力模型的构成要素进行初步预设之时，选择领导力五力模型作为理论依据是十分必要与适合的。

---

① 苗建明、霍国庆：《领导力五力模型研究》，《领导科学》2006 年第 9 期。

二 分布式领导理论

(一) 分布式领导理论的核心要义

早在20世纪50年代,分布式领导的思想就已初见端倪,澳大利亚著名的社会心理学家西尔·吉伯(Cecil Gibb)最早提出了分布式领导的概念。直至20世纪90年代,社会变革的加剧对组织学习以及组织领导提出了新的挑战。与此同时,伴随着彼得·圣吉的"去中心(decenter)领导者"和萨乔万尼的道德领导,即"领导者的领导者"思想的提出,分布式领导的理念开始受到西方众多研究者的重视,[①] 并被应用于教育领导实践中。分布式领导对学校领导实践产生了深远影响,它促使越来越多的教师投身到学校的领导事务中,承担起相应的领导职责。由此可见,在分布式领导视域里,领导主体超越了校长独立个体的范围,将领导的权责分布于整个教育系统的参与者中。

关于分布式领导的含义,研究者尚未达成共识,比较有代表性的观点如下:

戈隆(Gronn)将数量式行为和协同一致行为视为分布式领导的两种类型。相比较而言,前者立足于具有领导职务的个体的领导行为,强调组织中领导者个体的增加。由此一来,领导就分布于组织中的多数人甚至于每一个人之上。而这种单独依靠增加领导者个体数量并非分布式领导理论的完整内涵。即便是组织中有多个成员担任领导者的角色,若他们所负责和领导的工作缺乏关联,他们之间没有沟通,显然,这样的分布式领导与领导者数量增加前相比,并没有显著优势,反而会各行其是,适得其反。由此,戈隆提出应该以整体的方式来构建分布式领导。而在增加领导者数量的同时,能够促使组织成员协同一致,增加各个领导者之间的关联和依赖,可以看作分布式领导得以有效建构的重要手段。此外,协同分布式领导可以有几种实践类型:自觉性的合作模式、直觉的工作关系模式与制度化模式。[②]

---

① 冯大鸣:《美、英、澳教育管理前沿图景》,教育科学出版社2004年版,第74—76页。
② P. Gronn, "Distributed Leadership as a Unit of Analysis," *The Leadership Quarterly*, April 2002, pp. 423–451.

斯皮兰（Spillance）指出："分布式领导是领导者、追随者以及情景之间的互动过程。"① 他还对"领导者相加"（Leader-plus）的观点提出了质疑，指出将分布式领导理解为是由多个人来领导是不合理的，至少，在建构分布式领导之时应考虑领导者、追随者和情景这三者之间的关联。也就是说，领导实践是领导者、追随者和情景交互产生的，应当给予特别的关注。但事实上，以上三个要素对于领导实践而言均缺一不可，尤其需要强调的是，情境既限定了领导实践，同时也受领导实践的影响（见图2-3）。

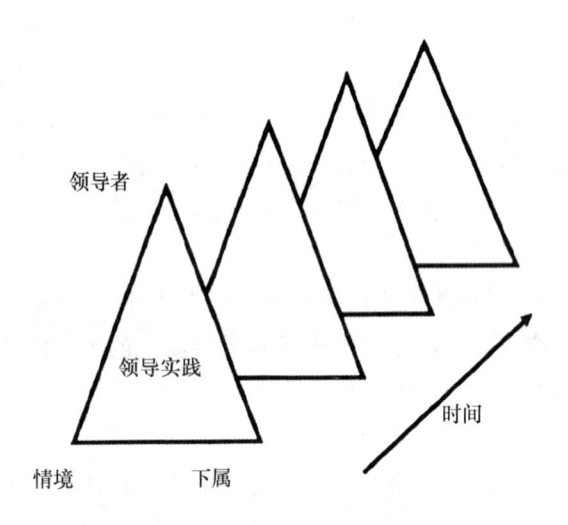

图2-3 斯皮兰分布式领导框架

哈里斯（Harris）对学校中的分布式领导实践提出了自己的观点。他主张分布式领导视域下的学校领导应当"去中心化"。一方面，领导不是学校组织中处于领导职位的单一个体，事实上，学校中的每个人都可能成为领导者；另一方面，强调领导分布于学校的各个层面，但绝不意味着没有人负责，或者正式的领导者角色是多余的，需要特别说明的

---

① J. P. Spillance, *Distributed Leadership*, San Francisco: Jossy-Bass, 2006, p. 3.

是，在分布式领导建构后，校长依然是学校的总负责人①；此外，分布式领导强调学校领导者的去中心化，但是它并不意味着每个人都是领导者或者应该成为领导者。最后，分布式领导有助于帮助我们厘清教师的角色与地位，因为分布式领导强调领导分布于学校中的各个群体。此外，还暗示了领导者之间是互相依赖而不是单向依赖，不同类型以及不同角色的领导者共同分享责任。②

加布蕾利·莱柯姆斯基（Gabriele Lecomsky）则认为："领导分布在有结构的组织关系中，是组织中各类联合的力量。"③而在国内，温恒福也对分布式领导做出了相似理解，他将分布式领导理论的基本理念进行了归纳："首先，领导不只是组织中某一主要领导者的职责，更是群体的职责。其次，领导不应该是个体行为，而应该是集体行为。此外，分布式领导的核心工作就是在组织中创建合作与分享的工作关系，并以此树立起整个组织的精神文化。最后，领导者要注意领导权责的下放。"④

尽管学术界对于分布式领导的概念表述不一，不同的学者各有侧重，但其共同之处是，分布式领导突破了传统集权式领导的桎梏，可以使组织内部的所有成员产生密切联系且彼此影响和牵引。综上所述，我们可以将分布式领导视为"关注分布于学校组织中的领导者、追随者和特定情境交互作用网络中的一种领导实践理论"⑤。

（二）分布式领导理论的特征解读

正如哈尔斯（Harris）所说："分布式领导的出现，必然会使所有的学校成为一定意义上的'无政府组织'。"因此，扁平化组织结构是分布式领导得以生发的丰厚土壤。而这恰恰与学习型组织理论所倡导的

---

① A. Harris, "Distributed Leadership and School Improvement: Leading or Misleading?," *Educational Management Adiministration & Leadership*, January 2004, p. 11.
② A. Harris, "Teacher Leadership as Distributed Leadership: Heresy, Fantasy or Possibility?," *School Leadership & Management: Formerly School Organization*, March 2003, p. 313.
③ 冯大鸣：《美、英、澳教育管理前沿图景》，教育科学出版社2004年版，第35页。
④ 温恒福：《教育领导学》，中国人民大学出版社2003年版，第59—60页。
⑤ 梁东荣、张艳敏：《英美澳分布式领导研究透视及其启示》，《比较教育研究》2007年第7期。

促使组织结构扁平化高度耦合,因而,分布式领导的思想基础来源于学习型组织理论,进一步强调组织学习、主张适应变化和不断创新并活出生命的意义。因而,分布式领导中"去中心的领导者"和"领衔学习者"等成为勾勒和描述领导者新面貌的代名词。

经梳理发现,分布式领导具有以下几点关键特征:①

首先,就领导者角色而言,领导者突破单一个体领导者的局限,强调整个组织中的成员都是领导者,都应当承担起一定的领导职责。同时,领导者身份突破了正式领导职位的单一原点,指向组织中都有的层面。

其次,在分布式领导理论下,领导方式发生了翻天覆地的变化,自上而下的单一的线性发号施令将不再出现,而多向度、交互式的合作与共享将会成为一种常态。

最后,分布式领导一改原有的固化式的领导形态。领导者与被领导者之间的界限被打破,领导的边界变得模糊,领导形态是基于领导情境与事务的变化而发生改变的。

(三) 分布式领导理论在本书中的应用

分布式领导突破了传统领导观的瓶颈。在分布式领导视域下,领导者不再仅仅指组织中具有领导职位的领导者,事实上,领导权责可以动态地分布于整个组织成员之间。由此,每个人都可以是领导者,承担相应的领导权责。这就为本书探索如何提升中小学教师的学习领导力提供了新的理论透镜。

第一,分布式领导理论直击现存的学校科层管理体制的痼疾,淡化了领导者和被领导者之间的角色界限。教师根据专业知识、领导潜能、个人魅力以及领导智慧等在学校教与学事务中动态地承担领导角色,在学校教育管理事务中积极主动地发挥领导作用。

第二,分布式领导理论所倡导的基本观念是赋权、协作、分享与合作。领导方式由单向发展到多向、由线性的控制命令发展到交互式的合作共享。正如哈里斯(Harris)所言:"分布式领导得以开展的关键是

---

① 郭继东:《学校组织与管理》,华东师范大学出版社2012年版,第137页。

允许更多的人加入组织管理中去。"① 这启发学校领导者应转变传统的领导风格，认同教师也是学校领导者的角色，同时，注重完善对教师参与学校领导工作的相关激励措施，鼓励教师主动参与学校的日常管理工作，注重发挥教师的领导潜能，共享教育智慧。

综上所述，传统的学校领导强调校长一人的领导，而分布式领导则倡导只要能散发优质正向的专业影响力，人人都可以成为领导者，开创了将学校领导及效果的研究扩展到校长个人之外的其他主体上。这一主张恰恰为本书确定教师学习领导力指明了方向，充分发挥教师作为教育专业人员的专业影响力，从而探索其在学习领导上的实践运作，以提升教育品质。

---

① ［英］阿尔玛·哈里斯、丹尼尔·缪伊斯：《教师领导力与学校发展》，许联等译，北京师范大学出版社2007年版，第31页。

第三章 中小学教师学习领导力理论模型建构与验证

中小学教师学习领导力理论模型的构建是本书的核心内容，也是促进中小学教师学习领导力提升的前提工作。本章将主要呈现如何构建一个既符合领导力认知发展规律，又符合中小学学习的实践特征，同时具有可操作性的中小学教师学习领导力理论模型，并对其科学性进行验证，在此基础上对所建构的中小学教师学习领导力的结构模型进行修正与阐释。

第一节 中小学教师学习领导力理论模型建构的方法

中小学教师学习领导力理论模型的建构既受到研究者对领导力认知发展规律的影响，也受到学习发生场域特征的影响。尽管本书对中小学教师学习领导力含义的界定有别于先前教育管理学及领导学关于领导力、教学领导力、教师领导力以及教师胜任力的概念，但已有研究对能力的建模方法与研究发现对本书具有可借鉴之处。因而，有必要对典型性能力模型建构的思路与方法进行梳理与比较。

一 能力模型建构方法比较与分析

在本书中，建构中小学教师学习领导力理论模型的目的是从现实零碎的学习领导实践中提炼与归纳出中小学教师作为学习领导者所应具备的能力要素，借此为进一步改进其学习领导力实践提供指导。为了能够选择切合中小学教师学习领导力模型建构的方法，本章将先对当前学术领域已有的关于能力模型建构的路径与方法进行分析，通过对比不同研究方法之间的优势和劣势（如表3-1所示），为中小学教师学习领导力模型的建构选择适切方法提供充分的依据。

二 中小学教师学习领导力模型建构的技术路线

通过对能力模型建构的几种主要方法进行详细对比、分析与探讨发现，中小学教师学习领导力的研究并非借助单一学科中的单一研究范式可以实现的，尤其是对于其能力模型的构建需要立足一个开放的、整合性的视角，也就是说，采用跨学科、多种路径与方法进行整合研究的范式较为适切。另外，有一点我们可以达成一致，那就是中小学教师学习领导力无论在理论研究领域还是在实践领域，对于能力模型建构技术路线的选择均基于对学习领导力本质、对象特征、工作职务等多方面的综合认识与充分理解。因此，本章对中小学教师学习领导力模型的建构突破了传统的通用能力建构范式与职能分析建构范式，选择整合研究范式，即试图将中小学教师在教与学实践中所具备的学习领导力与教师个体知识、技能、动机、态度等潜在学习领导力紧密结合起来，不仅强调从教师个体所从事的工作任务出发来分析其所应具备的能力，还尝试从个人潜在特征来认知教师的学习领导能力。

"领导力"概念本身具有一种文化内涵和默会维度，因此，在建构教师学习领导力模型时，为避免遗漏学习领导力中最具魅力也最难揭示的部分，本书在具体方法的选择上力求克服单一方法的局限而采用工作任务分析法与关键事件访谈法相结合的路径（见图3-1），以使得中小学教师学习领导力的相关维度全部被发现和包含在内。本书首先借助工作任务分析法对中小学教师进行访谈研究，深入了解其学习领导的工作样态，同时，对其完成的工作任务进行全景式的展现；然后将基于其所展现的样态分析中小学教师达成其工作任务所需要具备的学习领导能力，这一方法主要从行为层面对其学习领导力要素进行描述分析。相比较而言，通过关键事件访谈法对研究对象进行访谈研究，可以发掘中小学教师作为学习领导者所具备的潜在领导能力与特质。

表 3-1　　能力模型建构路径与方法的归纳与比较

建模方法	操作要点	优点	缺点
行为事件访谈法	主要以目标岗位任职者为访谈对象，通过访谈对象对其任职期间所做的成功和不成功事件的描述，挖掘出影响其目标岗位绩效的细节行为。之后对所收集到的具体事件和行为进行汇总、分析、编码，在不同的被访谈群体（绩效优秀群体和绩效普通群体）之间进行对比，找出目标岗位的核心素质	在绩效和影响绩效的胜任能力之间建立了明确的关联，其有效性得到了大量研究成果的支持	操作过程极其烦琐，在实施过程中存在许多不可预知的误差，而且效率较低，无法大规模实施，只能限定在局部范围之中
关键事件访谈法	让被访谈对象描述有效工作和无效工作的具体关键事例，然后分解这些事例中的具体行为，从而确定工作中所需要的胜任力要素	涵盖范围较广，能够找到胜任工作所需要的非常关键的行为	较为费时，而且事前没有区分绩效优异者和普通者，所以无法解释谁能把工作做得最好
工作任务分析法	通过访谈、观察或使用职位分析问卷来描述工作，进而归纳出相关的工作任务，以及个体在工作中所表现出来的知识、技能和态度特征	可以比较全面系统地了解相关工作岗位的信息	操作烦琐、较为费时费力，而且描述结果范围非常广泛，无法判别胜任工作的关键行为
专家评定法	通过岗位专家的相互交流和头脑风暴途径获得信息	集中了众多专家的智慧，可以在较短的时间内获得较多的信息	专家经验和知识的一致性无法得到保证，而且可能会出现"意见领袖"，导致信息收集片面
问卷调查法	通过综合文献法、访谈法来编制问卷，然后采取大样本调查，再通过回收问卷进行数据分析获得确切的解释	可以在较短时间内获得大量的数据资料，同时也有助于开发胜任力的测评工具	需要具备专业的测量与统计知识，门槛较高，同时也要具备丰富的行业经验，只有这样，才能编制出效度高的问卷

确定中小学教师学习领导力模型建构的方法是研究的第一步。正如本书在研究框架中所言，中小学教师学习领导力模型的建构、模型的验证以及模

型的应用将是本书的重中之重。开展研究的具体步骤与技术路线如图3-1所示。

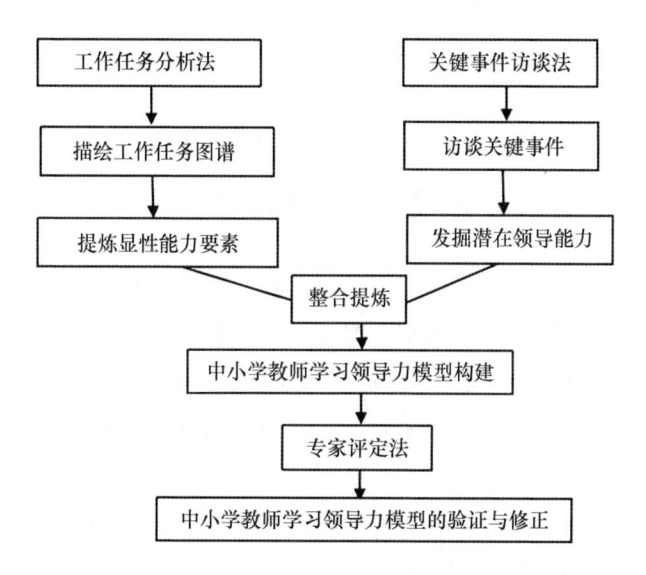

图3-1 中小学教师学习领导力模型建构方法示意

第一步，中小学教师学习领导力模型的理论构想。主要是借助所选用的领导力五力模型作为理论基础，立足于当前我国中小学教师开展学习领导的实际特点，分析中小学教师学习领导力的实然与应然状态，初步构建出中小学教师学习领导力理论模型的构成要素与框架。

第二步，中小学教师学习领导力模型的理论构建。借助工作任务分析法与关键事件访谈法，剖析与发掘中小学教师作为学习领导者所需具备的显性与潜在的能力，进一步整合提炼，建构出中小学教师学习领导力的理论模型。

第三步，中小学教师学习领导力模型的验证。在建构的中小学教师学习领导力理论模型的基础上，自行开发出中小学教师的学习领导力评价量表，进而借助德尔菲法进行专家问卷调查以及问卷的小范围测试，尽可能通过研究者、专家组成员与研究对象之间的三角互证，以验证所建构模型的适切性、合理性。

第四步，中小学教师学习领导力模型的修正与诠释。根据德尔菲法研究中专家组成员的意见，结合对小范围测试中信效度的分析，对初步建构的中小学教师学习领导力理论模型进行修正与完善，形成比较完善的中小学教师学习领导力模型。同时，本书将对理论模型的含义进行解读。

第二节 中小学教师学习领导力理论模型的初步构建

中小学教师作为学习领导者，其工作任务兼具复杂性和多样性，且伴随着分布式领导思潮的发展，学校中的组织结构扁平化发展趋势日益凸显，这对重新认识中小学教师的角色和地位提出了新的要求。一方面，中小学教师应从学校领导命令的忠实执行者走向积极参与学校管理事务，为校领导建言献策；另一方面，中小学教师的工作重心也随之发生了位移，从关注如何更好地"教"学生转移到如何让学生更好地"学"。这些变化要求中小学教师成为一名学习领导者，因而，中小学教师应当"学会在没有权力与权威限制下，如何更好地开展领导工作"[①]。与此同时，中小学教师的工作职责日益复杂化和多样化，迫切需要对其做出重新界定。此外，由于中小学教师作为学习领导者所面临的工作环境的情景性与动态性，通过工作任务分析技术，可以从众多繁杂的工作任务中提炼出中小学教师所需要承担的核心工作任务，可为中小学教师学习领导力模型的建构提供更加科学、有效的依据。

一 基于工作任务分析的中小学教师学习领导力要素提炼

（一）工作任务分析法的操作要点

20世纪50年代，工作任务分析法最早被利用在提高人力资源管理效率的尝试中。某一工作任务的职责规范、说明以及所做工作的日常记录表是该方法的主要依据。在具体操作中，研究者借助这些职责规范、说

---

① T. G. Harris, "The Post-capitalist Executive: An Interview with Peter F. Drucker," *Harvard Business Review*, No. 7, 1993, pp. 114–122.

明书或日常的工作记录来考察从业者所应具备的态度、知识、技能等。1965年，《美国劳工服务部职业分类字典》将工作任务分析法作为其主要的理论依据。当前，在人力资源管理领域，如进行组织的人员选拔、培训、调配以及考评等，都会选择采用工作任务分析法。① 可见，工作任务分析法是据此分析完成相应工作任务所应具备的能力素质的可靠选择。

就具体操作方法而言，工作任务分析法通常是指研究者利用日常观察法和工作日志法对某一职位的工作者在其自然工作情境下的活动进行观察并记录，随后，对记录的内容进行详细的逐级筛选、编码和对比；通过逐级编码的过程整合归纳出从业者在完成某项工作时需要承担哪些工作任务，履行哪些工作职责。此外，在操作中，研究者多采用问卷调查的方式，进行结构化或者半结构化的访谈，也可以进行非正式的集体讨论等。而访谈的内容主要包括研究对象所从事的工作任务，这些内容可以来自于访谈对象自己，也可以是其助手或者下属，具体内容应含括完成工作的难度、工作完成的重要意义、工作时间以及从事该项工作的频率等。需要注意的是，以上几种工作分析方法在使用中往往是互相补充的，可以根据研究需要灵活搭配，以使得多种方法聚合利用。因而可以说，工作任务分析法避免了操作时单一方法的缺陷，提高了对工作任务分析的真实性、客观性，本书决定综合利用工作任务分析法。

（二）中小学教师工作任务分析的实施

本书首先确定研究对象，也就是作为学习领导者的中小学教师应具备的相关特征，以确保工作任务分析研究的一致性和有效性。其次，本书参考现行的《中小学教师岗位职责》以及2010年美国教师领导研究协会（The Teacher Leadership Exploratory Consortium）所确定的教师领导力的能力构成标准②，以及教师领导者所必备的五项基本能力——专业知识和素养的能力，自我反思的能力，合作能力，创新能力，激励自己

---

① 金娜、龚幼龙：《工作任务分析方法及其应用》，《国外医学》（社会医学分册）1995年第4期。
② Dennis Van Roekel, NEA, CTQ, and National Board Launch National Initiative to Develop a New Generation of Education Leaders, http：//www.nbpts.org/newsroom/nea-ctq-and-national-board-launch-national-initiative-develop-new-generation-education.

和他人的能力①——初步确定了中小学教师作为学习领导者这一角色应具备的六项核心能力要素。考虑到研究对象的特殊性以及可利用的研究资源，本书通过访谈法进行工作任务的分析，以求较为客观、真实地反映中小学教师作为学习领导者的岗位职责要求。将六项核心能力要素所属的领域作为研究基础，从中小学校随机选取 9 名教师作为访谈对象（见表 3-2），借助访谈提纲［见附录（一）］，进一步明确中小学教师胜任学习领导者这一角色所应肩负的工作职责及应完成的工作任务。②

表 3-2　　　　　　　　工作任务分析受访名单一览

编号	受访人	性别	工作地点	教龄（年）	职务
1	W 老师	男	中学	21.0	年级主任
2	L 老师	男	中学	14.0	教研组长
3	W 老师	女	小学	3.0	班主任
4	C 老师	女	中学	1.5	任课教师
5	Z 老师	女	小学	6.0	教研组长
6	Q 老师	男	小学	6.0	教研组长
7	S 老师	女	中学	5.0	班主任
8	Z 老师	女	中学	9.0	任课教师
9	W 老师	男	小学	2.0	班主任

注：为保护受访对象，本书中受访人均不采用真实姓名，本表中对受访人的编码采用教师姓氏拼音中的大写首字母。

（三）基于工作任务分析的能力要素开发结果

在明确中小学教师学习领导力的六大核心能力要素的基础上，借助对 9 名受访的中小学教师所持的工作任务分析观点的总结与归纳，最终

---

① Jean Snell and Judy Swanson, The Essential Knowledge and Skills of Teacher Leaders: A Search for a Conceptual Framework, 2000.

② 为保证工作任务分析的成效，本书在访谈中将教师学习领导力的六项核心能力要素所属的领导领域分配给不同的教师，即每位教师负责完成两个领导领域的工作分析，但对其不负责的工作分析领域有表达自我观点的权利。

明确中小学教师作为学习领导者所从事六大工作领域中的 14 项工作任务以及与此相对应的 40 个主要领导能力要素,这些领导能力要素的分布如表 3-3 所示。

表 3-3　　　　中小学教师领导工作任务分析结果提炼

工作领域	工作任务	应具备的领导素质与能力
1. 引领自我学习	1-1 树立学习意识	1-1-1 能够具备终身学习的意识
		1-1-2 能够具备勤奋刻苦的学习态度
		1-1-3 能够具备良好的学习动机
	1-2 落实学习行动	1-2-1 能够排除一切干扰集中精力学习
		1-2-2 能够合理分配学习时间
		1-2-3 能够借助现代化学习设备与学习方法
		1-2-4 能够做到高效率学习
	1-3 反思改进学习	1-3-1 能够跟踪学习科学的最新进展
		1-3-2 能够经常反思自我的学习
		1-3-3 能够不断改进自我的学习
2. 制定学习决策	2-1 参与学校学习决策	2-1-1 能够及时收集和获取与学习相关的数据与证据
		2-1-2 能够在学校学习决策中建言献策
	2-2 自主完成课堂学习决策	2-2-1 能够自主决定学习目标
		2-2-2 能够自主决策课堂学习的内容
		2-2-3 能够自主选择课堂上的教学方法
		2-2-4 能够自主决策课堂上的学习进度
3. 促成提升学习的合作	3-1 促进家校合作	3-1-1 能够与家长保持联络
		3-1-2 能够引领家长参与学校组织的教育活动
	3-2 合理利用社区学习资源	3-2-1 能够整合社区教育资源为学生提供便利
		3-2-2 能够对社区学习建设建言献策
	3-3 合作学习	3-3-1 能够主动与同事分享教学经验或学习心得
		3-3-2 能够营造同事间分享、合作的学习氛围

续表

工作领域	工作任务	应具备的领导素质与能力
4. 课堂学习引领	4-1 革新教学方法	4-1-1 能够对教学工作进行反思
		4-1-2 能够利用数字化资源与设备进行教学设计
		4-1-3 能够利用新的教学方法实施课堂教学
	4-2 实施课堂激励	4-2-1 能够对学生良好的课堂表现给予表扬
		4-2-2 能够鼓励学生创新学习
	4-3 引领学生自主学习	4-3-1 能够带领学生完成自主学习的任务
		4-3-2 能够帮助学生养成领导自我学习的习惯
5. 执行教与学计划	5-1 高质量地完成教学任务	5-1-1 能够与同事就学习计划进行讨论和交流
		5-1-2 能够营造融洽的班级气氛，带领学生前进
		5-1-3 能够对学生的学习进展实施动态监控
		5-1-4 能够对学生的学习成效给予及时的反馈
	5-2 高效地解决工作中的问题	5-2-1 能够与学校、教师、家长保持适时的沟通
		5-2-2 能够及时了解学生的学习需求与困难
		5-2-3 能够及时、冷静处理教学中的突发事件
		5-2-4 能够及时化解教与学过程中的冲突
6. 榜样示范	6-1 以身示范影响他人	6-1-1 能够借助人格魅力吸引他人向自己学习
		6-1-2 能够以严立教，成为同伴学习的榜样

引领自我学习工作领域共包含树立学习意识、落实学习行动和反思改进学习这三项工作任务，通过访谈归纳出在自我学习领导工作领域中，中小学教师应具备终身学习的意识、勤奋刻苦的学习态度、良好的学习动机、能够排除一切干扰集中精力学习、能够合理分配学习时间、能够借助现代化学习设备与学习方法、高效率学习、跟踪学习科学的最新进展、经常反思自我的学习以及不断改进自我的学习这 10 个学习领导素质与能力。

制定学习决策工作领域共包含中小学教师参与学校学习决策和自主完成课堂学习决策两大工作任务。其中，完成以上两项工作任务须具备的领导素质与能力有能够及时收集和获取与学习相关的数据与证据，能够在学校学习决策中建言献策，还能够在教学中自主决定学习目标、自主决策课堂学习的内容、自主选择课堂上的教学方法以及自主决策课堂上的学习进度。

促成提升学习的合作工作领域共包含促进家校合作、合理利用社区学习资源与合作学习三项工作任务，与此相对应的领导素质与能力要求有能够与家长保持联络、能够引领家长参与学校组织的教育活动、能够整合社区教育资源为学生提供便利、能够对社区学习建设建言献策、能够主动与同事分享教学经验或学习心得以及能够营造同事间分享、合作的学习氛围。

课堂学习引领工作领域主要包含革新教学方法、实施课堂激励与引领学生自主学习三项工作任务。完成这三项学习任务要求中小学教师具备的领导素质与能力有能够对教学工作进行反思、能够利用数字化资源与设备进行教学设计、能够利用新的教学方法实施课堂教学、能够对学生良好的课堂表现给予表扬、能够鼓励学生创新学习、能够带领学生完成自主学习的任务以及能够帮助学生养成领导自我学习的习惯。

执行教与学计划工作领域主要包含中小学教师高质量地完成教学任务，并且能够高效地解决工作中的问题这两项工作任务。完成这两项工作任务要求中小学教师具备学习领导素质和能力，进而能够与同事就学习计划进行讨论和交流、互动和合作。对学生来讲，教师能够营造融洽的班级气氛，带领学生前进，能够对学生的学习进展实施动态监控、能够对学生的学习成效给予及时的反馈，能够与学校、教师、家长、学生保持适时的沟通，能够及时了解学生的学习需求与困难，能够及时、冷静处理教学中的突发事件以及能够及时化解教与学过程中的冲突，共同克服，实现学习进步。

榜样示范工作领域中小学教师学习领导的主要工作任务是以身示范影响他人，能够借助人格魅力吸引他人向自己学习，用良好的学习品质去示范影响周围的学生和教师同事。若要完成这项工作任务，中小学教师则要具备吸引他人向自己学习的人格魅力，这种魅力既是潜在的，又是随时随地起作用的。同时能够以严立教，成为同伴学习的榜样。此外还应具备开阔的学科见识和视野。

二 基于关键事件访谈的中小学教师潜在学习领导力发掘

为全方位探究中小学教师学习领导力,本书利用关键事件访谈法对中小学教师进行深度访谈,力求全景式地还原其从事学习领导工作中某些关键事件的原貌,以全面展现其所思所为,从而获得受访者自身的特质与潜在领导能力的解释性理解。

(一) 访谈对象的选择

本书采用理论取样(theoretical sampling)来确定访谈对象。理论取样,即研究数据的获得与收集是依据演化中理论概念的引导,借助比较的原则来进行,目的在于寻找那些最有可能呈现概念间变异情形的人、事或地,从而获得最大的理论收益。[①] 理论取样是扎根理论质性研究方法的核心程序之一,其目的在于将资料搜集、编码、理论建构有机地融合为一个过程。

首先,选择开放性抽样,利用此种抽样方法的目的是力求获得一个高度开放,允许所有可能性出现的资料搜集过程。开放性抽样不求选择大量的访谈样本,但需要研究者对访谈对象有相对了解,以获取更详尽的数据资料。此外,本书有针对性地选择了对中小学教师学习领导力较为熟知的访谈对象,而且要求所选择的受访者认同与信任本书研究者的身份,以消除访谈中的心理防备。第一阶段抽取的 7 名中小学教师的个人资料如表 3-4 所示。

表 3-4 第一阶段访谈对象资料汇总

编号	性别	教龄(年)	职称	学历	所在地区	学校类别
1	男	31	高级	专科	东部地区	示范中学
2	男	17	高级	本科	中部地区	普通中学
3	女	10	中级	本科	东部地区	示范中学
4	女	4	中级	硕士	东部地区	重点中学

---

① 陈向明:《质的研究方法与社会科学研究》,教育科学出版社 2000 年版,第 178 页。

续表

编号	性别	教龄（年）	职称	学历	所在地区	学校类别
5	女	1	初级	硕士	中部地区	示范中学
6	男	2	初级	硕士	东部地区	普通小学
7	女	5	中级	硕士	中部地区	重点小学

注：本书依据访谈对象学校所在地区以及类型，按照访谈的先后顺序对其依次编码。其中，学校所在地区对应的编码为东部地区 E（Eastern Region）、中部地区 C（Central Region）和西部地区 W（Western Region），学校类型对应的编码为小学 P（Primary School）、初中 J（Junior Middle School）、高中 H（High School）、教育局 B（Bureau of Education）。按照访谈时间的先后顺序，将相同学校、相同身份的不同访谈对象依次编码为 1、2、3……比如东部地区（E）中 P 小学两位老师的访谈，访谈时间在先的教师编码为 E-P-1，访谈时间在后的教师编码为 E-P-2，依次类推。本书各章节中直接使用的访谈内容均采用本编码表，后文将不再赘述。

在第二阶段，本书对访谈对象的选取采用关系抽样的方法。为了达到更深度发掘中小学教师学习领导力所关涉教师个体中潜藏的领导特质，明确这些特质与中小学教师学习领导力之间的关系，在本阶段的关系抽样中，本书有意选取了 5 名在中小学中担任学校教学领导职务的教研组长和骨干教师作为访谈对象。以期对第一阶段访谈资料中总结归纳出的理论要素进行演绎，使得在第一阶段访谈中得出的模棱两可的线索更加清晰，进而达成深度访谈、资料搜集与模型建构的融合。本阶段所抽取的 5 名中小学教师的个人资料如表 3-5 所示。

表 3-5　　　　　第二阶段访谈对象资料汇总

编码	性别	教龄（年）	职称	学历	所在地区	学校类别
E-H-1	男	35	高级	本科	东部地区	示范中学
C-H-1	女	23	高级	本科	中部地区	普通中学
W-J-1	女	12	高级	本科	西部地区	普通小学
E-J-1	女	16	高级	硕士	东部地区	示范中学
W-P-1	男	7	中级	硕士	西部地区	重点小学

第三阶段访谈对象的确定采用区别性抽样法。此种抽样方法对访谈对象的选择更为有意与精细。由于本阶段的研究目的是对先前研究中所获得的研究数据进行整合,进而建构理论,因此,在这一阶段的访谈中,需要对出现的困惑与疑问保持高度敏感,一旦出现困惑,就需要重新对受访者进行访谈。此外,还需要对所建构的理论保持敏感,能够随时补充与发展新的概念。因此,本书在确定此阶段的访谈对象时将有意识地选择在教龄、职务、学历以及地域等方面差异较大的中小学教师作为访谈对象(见表3-6),进而产生矛盾互动,以发掘中小学教师学习领导力之间的作用关系。

表3-6　　　　　　　　第三阶段访谈对象资料汇总

编码	性别	教龄(年)	职称	学历	所在地区	学校类别
E-P-1	男	29	高级	本科	东部地区	普通小学
C-J-1	女	20	高级	本科	中部地区	重点中学
W-H-1	男	15	中级	本科	西部地区	普通中学
E-J-2	女	9	中级	硕士	东部地区	示范中学
E-P-2	女	3	初级	硕士	东部地区	重点小学
W-P-2	女	1	初级	本科	西部地区	普通小学

(二) 访谈内容的明确

本书在关键事件访谈中采用了STAR访谈工具提纲。STAR访谈工具提纲是一种关键事件访谈中的常用访谈工具。被访的中小学教师对其从事学习领导工作中的事件进行详尽描述,包括事件发生的具体情境、在事件中充当的角色、以何种方式参与其中、在事件中有什么样的表现以及在事件中的所作所为导致的结果等(见表3-7)。借助STAR访谈工具提纲,研究者能够较为清晰地了解整个事件的来龙去脉,进而有可能捕捉到有研究价值的行为细节。

表 3-7　　　　　　　　　STAR 访谈工具提纲

情境（situation）和任务（task）	反应（action）	结果（result）
1. 事件发生的情境是什么样的？ 2. 什么原因促使了事件的发生？ 3. 您在事件中从事哪些任务？ 4. 您在事件完成过程中遇到了什么样的困难？	1. 您对这个事件的看法是什么？ 2. 您在事件中担任什么样的角色？ 3. 您在完成事件过程中的行动步骤是怎样的？	1. 事件最后的结果是什么？ 2. 您在事件完成过程中发挥了自身的哪些优点或者长处？ 3. 您认为自己在完成事件过程中还存在哪些缺点？

为尽可能多地获得一手研究数据，除了采用 STAR 访谈工具提纲以外，在访谈中，本书还自主增设了关键事件访谈法中不包括的问题，典型的问题，如您觉得您突出的学习领导能力主要表现在哪些方面？您认为一个优秀的学习领导者应具备哪些素质和能力？您将从哪些方面提升自我，发展学习领导力？为什么？假设让您带一名新教师，您将怎样引领他/她？

（三）关键事件访谈的实施

笔者于 2019 年 5 月—2019 年 7 月对所选取的 14 名中小学教师进行访谈调研，访谈的地点和时间不受限制，每位教师的受访时间为 30 分钟至两个小时不等，具体访谈信息如表 3-8 所示。

表 3-8　　　　　　　　　关键事件访谈信息汇总

编码	性别	教龄（年）	职称	学历	所在地区	学校类别	访谈时长	访谈地点
E-H-3	男	31	高级	专科	东部地区	示范中学	1 小时 35 分钟	H 中学三楼会议室
C-J-2	男	17	高级	本科	中部地区	普通中学	1 小时 9 分钟	Z 中学教师办公室
E-J-3	女	10	中级	本科	东部地区	示范中学	1 小时 30 分钟	H 高中三楼会议室
E-J-4	女	4	中级	硕士	东部地区	示范中学	1 小时 48 分钟	H 高中三楼会议室
C-J-3	女	1	初级	硕士	中部地区	示范中学	1 小时 5 分钟	Z 中学教师办公室

续表

编码	性别	教龄（年）	职称	学历	所在地区	学校类别	访谈时长	访谈地点
E-P-3	男	2	初级	硕士	东部地区	普通小学	1小时50分钟	N小学教师办公室
C-P-2	女	5	中级	硕士	中部地区	示范小学	1小时35分钟	J小学教师办公室
C-P-3	男	2	初级	本科	中部地区	示范小学	1小时	J小学教师办公室
W-J-2	女	11	中级	本科	西部地区	普通中学	1小时10分钟	K中学教师办公室
E-H-4	男	35	高级	本科	东部地区	示范中学	1小时10分钟	H高中三楼会议室
C-H-3	女	23	高级	本科	中部地区	普通中学	1小时30分钟	M中学教师办公室
W-P-2	女	12	高级	本科	西部地区	普通小学	1小时20分钟	M中学教师办公室
E-B-1	女	16	高级	硕士	东部地区	区教育局	1小时40分钟	Q市L区教育局
W-P-3	男	7	中级	硕士	西部地区	示范小学	1小时5分钟	Q小学教师办公室
E-P-4	男	29	高级	本科	东部地区	示范小学	50分钟	S小学行政楼207
C-H-4	女	20	高级	本科	中部地区	示范中学	1小时5分钟	Z中学教师办公室
W-J-5	男	15	中级	本科	西部地区	普通中学	1小时30分钟	M中学教师办公室
E-J-5	女	9	中级	硕士	东部地区	示范中学	1小时41分钟	H高中教师办公室
E-P-5	女	3	初级	硕士	东部地区	示范小学	1小时50分钟	S小学教师办公室
W-P-4	女	1	初级	本科	西部地区	普通小学	1小时45分钟	K小学教师办公室

在访谈中，笔者尤为注意访谈技巧，耐心倾听访谈对象的讲述并时刻提醒自己避免先入为主，从而带入研究偏见；同时，注意观察访谈对象在讲述某一事实时的情绪。另外，除了访谈提纲中设定的问题外，针对访谈对象所讲述的事件，笔者选择追加1—2个问题进行追问以挖掘更多与研究内容相关的信息与数据。最后，在征得访谈对象同意后，笔者使用录音笔对访谈内容进行快速保存，并在访谈结束后的24个小时内将其整理转化成文字稿，并试图最大限度地保持原始性话语，且对访谈对象在受访中的特殊性非语言动作与情绪进行回忆与标注。由于访谈数据的冗长复杂，笔者选择质性研究分析软件Nvivo 11来帮助储存、检索访谈资料。在访谈结束后，笔者对访谈数据进行转录，最长的访谈数

据为9213字，最短的访谈数据为6089字，共转录文本97000多字。在访谈工作与对访谈数据进行转录的过程中，笔者选择不断将即时获得的一手资料与研究的理论基础及已阅读文献中可参考的实践经验进行比较，以求对所得研究数据加以更深入的归类并且将其准确地概念化，尽可能得出贴近现实情境的理论。

（四）基于关键事件访谈结果的分析

为了尽可能还原教师开展学习领导实践的真实情境，注重其学习领导过程中的动态性与实践性。本书尝试在系统收集原始资料的基础上，借助质性研究逐级有序的编码过程来提取教师学习领导力的核心概念和构成要素，并通过概念之间的联系建构相关的基础理论要素。

1. 开放式编码（Open Coding）

笔者将上一访谈研究环节中所获得的原始资料输入Nvivo 11软件中，以便于管理、检索及比较。在编码开始前，笔者力求充分理解访谈文本，尽可能用一致或者较为接近的编码，采用逐个事件分别编码的方法，将关键事件访谈中所搜集到的每一个访谈者的原始数据存放于单独的文档里，将文档名称全部按照访谈时间顺序标记为A、B、C、D……以此类推，在文档属性栏中标记访谈地点、时间，以便于分析与比较时能够快速检索。对每位受访教师所谈到的有关中小学教师学习领导力的素质、品格、能力等，则用A1、A2、A3……B1、B2、B3……C1、C2、C3……来标注每位受访者在谈及教师学习领导的潜在特质方面的第一个概念、第二个概念……以此作为其类属的第一个参考、第二个参考……在对18名中小学教师的访谈文本资料进行编码后，一共形成607个初始码，具体示例参照表3-9。

对原始访谈文本进行初始编码就完成了将所搜集到的研究数据打散的任务，接下来将对其予以整合并赋予概念（conceptualized），从而将其归类于不同的范畴。这意味着要把以上初始编码进行逐级"缩编"，用概念及范畴来整合访谈文本的内容。也就是说，开放式编码的过程包括了提取概念、发现范畴、命名范畴、界定范畴性质的一系列过程。根据前文对原始文本进行初始编码的结果，笔者对编码内容做更深一步的概念化分析（见表3-10、表3-11、表3-12、表3-13）。

表 3-9　　访谈资料初始编码示例

原始访谈文本	初始编码标记
学校在 2010 年开始开设海洋教育校本课程。当时我担任三年级两个班的语文教学工作。在学校开完关于青岛市中小学全面实施海洋教育课程的动员大会后，教师们进行交流，大家都意识到了开设这门课程的意义重大，对于学生、对于学校发展都有很多益处。（A1）但是，我们每一个教师都上着自己的课，都有教学任务呀，结果，没人愿意接"这个活儿"，当时我也没想太多，我就觉得开设这门课能带动学生丰富海洋知识、提升海洋素养，这是好事儿。于是，我觉得我们不能光发言说我愿意尝试去担任教这门课的任务。（A2）后来，在接下来的一周里，我就认真研读了教育局下发的文件、课纲要求。那时候，觉得真是困难重重，一来咱没有接触过这门课，二来这是一门新兴课程，可以借鉴和参考的案例太少了。可是，不行呀，不能有困难就不做了呀，我查看临近省市的推广经验，海洋教育的一些视频课程，琢磨了几天后就去找主任，跟他说了我琢磨的课程实施方案，我们课程任务重，时间紧迫，但是可以创新课程模式开展这门课，将课程内容整合、融入学校常规课程中。（A3、A4、A5）当时，主任听了我的想法后很赞成，连连点头表示认可。后来，我就接手开始进行海洋教育校本课程的开发与融合。（A6）仅靠我一个人的力量肯定是不行的，我就找我们语文组的老师沟通，将自己的初步想法讲给他们听，这个时候，段 XX 老师很感兴趣，他认为我这个思路可行，（A7）他也讲了会遇到的那些困难。我们先从将海洋教育课程融入语文课程开始，这个过程比我们想得要困难多了，基本上原来的授课过程和思路都要重新设计。中间也有年轻老师泄气了，我就鼓励他们万事开头难，我们都开始做了，不能半途而废呀，（A8）与此同时，我也从自己教授的内容整合开始，我记得那几个月是我最充实的，天天加班、查资料、整合课程资源、写教案、写教学日志……（A9 A10）后来，我终于看到了希望，我把我海洋教育课纲中"船与海的情感认知"与我的语文课整合出了《船承》，我记得上这节课时，我邀请了四位同事来观摩，我做的小视频学生们看得目不转睛，观看后，抢着举手要发言，（受访者呈现出开心的笑容），后来我就布置课下让学生自主学习《船的家族》这节课。（A11、A12、A13）在这节课后我的同事们也对课程整合热情高涨，我们就组成团队，边学边做，每个人都会把自己整合出来的课先让同事把关，一起找问题提建议。（A14、A15）后来，我们都感觉上道了，就跟主任申请，请浙江的几位名师来给我们指导。就这样，我的同事们慢慢地从排斥、害怕变成乐意做了。现在，我们学校是青岛市海洋教育示范学校，我也很乐意和其他科目的老师或者其他学校的教师说说经验。（A16）我想这其实是很好的学习机会，同时，也是很好的分享与交流的机会	A1 开阔的学科见识与视野 A2 不抱残守缺，具备创新精神 A3 不畏困难，态度坚定 A4 积极主动学习 A5 破旧立新，变革理念，大胆创新 A6 勇于承担责任 A7 与团队成员保持沟通，争取支持 A8 鼓舞士气，影响他人 A9 提升自我，以身示范 A10 刻苦勤奋，甘于奉献 A11 在工作中获得成就意识 A12 利用信息化技术的能力 A13 对学生自主学习技能的影响 A14 带领团队合作 A15 对问题保持敏感 A16 乐于分享

表3-10　　　　　初始编码概念化示例一——引导学生学习

初始编码	赋予概念
B19 把学生的成长放在首位 C8 教学改革中不能总计较个人利益，应主动关心学生 E25 教师的一切工作都应围绕学生的学习展开 G37 发自内心地想多教给学生知识和技能，希望自己的学生都有一技之长 C26 积极尝试能够对促进学生发展有益的课程与教学模式 H12 了解学生的学习困难、学习兴趣 O16 让学生自主学习，自主探究，养成良好的学习习惯 I27 应该重在教会学生学习策略、方法 F18 鼓励学生成为课堂的主人 R26 经常与学生谈心，倾听学生内心的声音	引导学生学习

表3-11　　　　　初始编码概念化示例二——教学设计能力

初始编码	赋予概念
A2 不抱残守缺，具备创新精神 A5 能够根据教学素材设计出符合学生知识、能力、情感和价值观等的教学目标 C4 勇于改变传统的教与学的模式 C9 主动参与集体教研，与同事合作完成教学设计 D7 乐于参与教学技能相关的研讨活动 D33 尤其注重教学情境的营造与其效能的发挥 F3 教学设计能够考虑学生学习兴趣的激发 F8 根据学生的特点采用个别化教学模式 F17 积极尝试分层教学、小组教学等多样化的教学方法	教学设计能力

表3-12　　　　　初始编码概念化示例三——品德感召

初始编码	赋予概念
B7 对待比自己年轻同事的求教，总是保持谦逊 D1 总是能严格要求自己，一丝不苟地完成教学任务 C18 与同事、学生之间的人际关系融洽、和谐 E11 对待家长保持诚挚热情 F10 学习领导者自己首先要积极、乐观、进取，不能在学生或者同事面前出现悲观、浮躁等不良情绪 M11 对待不服管教的学生也总能耐心、宽容地给予引导和帮助 K6 经常向周围比自己年轻的同事学习如何使用多媒体技术 R9 认为团队工作的重要性大于自己的工作	品德感召

笔者经过多次分析与比较初始编码，赋予初始编码以相对完整的概念。同时，笔者将从初始编码中提炼出的概念与原始文本进行比对，完成了开放式编码研究，提炼出了 23 个核心概念，在对所提炼的能力概念进行分析与比较的基础上，又将其归类为 9 大范畴 19 个核心概念（见表 3-13）。

表 3-13　　　　　　　　　开放式编码分析结果

编号	能力概念提炼	所属范畴
1	学习态度积极	学习态度
2	经常对学习进行反思	
4	乐于借助新媒体设备学习	学习技能
7	教学设计能力	教学技能
8	清晰表达、传递知识	
9	维持良好的课堂秩序	
10	支持学生的个性化学习	学习引领
11	引导学生自主学习	
12	关心和满足学生的学习需要	师生关系
13	良好的师生关系	
14	认同学习决策者身份	开展学习决策
15	参与学校的管理决策事务	
16	自行决策与自我教学相关的事件	
17	争取社区学习支持	协同学习领导
18	开展家校合作	
19	高效地解决问题	处理与解决问题能力
20	及时化解矛盾	
22	品德感召	潜在影响力
23	学习示范	

2. 主轴编码（Axial Coding）

前文借助开放式编码对访谈数据进行了初步概念化与范畴化，用一系列概念指代编码和范畴编码来描述、分析与比较访谈文本。但上述概念所归属的范畴之间的关系尚不清晰。本环节进行主轴编码的目的就是对不同概念所属的范畴之间的关系加以进一步澄清和阐述,从而保证中小学教师学习领导力模型建构的严谨性与程序性。主轴编码的主要任务是在分析与比较各个范畴属性的基础上对其加以进一步整合和发展。笔者将9个范畴进行比较与整合,聚敛为6个主范畴,分别是"教师学习力、学习教导力、学习决策力、学习组织力、学习执行力与学习感召力,主范畴之间互通互联,构成了中小学教师学习领导能力体系(见表3-14)。

表3-14 主轴编码分析结果

编号	能力概念提炼	范畴	主范畴
1	学习态度积极	学习态度	教师学习力
2	经常对学习进行反思		
4	乐于借助新媒体设备学习	学习技能	
7	教学设计能力	教学技能	学习教导力
8	清晰表达、传递知识		
9	维持良好的课堂秩序		
10	支持学生的个性化学习	学习引领	
11	引导学生自主学习		
12	关心和满足学生的学习需要	师生关系	
13	良好的师生关系		
14	认同学习决策者身份	开展学习决策	学习决策力
15	参与学校的管理决策事务		
16	自行决策与自我教学相关的事件		
17	争取社区学习支持	协同学习领导	学习组织力
18	开展家校合作		
19	高效地解决问题	处理与解决问题能力	学习执行力
20	及时化解矛盾		
22	品德感召	潜在影响力	学习感召力
23	学习示范		

3. 选择性编码（Selective Coding）

最后一个编码阶段是选择性编码，也常被称为核心编码。选择性编码的目的是选出核心的范畴，将核心的范畴与其余的范畴进行比较，使之建立关联并验证其间的关系。总之，选择性编码研究过程的主要目的就是识别能统领所有范畴的核心范畴。另外，在这一过程中，会对那些经过概念化但尚未发展完整的范畴进行补充和完善。笔者借助关键事件访谈法对中小学教师从事的学习领导工作中的具体事件进行深度分析，发现中小学教师学习领导的过程是十分复杂的。中小学教师实现对学习的有效领导的前提是要改变自身的身份认知，承认自身是学习领导者，同时具备高度的学习自治力，并且能够不断提升各项领导能力，同时能够以身示范地引领和影响周围的人。由此可见，中小学教师的学习领导力贯穿其学习领导的整个过程。故笔者将"中小学教师的学习领导力"界定为核心编码，以统领其他子范畴。

三 中小学教师学习领导力理论模型框架的整合提炼

前两节分别借助行为工作分析法和关键事件访谈法对中小学教师学习领导力进行了分析与提炼。工作任务分析侧重于从行为结果层面对中小学教师在学习领导中具备的知识、技能进行描述和总结；关键事件访谈则注重对中小学教师在学习领导过程中隐藏的潜在能力要素进行发掘。将这两种研究结合起来，能够明确中小学教师学习领导力模型的基本框架。但工作分析法与关键事件访谈法这两种方法在建构模型时所依据的范式不同，因而本节将利用整合研究的范式对上述两种结果予以整合，进而得出中小学教师学习领导力模型的理论框架。

笔者利用工作任务分析法，从中小学教师工作职责的角度出发，借助中小学教师对其胜任学习领导者角色所需要完成的工作任务进行描述，对访谈样本中个体胜任学习领导者这一岗位角色所需要的能力要素进行开发。需要说明的是，为尽可能全面包含中小学教师胜任学习领导者角色所具备的能力要素，笔者在利用工作任务分析法设定访谈提纲时参照了已有研究成果中关于教师胜任力、教师领导力、教师教学领导力以及教师信息化领导力的能力要素。同时，笔者还从能力观上将中小学教师学习领导行为纳入其学习领导的能力要素之中。由此一来，笔者运用工作任务分析技术所开发出的中小学教师学习领导力的能力要素，虽然是对中小学教师在学习领导实践中具体工作任务的细致分析与解读，但从本质上讲，这是从行为层面对中小学教师作为学习领导者所具备的能力要素进行的发掘，同时也是对其学习领导能力施予路径的探索。

此外，采用关键事件访谈法则侧重于开发中小学教师作为学习领导者所具备的潜在的、一般性的能力要素。本书利用关键事件访谈法所开发出的中小学教师学习领导力的要素包括教师对其学习领导者的身份认同、成就动机以及教师自身所具备的领导特质等一些具有内隐性的能力要素。需要注意的是，采用以上两种路径所得出的研究结果将不可避免地出现交叉与重叠。与此同时，出现交叉与重叠的地方主要集中在中小学教师作为学习领导者所具备的知识与技能以及具体行为方面。这主要是由于笔者所采取的关键事件访谈法在对中小学教师学习领导力的要素进行发掘与提取时，并不仅仅局限与满足于获得潜在的学习领导力要素，同时，也对中小学教师作为学习领导者外显的关键能力要素以及行为进行了归结。

笔者通过以上两种途径分别对中小学教师学习领导力的要素进行了提取和分析，基本明确了中小学教师学习领导力模型的基本框架。但是，由于工作任务分析法与关键事件访谈法在研究方式上存在差异，采用这两种研究路径所得的中小学教师学习领导的能力构成要素在属性以及呈现形式上均存在着差异。因而，笔者立足于中小学教师学习领导力理论模型建构的整合范式，对利用这两种路径所得的能力框架进行有效整合，据此得出中小学教师学习领导力的理论模型框架，结果如表 3-15 所示。

表 3-15　　　　中小学教师学习领导力模型框架的整合

领导力维度	领导力要素	领导力要素来源
教师学习力	对学习领导者的角色认知	关键事件访谈
	借助新技术开展学习	关键事件访谈
	学习态度积极	关键事件访谈
	勤于对学习进行反思	关键事件访谈
	扎实的学科知识	行为工作分析
	丰富的关于学习的科学知识	行为工作分析
	实时跟踪学习领域的最新知识	行为工作分析
学习教导力	教学设计的专业技能	行为工作分析、关键事件访谈
	清晰表达、传递知识	行为工作分析、关键事件访谈
	维持融洽的师生关系	行为工作分析、关键事件访谈
	关注学生的个性化学习	行为工作分析
	能够有效维持课堂秩序	行为工作分析、关键事件访谈
	客观、多元评价学习成效	行为工作分析、关键事件访谈
	对学生给予适时激励	关键事件访谈
	引导学生自主学习	关键事件访谈
学习决策力	对学习决策者的角色认知	关键事件访谈
	教与学实践中问题意识强烈	关键事件访谈
	参与教师管理方案制定	关键事件访谈
	参与学生管理方案制定	关键事件访谈
	自行决定所学科目的各项事宜	关键事件访谈
	果断应急处理各种教学问题	关键事件访谈
学习执行力	高效解决问题	关键事件访谈
	妥善化解人际关系中的矛盾	关键事件访谈
	与同事之间关系和谐、融洽	行为工作分析、关键事件访谈
	营造班级学习氛围	行为工作分析、关键事件访谈
	创造同事间合作学习机会	关键事件访谈

续表

领导力维度	领导力要素	领导力要素来源
学习组织力	良好的沟通交流能力	行为工作分析、关键事件访谈
	争取家长参与	关键事件访谈
	开展团队协作	行为工作分析、关键事件访谈
	学习资源的整合与利用	关键事件访谈
	争取社区的学习支持	关键事件访谈
学习感召力	勇担学习领导责任	关键事件访谈
	以生为本的育人理念	行为工作分析、关键事件访谈
	发挥教学示范作用	行为工作分析、关键事件访谈
	保持工作激情	关键事件访谈
	包容接纳不同意见	关键事件访谈

综上所述，为科学建构中小学教师学习领导力的理论模型，本书采用工作任务分析法，对9名中小学教师的工作职务进行分析与归纳，最终得出中小学教师作为学习领导者所从事的六大工作领域中的14项工作任务以及与此相对应的40个主要领导能力要素。此后，本书利用关键事件访谈、借助理论抽样的取样方法，分三个阶段分别对7名、6名和5名个体差异显著的中小学教师进行深入访谈。本书选择将扎根理论作为开展质性研究的依据，借助Nvivo 11分析软件对关键事件访谈的原始数据、编码数据等进行分析，以对中小学教师胜任学习领导者角色所具备的潜在领导能力要素进行发掘。

依据能力模型建构的整合范式，对利用工作任务分析以及关键事件访谈两种方法的所得出研究结果进行有效整合，最终提出了中小学教师学习领导力理论模型的框架。中小学教师学习领导力由教师学习力、学习教导力、学习决策力、学习执行力、学习组织力以及学习感召力六个维度构成，并提炼出中小学教师作为学习领导者所应具备的36个能力要素。

第三节　中小学教师学习领导力理论模型的验证

上一小节采用工作任务分析与关键事件访谈相结合的研究方法对中小学教师学习领导力的能力要素构成进行了确指。本小节的主要研究任务是对初步构建的中小学教师学习领导力模型的理论框架进行验证，同时理清各能力要素之间的逻辑关系，试图从结构和功能两个方面对中小学教师学习领导力模型框架的内涵加以进一步深入解读分析，以从理论与实践层面保证其科学性与合理性。

当下，研究者对新建构的能力模型主要采用访谈专家、开发指标以及发放问卷等形式进行验证。编制问卷对所建构的能力模型进行验证是较为常见的一种方法，此种方法的信效度以及可操作程度均较高，因而成为国内外研究者倾向使用的一种研究方法。本书对中小学教师学习领导力模型验证的步骤包括：第一，开发中小学教师学习领导力的评价工具，即利用修正德尔菲法编制出中小学教师学习领导力的评价量表；第二，运用问卷调查法采用交叉证实法、校标关联效度以及法则有效性等数据分析手段来验证初步建构的中小学教师学习领导力模型的构念效度。

一　中小学教师学习领导力评价量表的开发

本小节的主要研究任务是运用德尔菲法编制中小学教师学习领导力评价量表。中小学教师学习领导力评价量表既是对中小学教师学习领导力模型的具体化，又是中小学教师在领导学习过程中应具备的能力的聚合。因而，在开发中小学教师学习领导力评价量表时应遵循以下原则：第一，遵循科学性与导向性，即所开发的评价量表能够全方位、科学地对我国中小学教师在领导学习中所发挥的作用予以客观评量，同时能够映射出在领导学习过程中对中小学教师所具备能力的要求和引导作用；第二，遵循可操作性，即所开发的评价量表中的每个题项都通俗易懂、简单明了，便于理解与操作；第三，遵循独立性，这一原则要求量表中的各个指标是相互独立与互斥的，不存在包含、重复等，同时各个指标又是相互联系、互为补充的。下文将具体阐述中小学教师学习领导评价

第三章 中小学教师学习领导力理论模型建构与验证

量表开发的研究方法、研究过程以及研究成果。

德尔菲法,即匿名征询专家意见的一种决策方法。在运用德尔菲法开展研究之前,应当先确定所要研究的主题。同时,根据所研究的内容选择与确定要被征询的专家对象,此后,根据研究的进展,对专家成员进行数轮征询,直至专家组成员达成一致意见,即可归纳得出结论。在具体操作中,第一轮征询通常采用开放式提问的方法,目的是让专家集思广益、自由发言,以帮助研究者搜集更多有价值的研究资料,进一步澄清原本不够明朗的研究问题。随后的几轮征询问卷均是在对前一轮问卷结果进行分析的基础上形成的。德尔菲法对专家的征询次数取决于专家对问卷中问题达成一致意见的程度。通常运用传统德尔菲法开展研究的流程如图3-2所示。

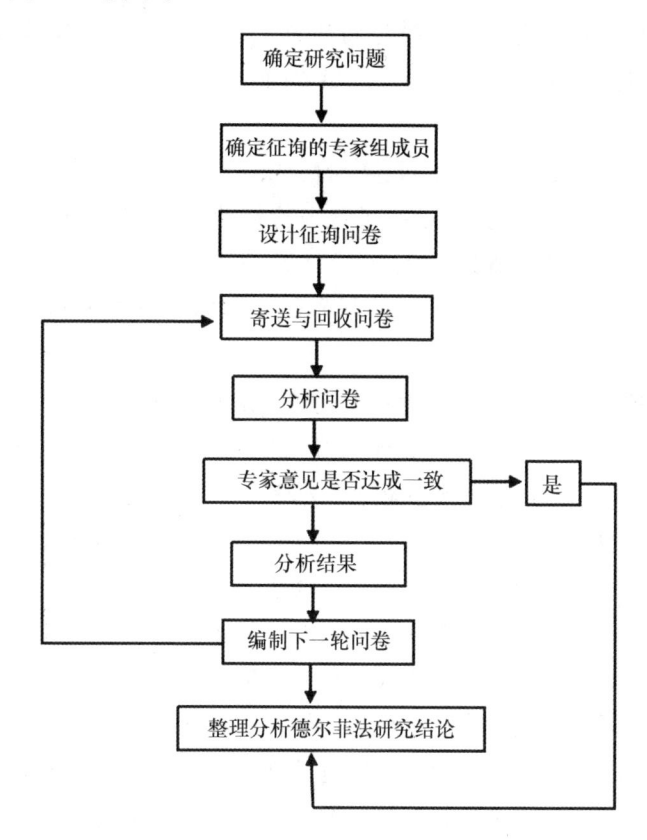

图 3-2 德尔菲法研究流程

根据研究的需要，本书采用的是在传统德尔菲法基础上进行修正的德尔菲法，它与传统德尔菲法的差异之处在于问卷的产生途径。传统德尔菲法的第一轮问卷往往是根据研究内容进行的开放式提问，以求广泛征集专家组的意见。而修正的德尔菲法的初次问卷是研究者根据研究需要，在对已有研究成果加以认真研读基础上编制的，专家组在审查后给予修改建议，随后研究者根据修改意见完成半封闭式的问卷，再寄送给专家组，最后专家们就问卷发表对各题项的个人建议与意见。与传统德尔菲法相比，采用修正的德尔菲法编制问卷，一来节省征询的时间，可以提高研究效率；二来也减轻了专家在面对开放式问卷时所产生的压力。本节具体研究流程如下：

（1）选取研究者、校长以及骨干教师16名，组成征询专家组。

（2）通过对已有研究文献进行研读，结合已建构的中小学教师学习领导力的理论模型，整合与提炼出要向专家组成员征询的问题，编制出初稿问卷。

（3）专家组成员就初稿问卷中的题项进行审查，给出修改意见。

（4）结合专家意见对初稿问卷进行修改，正式形成第一轮问卷，寄送给专家组成员邀请其作答。

（5）回收与统计分析第一轮问卷，并根据专家组成员对问卷题项的修改意见编制第二轮问卷。

（6）把第二轮问卷寄送给专家组成员请其作答。

（7）回收与统计分析第二轮问卷，剔除在统计中未达到显著水平的题项，保留达到显著水平的题项，编制第三轮问卷。

（8）重复（5）—（7）的研究步骤，直到绝大部分题项在几轮征询中得到较为一致的意见，征询则可终止。

为明确研究目标，笔者首先对国内外关于教师领导力、职业能力与素养以及职业标准的相关研究成果进行搜集与整合，然后结合已建构出的中小学教师学习领导力理论模型框架，初步确定运用德尔菲法所要解决的研究问题，形成初步问卷，通过征询专家意见形成正式的第一轮问卷，进而对专家组成员进行两轮征询。问卷征询均采用书面形式，最后获得了专家组成员多元、适切的建议。本节在中小学教师学习领导力开发上的具体研究流程如图 3-3 所示。

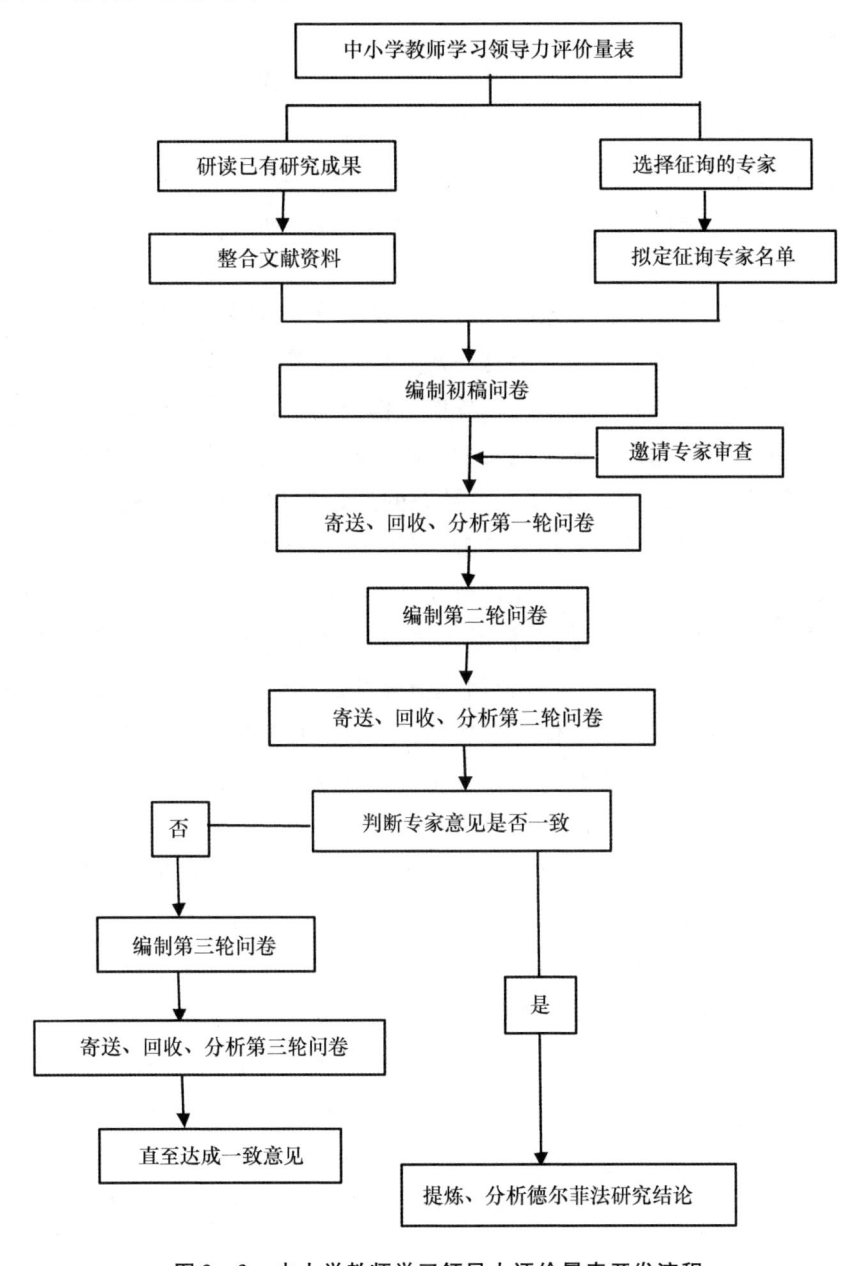

图 3-3 中小学教师学习领导力评价量表开发流程

（一）专家组成员的选定

"德尔菲法是一种对于意见和价值进行判断的作业，要求专家组成员对所研究的主题非常熟知，并且具有丰富的知识储备，进而可提出有价值的判断与可行性的建议，因而，可以说专家的选择是决定德尔菲法成败的关键。"① 事实上，专家组成员对征询问题的熟知程度、判断依据以及由此形成的专家权威程度对采用德尔菲法研究的结果有着重要的影响。

因此，笔者在选择专家组成员时，要求专家组成员有相应的专业知识，对中小学教师学习领导力这一研究课题比较了解或者专家组成员有过开展学习领导或者参与学习领导的工作经历。另外，在确定专家组成员时，笔者力求保证专家组成员的样本结构具有代表性，也就是尽可能使专家小组成员既有关于学习领导力的理论知识，又有实践经验。同时，在联络专家时还会考虑其年龄结构、所属地区、所在单位以及工作经历等方面，以最大限度地保证研究结论的整体性与真实性。根据所确定的专家的标准，笔者拟选择20名专家组成征询小组，但实际得到答复的为16名，其中第一类专家组成员是5名学者，他们均是在高校中从事教育理论与实践研究的专职教师，对目前我国学习科学的进展、学习领导学的发展以及教师专业发展保持着高度敏感性，对本书要研究的问题有着专业的理论知识和比较深入的了解。第二类专家组成员是4名中小学校长，"评价一所学校应先评价它的校长"，由此可见，校长是一所学校的总设计师，是教师担任学习领导角色的领航员，对教师的学习领导实践起着直接的引领作用，因而，校长对教师学习力的判断与所采取的行为直接影响着学习领导力的效能。第三类专家组成员是7名中小学教师，作为本书的主体研究对象，可以说，中小学教师作为学习领导者，对所要研究的内容非常熟知，且在日常教学实践中也形成了自己的判断。如上所述，本书选定学者、中小学校长与中小学教师作为专家组成员，同时，在专家所在地区、学校、职称等方面尽可能地保证其样

---

① 曾照云、程晓康：《德尔菲法应用研究中存在的问题分析——基于38种CSSCI（2014—2015）来源期刊》，《图书情报工作》2016年第16期。

本结构的代表性，进而增强专家组成员对研究问题的权威性，由此也能够形成三方群体对中小学教师学习领导力评价的三角互证。专家组成员具体信息如表3-16所示。

表3-16　　　　　　专家组成员的基本信息一览

专家	工作性质	工作单位	职称	工作年限	研究领域/工作内容
专家1	学者	武汉大学教育科学研究院	教授	30	学习管理理论与实践
专家2	学者	浙江大学教育学院	教授	10	学习科学发展前沿
专家3	学者	华东师范大学教育学部	教授	21	教师专业发展；教育领导
专家4	学者	华东师范大学教育学部	副教授	9	学校领导变革
专家5	学者	中国海洋大学教育学系	教授	17	学习科学发展前沿
专家6	中学校长	中国海洋大学附属中学	高级	26	负责学校教学管理
专家7	小学校长	青岛崂山区石老人小学	高级	21	负责学校教学管理
专家8	小学校长	洛阳市直第二小学	特级	20	负责学校教学管理
专家9	小学校长	武汉江汉区前进二路小学	高级	20	负责学校教学管理
专家10	中学教师	中国海洋大学附属中学	高级	29	参与学习领导实践
专家11	中学教师	中国海洋大学附属中学	高级	16	参与学习领导实践
专家12	中学教师	晋中市第五中学	高级	13	参与学习领导实践
专家13	中学教师	晋中市第五中学	高级	15	参与学习领导实践
专家14	小学教师	洛阳市直第二小学	中级	10	参与学习领导实践
专家15	小学教师	武汉江汉区前进二路小学	中级	7	参与学习领导实践
专家16	小学教师	青岛崂山区石老人小学	初级	3	参与学习领导实践

（二）专家组成员的权威性分析

根据德尔菲法的实践要求，专家组成员的人数通常应保持在15—25人。[①] 因此，笔者最终选定的专家人数符合该研究方法实施的要求。另外，专家组成员对研究问题的熟悉程度无疑会影响其判断，也必然会影响专家的权威性，因而，笔者设计的专家征询问卷中将专家对研究问

---

① 徐国祥：《统计预测和决策》，上海财经大学出版社2005年版，第11页。

题的熟知程度分为"完全熟悉""较为熟悉""一般熟悉""不太熟悉"与"完全不熟悉"五个等级,请专家评价。同时,笔者对这五个等级赋值如下:"完全熟悉" = 0.9,"较为熟悉" = 0.7,"一般熟悉" = 0.5,"不太熟悉" = 0.3 与"完全不熟悉" = 0.1;且用"工作经验""理论知识""文献熟知"与"直观认知"作为专家对问题熟知程度的判断依据。按照这四个标准判定每名专家对问卷中问题的影响程度,以上阐述如表 3-17、表 3-18 所示。①

表 3-17　　　　　专家组成员对问题熟知程度系数一览

熟知程度	Cs
完全熟悉	0.9
较为熟悉	0.7
一般熟悉	0.5
不太熟悉	0.3
完全不熟悉	0.1

表 3-18　　　　　专家组成员的判断依据及其影响程度

判断依据	对专家组成员判断的影响程度		
	大	中	小
工作经验	0.3	0.2	0.1
理论知识	0.4	0.3	0.2
文献熟知	0.2	0.1	0.1
直观认知	0.1	0.1	0.1

笔者通过邀请专家组成员填写问卷并对其填写结果进行评价,进而分析得出权威系数以反映专家组成员的权威程度。权威系数低,说明该专家的权威程度较低;反之,权威系数高,则说明该专家的权威程度较

---

① 宗金峰、赵淑芹:《引入集值统计改进德尔菲法中数据处理过程》,《统计与决策》1997 年第 3 期。

高。而专家对研究问题的判断系数（Ca）与专家对研究问题的熟知程度（Cs）是影响专家组成员权威系数（Cr）的两大因素。专家的权威系数 $Cr = (Ca + Cs)/2$。表 3-19 的统计结果显示，6 名专家的 Cr 值大于或等于 0.9；6 名专家的 Cr 值大于或等于 0.8，小于 0.9；3 名专家的 Cr 值大于或等于 0.7，小于 0.8；仅有 1 名专家的 Cr 值大于 0.5，小于 0.6。16 名专家组成员的权威系数 Cr 均值为 0.825，通常认为，权威系数 $Cr \geq 0.7$ 即为有效。基于以上分析，笔者所确定的专家组成员的权威系数符合利用德尔菲法开展研究的标准。

表 3-19　　　　　　　　专家组成员权威系数统计

专家序号	工作经验	理论知识	文献熟知	直观认知	判断系数 Ca	熟知程度 Cs	权威系数 Cr
1	0.3	0.4	0.2	0.1	1.0	0.9	0.95
2	0.2	0.4	0.2	0.1	0.9	0.8	0.85
3	0.3	0.3	0.2	0.1	0.9	0.6	0.75
4	0.3	0.3	0.2	0.1	0.9	0.9	0.90
5	0.3	0.4	0.1	0.1	0.9	0.7	0.80
6	0.3	0.3	0.2	0.1	0.9	0.5	0.70
7	0.3	0.3	0.2	0.1	0.9	0.7	0.80
8	0.2	0.3	0.2	0.1	0.8	0.7	0.75
9	0.2	0.3	0.2	0.1	0.9	0.9	0.90
10	0.3	0.4	0.2	0.1	1.0	0.9	0.95
11	0.3	0.3	0.2	0.1	0.9	0.7	0.80
12	0.3	0.4	0.2	0.1	1.0	0.9	0.95
13	0.3	0.3	0.2	0.1	0.9	0.7	0.80
14	0.3	0.3	0.2	0.1	0.9	0.9	0.90
15	0.3	0.4	0.2	0.1	1.0	0.7	0.85
16	0.2	0.1	0.2	0.1	0.6	0.5	0.55

（三）专家征询问卷的编制

在运用德尔菲法进行专家征询之前，要先确定中小学教师学习领导力评价量表的初始题项,进而编制出专家的第一轮征询问卷。郝坚(Hinkin)认为,量表开发的初始题项通常可以从已有的相关文献和具有相关工作经验的人这两个途径获取。① 根据这一思路,又鉴于中小学教师学习领导力相关的研究文献较少,很难从已有的国内研究文献中提取中小学教师学习领导力量表的初始题项,因此笔者主要从为建构中小学教师学习领导力理论模型而对中小学教师进行采访所形成的关键事件访谈文本与工作任务分析结果中提取编制量表所需的初始题项。一方面,在模型建构时所获得的一手访谈资料正是具有学习领导实践经验的中小学教师对其开展学习领导实践活动所需要的领导力给予的最直接、最真实的描述;另一方面,根据模型建构时所获得的一手访谈资料编制问卷的初始题项,能够使中小学教师学习领导力理论模型得到专家的进一步佐证。

与此同时,为了尽可能科学地开发中小学教师学习领导力评价量表,笔者还尝试借鉴国内外与教师领导力相关的研究成果,包括菲利普·贺灵杰提出的关于学习型领导力的核心维度,② 北京师范大学徐建平提出的"教师胜任力编码词典"③,美国教师领导研究协会于2010年发布的教师领导力的能力构成标准④,美国教师领导力探索联盟(American Coalition for Teacher Leadership Exploration)发布的教师领导力的七维度模型标准(Teacher Leader Model Standards)⑤,美国教学标准委员会联合教学质量中心于2014年发布的旨在培养教师领导力的"教师领导示范标准"⑥,以及英国ELLI项目对学习力动态

---

① T. R. Hinkin, "A Review of Scale Development Practices in the Study of Organizations," *Journal of Management*, May 1995, p. 967.
② 菲利普·贺灵杰:《学习型领导力:模型及核心维度》,《教育研究》2013年第12期。
③ 徐建平:《教师胜任力模型与测评研究》,博士学位论文,北京师范大学,2004年。
④ Teacher Leader Standards, http://www.teacherleaderstandards.org/the_standards_domain_1.
⑤ S. Crowthor, S. Kaagen, M. Ferguson & L. Hann, *Developing Teacher Leaders:How Teacher Leadership Enhance School Success*, Thousand Oaks, CA:Coruin Press, 2002, p. 41.
⑥ Center for Teaching Quality, National Broad for Professional Teaching Standards & the National Education Association (2014). The Teacher Leadership Competencies, http://www.teachingquality.org/sites/default/files/Teacher%2520Leadership%2520Competencies%2520-%2520FINAL.pdf.

评估标准。①

综上所述,本书基于前一节初步建构的中小学教师学习领导力的理论框架,并参考关于教师领导力标准的研究成果,开发出包含教师学习力、学习教导力、学习决断力、学习执行力、学习组织力和学习感召力六个维度的中小学教师学习领导力评价指标,同时将这六个维度的内涵具体化为21个一级指标、41个二级指标,为清晰表述每个指标的具体内涵,每个二级指标分别用1—3个题项来阐释,由此,就初步形成了中小学教师学习领导力评价量表(见附录二)。

在初步确立中小学教师学习领导力评价量表的初始题项基础上,利用修正的德尔菲法,笔者整合出了第一轮专家征询问卷(详见附录二)。第一轮征询问卷是半开放式的,共包含三个部分:第一部分是专家组成员的基本信息,这一部分通过统计专家组成员的信息来评判笔者所选专家的专业程度;第二部分是专家组成员对研究问题熟知程度及其对指标判断依据的评价表,借助这部分问卷,可以进一步证明专家组成员的权威程度;第三部分是在已建构的中小学教师学习领导力理论模型基础上生成的中小学教师学习领导力评价量表的初始题项问卷,这部分是整个问卷的重心。笔者采用5点式李克特量表形式邀请专家组成员对评价量表中的48个初始题项进行打分,从5分到1分表示其对该题项的同意程度从高逐渐降低。"修改意见"一栏供专家组成员填写对各个指标的修改意见。"其他建议事项"一栏供专家组成员对整个问卷的结构、题项提出建议。需要说明的是,"中小学教师学习领导力评价量表开发之专家征询问卷(第二轮)"(详见附录三)中出现的维度、一级指标、二级指标、具体题项以及修改建议等栏目所代表的含义亦是如此,下文不再赘述。

---

① R. D. Crick, P. Broadfoot, G. Claxton, "Developing an Effective Lifelong Learning Inventory: The ELLI Project," *Assessment in Education: Principles, Policy & Practice*, No. 3, 2004, pp. 247 – 248.

(四) 两轮专家征询问卷分析

根据德尔菲法对专家停止意见征询的判断依据，笔者共对专家组成员进行了两轮征询，专家组成员对研究问题达成了共识。本节将对采用德尔菲法开展专家征询的过程与结果进行呈现与分析，在此基础上生成最终的中小学教师学习领导力评价量表。

1. 第一轮专家征询问卷的结果分析

本书采用直接递送和邮件寄送的方式向专家组成员发放了第一轮问卷，且收到了 16 名专家组成员的全部回复，由此可见，专家组成员对该研究问题的关心程度与参与研究的积极性均较高。依据德尔菲法的研究标准与原则，根据研究需要，笔者对专家组成员对各题项的认同程度及其排序、专家组成员对各题项所持意见的集中与离散情况、专家组成员对整个征询问卷达成共识的情况等进行统计与分析，力求客观分析专家组成员对各题项所提出的意见与建议，同时，也尊重和慎重对待专家组成员的差异性意见。在统计分析过程中，笔者不局限于统计分析所惯用的平均数、中位数和众数等的计算方法，而是把专家组成员意见的一致性、协调性及其检验作为统计分析的重要问题。

（1）专家组成员意见的集中程度分析

笔者依据德尔菲研究法的操作要求，主要采用均数（M_j）和满分频率（K_j）来检验专家组成员在第一轮问卷征询中意见的集中程度。统计第一轮问卷中各题项的得分并计算均数，其公式为：$M_j = \frac{1}{m} \sum_{i=1}^{m} = 1 C_{ij}$，表示对第 j 个题项进行打分的专家组成员数量；C_{ij} 表示第 i 个专家对第 j 个题项的评分分值，M_j 越大，所对应的题项 j 的重要程度也就越高。由表 3-20 中的统计结果可知，六个维度下的 48 个初始题项的均数得分在 4.0 分以上的有 45 个，表明专家组成员对这些题项作为评价中小学教师学习领导力工具的重要性判断较高，另外，C31、C32 与 C34 这三个题项的均数小于 4.0，表明专家组成员对这三个题项没有给予很高的重要性判断。

表 3-20　　第一轮问卷中各题项均数统计

维度	题项	均数（M_j）
教师学习力	A11 具备主动、勤奋刻苦的学习态度	4.31
	A21 具备精深的学科知识和丰富的学习科学知识	4.55
	A22 实时跟踪学习领域的最新知识	4.71
	A31 认为终身学习很重要，并努力践行	4.40
	A32 借助先进学习工具学习，如思维导图、APP 等	4.37
	A33 经常反思我的学习	4.61
	A34 排除一切干扰集中精力学习	4.07
学习教导力	B11 能够清晰表达、传递知识	4.32
	B12 有效控制课堂秩序，保证每位学生积极参与	4.53
	B13 针对学生需求提供学习支架，帮助学生完成个体知识的意义建构	4.41
	B21 多元、客观地评价学生的学习成效	4.33
	B22 激励学生进行自主学习和探究的学习活动	4.27
	B31 了解学生学习风格，定制个性化的学习活动	4.04
	B32 布置一些学生自主学习的任务	4.53
学习决策力	C11 认为教师是教育决策者中的一员	4.50
	C12 认为教师是教育决策的参与者	4.23
	C21 乐意参与学校教与学活动中的各项决策	4.41
	C31 参与学校发展计划制订	3.87
	C32 参与学校的课程开发	3.96
	C33 参与学校教学计划的制订	4.65
	C34 参与教师管理与评价方案的制定	3.81
	C35 参与学生管理与评价方案的制定	4.56
	C36 自行决定所教科目的课程进度	4.32
	C37 自行决定所教科目的教学目标	4.23
	C38 自行决定采用何种教学方法进行授课	4.45

续表

维度	题项	均数（M_j）
学习执行力	D11 就学校学习管理问题，积极提出个人的意见	4.12
	D12 经常就教学问题与同事进行探讨和交流	4.35
	D13 经常与家长沟通，反映学生在校的学习表现	4.56
	D14 倡导社区开展一些教育服务活动	4.34
	D15 经常找学生谈话，了解学生的学习需求与困难	4.78
	D21 能够及时、冷静、恰当地处理教学中的突发事件	4.70
	D22 与同事保持融洽、和谐的人际关系	4.67
	D31 努力营造融洽的班级气氛，带领学生共同前进	4.60
	D32 主张集体备课，倡导同事之间的分享与合作	4.51
	D41 主张在同事之间以及学生之间开展学习共同体实践	4.67
学习组织力	E11 互动方式，与家长就有关信息和思想进行有效交流	4.10
	E21 争取社区的人力、物力与财力支持	4.04
	E31 能够运用现代化技术手段高效地获得学习资源	4.69
	E32 能够结合学习需要，对可利用资源进行合理配置	4.58
	E41 乐意与同事分享教学经验，带动同事分享教学经验	4.77
	E42 能够引导学生互帮互助	4.81
学习感召力	F11 认为教师这一职业是一生不遗余力要做好的工作	4.23
	F21 具备开阔的学科见识和视野	4.34
	F31 身体力行，做到事事处处成为学生的榜样	4.37
	F32 身体力行，做到事事处处成为同事的榜样	4.56
	F41 做到为人师表，言行一致	4.67
	F42 宽容与接纳不同的要求和观点	4.34
	F43 面对工作压力，能够保持乐观情绪	4.60

另外，在进行各题项均数分析的基础上，笔者借助满分频率的计算来进一步透析专家组成员对各题项的集中认同程度。满分频率的计算公式为：$K_j = M'_j/M_j$。其中，M_j 表示对第 j 个题项进行评分的专家组成员数量；M'_j 表示对这个题项评满分的专家组成员数量。K_j 的取值范围在

0—1，K_j 在这里作为 M_j 的补充指数，K_j 值越大，说明专家组成员对这一题项评满分的比例就越大，这就表明专家组成员对该题项重要性的认可度越高。由表 3-21 中的统计结果可知，在 48 个初始题项中，有 45 个题项的满分频率达到了 0.5 以上，证明半数以上的专家组成员对这 45 个题项给予了满分，其中 F41、F42 两个题项的满分频率达到了 0.8 以上，证明专家组成员对这两个题项的重要性认同度很高。同时，C31、C32 与 C34 这三个题项的满分频率则在 0.5 以下，这与上文对各题项均数分析的结果一致，说明这三个题项没有得到多数专家组成员的认可。

表 3-21　　第一轮问卷中各题项满分频率统计

题项	评满分的专家组成员的数量 M'_j	满分频率 K_j	题项	评满分的专家组成员的数量 M'_j	满分频率 K_j
A11	9	0.56	C38	11	0.69
A21	10	0.62	D11	9	0.56
A22	11	0.69	D12	9	0.56
A31	9	0.56	D13	10	0.62
A32	9	0.56	D14	9	0.56
A33	10	0.62	D15	12	0.75
A34	8	0.50	D21	11	0.69
B11	8	0.50	D22	11	0.69
B12	10	0.62	D31	10	0.62
B13	8	0.50	D32	9	0.56
B21	9	0.56	D41	10	0.62
B22	9	0.56	E11	8	0.50
B31	8	0.50	E21	9	0.56
B32	11	0.69	E31	9	0.56
C11	10	0.62	E32	10	0.62
C12	8	0.50	E41	11	0.69
C21	9	0.56	E42	9	0.56

续表

题项	评满分的专家组成员的数量 M'_j	满分频率 K_j	题项	评满分的专家组成员的数量 M'_j	满分频率 K_j
C31	5	0.31	E43	11	0.69
C32	6	0.38	F11	8	0.50
C33	11	0.69	F21	8	0.50
C34	6	0.38	F31	11	0.69
C35	9	0.56	F32	10	0.62
C36	9	0.56	F41	13	0.81
C37	10	0.62	F42	14	0.88

（2）专家组成员意见的协调程度分析

除了专家组成员对各题项重要程度的评判外，专家组成员意见的集中与离散程度也是验证题项适切性的重要依据。鉴于此，笔者采用变异系数 V_j 和协调系数 W 来分析专家组成员意见的协调程度，进而判断专家组成员对题项评分是否存在分歧。

通过计算变异系数来测算专家组成员对各个题项的协调程度，其计算公式为：$V_j = \delta_j / M_j$。其中 V_j 表示 j 个题项的变异系数；δ_j 表示第 j 个题项的标准差，M_j 表示第 j 个题项的均数。笔者先计算出各个题项的标准差，再根据计算公式算出变异系数，具体结果如表 3 - 22 所示。变异系数越大，证明专家组成员对这一题项意见的协调程度差异就越大。根据德尔菲法的要求，当变异系数小于 0.25 时，证明专家组成员对某一题项的意见比较一致；反之，若变异系数大于 0.25，则证明专家组成员对某一题项意见分歧较大，需要研究者对存在分歧的题项做深入研究与进一步验证。

根据表 3 - 22 的统计分析结果，在 48 个初始题项中，有 37 个题项的变异系数均小于 0.25，这表明专家组成员对这 37 个题项给予了一致的认可。另外，C31、C32、C33、C34、D11、D22、D31、E21、E31、E42、F21 这 11 个题项的变异系数均大于 0.25，甚至有的题项变异系数超过了 0.4，这表明专家组成员对这 11 个题项所持的意见差别很大，应当成为后续研究的重中之重。

表 3-22 各题项标准差与变异系数统计

题项	标准差（δ_j）	变异系数（V_j）	题项	标准差（δ_j）	变异系数（V_j）
A11	0.60	0.11	C38	0.78	0.22
A21	0.87	0.18	D11	1.31	0.36
A22	0.63	0.21	D12	0.49	0.17
A31	0.61	0.20	D13	0.67	0.14
A32	0.65	0.17	D14	0.45	0.11
A33	0.54	0.21	D15	0.59	0.23
A34	0.60	0.20	D21	0.47	0.16
B11	0.57	0.10	D22	1.09	0.27
B12	0.42	0.14	D31	1.21	0.34
B13	0.56	0.16	D32	0.67	0.21
B21	0.71	0.19	D41	0.54	0.19
B22	0.58	0.10	E11	0.57	0.17
B31	0.47	0.11	E21	1.19	0.37
B32	0.81	0.20	E31	1.20	0.41
C11	0.67	0.21	E32	0.41	0.10
C12	0.57	0.17	E41	0.66	0.21
C21	0.98	0.16	E42	1.27	0.34
C31	1.23	0.35	E43	0.56	0.17
C32	1.41	0.41	F11	0.65	0.20
C33	1.23	0.40	F21	1.01	0.29
C34	1.54	0.31	F31	0.58	0.23
C35	0.58	0.11	F32	0.67	0.20
C36	0.68	0.17	F41	0.63	0.17
C37	0.53	0.18	F42	0.49	0.11

（3）专家组成员意见的协调系数分析与卡方检验

如上所述，变异系数可以有效验证专家组成员对某一题项意见的一致性程度。相比较而言，协调系数则能验证专家组成员对所有题项意见的一致性程度。在采用德尔菲法进行研究中，协调系数一般在0—1波动，且波动变化情况可以用 W 来描述，W 值越大，说明专家组成员的协调性越高，反之则越低。在计算协调系数之前应先计算专家组成员对第 j 个题项评分的算术平均数，即 $M_{sj} = \frac{1}{n}\sum_{j=1}^{n} = 1 S_j, S_j = \sum_{i=1}^{mj} R_{ij}$，$R_{ij}$ 表示第 i 专家组成员对第 j 个题项的评分；S_j 代表第 j 个题项的评分之和，S_j 越大，说明该题项的重要性系数就越大；接下来将计算协调系数，协调系数的计算公式为 $W = \sum_{j=1}^{n} = 1 d_j^2 / \sum_{j=1}^{n} = 1 d_j^2 (\max)$。卡方值（$X^2$）检验为了验证 W 值的显著性，当 $P < 0.05$，说明专家组成员的意见较为一致；反之，当 $P > 0.05$ 时，说明专家组成员的意见协调程度不达标，需要慎重对待研究结果。从表3-23中可以得出，专家组成员对第一轮征询问卷中的各个题项意见的协调系数为0.17，这表明专家组成员对各个题项的重要性认识与判断存在分歧，达成意见的一致性程度较低。此外，这一轮问卷中协调系数的卡方数值 X^2 为29.61，检验的 P 值 =0.02，$P <$ 0.05，这表明专家组成员意见的协调性较好，证明利用德尔菲法在第一轮问卷征询中所得的研究结果具有较高的可信度。

表3-23　第一轮问卷中各题项的协调系数及卡方检验统计

题项数量	48
协调系数（W）	0.17
卡方值（X^2）	29.61
P 值	0.02

（4）第一轮问卷中专家组成员修改意见的整理与分析

本节将对每位专家组成员在第一轮征询问卷中所提出的修改意见进行汇总并对其进行逐一分析与回应。尤其是对专家组成员意见的协调系数较低的题项，本节将会慎重对待并做深度解析。在整理与分析专家组成员的修改意见时，笔者先对专家组成员第一轮征询问卷中的修改意见进行汇总与归类（详见表3-24），然后对专家组成员提出的问题与修改建议给予逐一回应。

表3-24　　第一轮问卷中专家组成员修改建议汇总

存在的问题	专家组成员的意见
维度选择问题	开发中小学教师学习领导力的评价量表，将教师学习力、学习教导力、学习决断力、学习执行力、学习组织力与学习感召力作为框架，这六种能力似乎可以阐明领导力的内涵，但如果用其总结中小学教师学习领导力还不够贴切，略显笼统，不能很好地说明中小学教师学习领导力的特殊之处；在确定评价指标的框架时，要紧扣学习领导力这一核心概念，这样所确定的维度就不至于泛化为一般的领导力，建议对六个评价维度用理论基础进行合理迁移，同时要注意各个维度之间的逻辑关系
	"学习执行力"这一维度似乎与中小学教师学习领导力的关联程度不是很高，也略显笼统，是否能将"学习执行力"的内涵界定清楚。此外，"学习执行力"与"学习组织力"的内涵是否有重叠，对这些问题应当再做斟酌
一、二级指标体系分类问题	指标分类中存在的主要问题是对一、二级指标的内涵认识不是非常清晰，同时对一级指标划分的依据不统一，从而导致不同维度下有的一级指标的确定显得生硬。另外，指标之间的区分度不高，建议统一指标划分的标准，同时，对各个指标的内涵再做界定与区分
	"学习执行力"维度下的指标"引领学习共同体建设"与"学习执行力"维度下的"沟通能力"这一指标内涵相似，建议对这两个指标的归类作进一步思考
	将"沟通能力、高效解决问题的能力、营造学习环境、构建学习文化"作为"学习执行力"维度下的一级指标，这一做法恐怕不妥当，应当进一步明确执行力的内涵
	"团队合作"作为组织力维度下的一级指标，一方面这一指标与组织力维度下"组织家校合作、社区合作能力、资源组织能力"这三个一级指标有重叠；另一方面，"团队合作"的概念较大，建议将其作为一个独立维度

续表

存在的问题	专家组成员的意见
题项的交叉与重叠问题	"学习执行力"维度下的指标"引领学习共同体建设"与"学习组织力"维度下的指标"团队合作"中的两个题项之间有重叠和交叉
	"主张集体备课，倡导同事之间的分享与合作"这一题项与"主张在同事之间以及学生之间开展学习共同体实践"重叠
	"宽容与接纳来自不同要求和观点"和"与同事之间保持融洽、和谐的人际关系"存在交叉与重叠
指标归属领域问题	将"学习资源的获取与配置"这一指标归属于组织力维度下不合适，应当思考将其归属于"教师学习力"维度下的一级指标"技能"之下还是作为"学习决断力"下的一级指标
	"组织家校合作"与"社区合作能力"这两个指标归属不当，应当思考将其归属于"合作能力"指标下
建议新增维度与指标	结合学习科学的飞速发展，教与学的深度变革，教师的学习变革应该成为其学习领导力的重要组成维度，这一点应当予以特别关注
	研究者用分布式领导理论作为研究的理论基础，因而应当思考如何将"合作"与"共享"的分布式领导理念融入中小学教师学习领导力的评量中，因此，建议研究者思考可否加入"学习合作力"，以丰富学习领导力的内涵
	在"学习决断力"维度的二级指标中，应包含教师对学习资源的评估、整合与管理以及对决策时机的把握等方面的考量

笔者对专家组成员提出的中小学教师学习领导力评价维度的问题高度关注，因为这一问题不仅关涉能否科学评判中小学教师的学习领导力，同时也决定了本书整个理论模型框架。此外，专家组成员还对中小学教师学习领导力的构成能力提出了质疑，他们认为，问卷中的六种领导能力虽然可以在一定程度上阐明领导力的内涵，但作为中小学教师学习领导力评价量表的维度略显牵强。对此，笔者做出以下回应：首先，笔者尝试进行前瞻性研究，因而在建构中小学教师学习领导力理论模型时主要以杨思卓教授提出的"六维领导力模型"作为理论基础，以避

第三章 中小学教师学习领导力理论模型建构与验证

免自创理论模型所带来的各种弊端。笔者在建构中小学教师学习领导力理论模型时虽然结合了中小学教师的职业特点，以及教与学深度变革时代对中小学教师开展学习领导活动的能力要求，但是在构建理论框架之时没有将所参照的理论基础进行很好的迁移，因而对专家组成员指出的所选用的维度与中小学教师学习领导力不够贴切、略显笼统和生硬的问题予以接受。其次，为了突出中小学教师学习领导力的特殊之处，避免将其泛化为一般的领导力，笔者又重温了学习领导力这一核心概念，力求对理论框架的各个维度进行重新审视，同时认真理清各个维度之间的逻辑关系。最后，笔者对中小学教师学习领导力的理论模型框架予以重新确定，将原来设定的六种能力要素进行了替换与整合，将原来的"学习执行力"删除，替换成"学习合作力"，同时，增加了"学习变革力"这一新的维度，梳理了新确定维度之间的关系，这部分内容将在后文呈现。

关于专家组成员提出的第一、二级指标体系分类中主要存在一级指标划分的依据不统一以及各个一、二级指标之间区分度不高的问题，笔者对回收的16名专家组成员的问卷原文本进行了认真分析。笔者以为专家组成员提出的两个方面的问题的确存在。由于第一个环节对维度的确定不够科学合理，进而导致一级指标之间的区分度不高，对这一问题的回应与修正将配合维度的重新界定进行。另外，针对一级指标划分依据不统一的问题，笔者将学习力的一级指标确定为态度、知识与技能，教师自身的学习力是其学习领导力的元能力，能力是在知识学习与丰富的基础上形成的，而学习力更是由态度、知识、技能集合成的智慧，因而仅靠知识本身不足以实现，基于此，笔者将态度、知识与技能作为"教师学习力"维度下的一级指标划分依据。对于其他维度的一级指标划分依据，笔者也是按照这一标准制定的，如"学习决断力"维度下的一级指标是"对决策的认知、决策意愿、决策内容"，"对决策的认知、决策意愿"可以被视为"态度"，而"决策内容"本身包含着做决策所需要的各种知识与技能，只是在一级指标划分时没有对其加以展开。此外，有的维度，如"教导力"下的指标划分依据，的确没有按照和"教师学习力"与

"学习决断力"完全一样的划分标准,一方面因为"学习教导力"本身的丰富内涵与多维指向,既有"教",又有"导","教"与"导"既指向学生,也包含教师这一群体;另一方面因为学习领导力本身就是多种作用力的聚合,各种力量所施予的作用有大有小,方向各异,因而不必采用完全一致的标准去衡量,若刻意追求一致性,反而会适得其反,影响研究效果。综上所述,笔者对专家组成员提出的一、二级指标体系分类中存在一级指标划分依据不统一的问题,在保证全面阐释各维度内涵与指向的基础上,尽可能采用一致性标准;对于各个一、二级指标之间区分度不高的问题,在对评价维度进行增删时,一并加以修正。

针对专家组成员提出的题项所属指标之间的内涵相似问题,笔者对第一轮问卷的第三部分内容进行了详细分析,做出以下调整与修正:将"学习执行力"维度下的指标"引领学习共同体建设"及其题项划分到新增的"合作力"维度下;将"沟通能力"这一指标及其题项划分到新增的"学习合作力"维度下;将"营造学习环境、构建学习文化"的指标及其题项划分到"学习组织力"维度下。对专家组成员提出的"团队合作"作为组织力维度下的指标概念过大的问题,笔者将"团队合作"归属到新增的"学习合作力"维度下,并将其拆分为"家校合作能力""与社区合作能力""同事之间的合作"以及"师生互动与合作",力求使"团队合作"的内涵具体化。

针对专家组成员提出的题项之间有交叉与重叠问题,笔者采取了以下修正方案:首先,针对"引领学习共同体建设"与"团队合作"中的两个题项之间有重叠和交叉的问题,一方面,对"团队合作"这一指标进行了分解与具体化,避免指标内涵在外延方面的交叉。另一方面,把"引领学习共同体建设"这一题项修改为"带领学生参与学习共同体实践"以及"倡导教师开展学习共同体实践",通过对题项进行拆解,对其中涉及的主体对象加以明确以避免重叠。其次,针对专家组成员提出的"宽容与接纳来自不同要求和观点"和"与同事保持融洽、和谐的人际关系"存在交叉与重叠问题,笔者做出以下回应:"宽容与接纳来自不同要求和观点"这一题项所属的维度是"感召力",用以评价中小学教师的个体品质所产生的领导力，而"与同事保持融洽、和谐的人际关系"属于中小学教师处理人际关系的能力，用以评判其沟通能力，这一题项原属于"执行力"维度，删除"执行力"这一维度后将其划分到"合作力"维度下。

针对专家组成员提出的指标以及题项归属维度错乱的问题，笔者做出了以下修改：①把"学习资源的获取与配置"这一题项归属为"学习力"维度下的一级指标"技能"。②把"争取家校合作"与"社区合作"这两个指标中的题项归属到"学习合作力"维度下。

针对专家组成员提出的新增维度与指标的建议，笔者在仔细查找和研读相关文献后，对专家组成员提出的建议予以接受与采纳。由此做出以下修改：①增加了"变革力"作为评量中小学教师学习领导力的一个新维度。②在"学习决断力"维度下增加了一级指标"把握决策时机""决策资源的评估"。③将"合作"与"共享"的分布式领导理念融入中小学教师学习领导力的评量中，用"学习合作力"代替了"学习执行力"。

综上所述，笔者对第一轮问卷中专家组成员提出的意见进行了逐一研读，并进行了修改，修改的主要内容为：①增加"学习变革力"这一新维度，用"学习合作力"替换原来的"学习执行力"维度；②对专家组成员提出质疑的地方，笔者对其进行重新表述，删除重叠的部分，对有交叉的地方进行了重新梳理，进一步明确各个指标的内涵；③对专家组成员提出的指标间内涵产生错位的地方予以更正，对指标下的题项进行了重新调整；④对内涵重复或者相近的题项进行了合并。经过修改后的中小学教师学习领导力评价量表包含教师学习力、学习教导力、学习决断力、学习组织力、学习合作力、学习变革力与学习感召力七个维度。与此同时，笔者对第一轮征询问卷结果中专家组成员在集中程度与协调程度分析上存在意见分歧的C31、C32、C33、C34、D11、D22、D31、E21、E31、E42、F21这11个题项，以及专家组成员对其重要性认同度不高的C31、C32、C34等题项予以重点研究，经过对题项进行合并、增添与删减等处理后，共有58个题项，同时完成了第二轮专家征询问卷（详见附录三）。

2. 第二轮专家征询问卷的结果分析

对第一轮专家征询问卷的结果进行分析后,笔者修正了原有问卷,形成了第二轮专家征询问卷,依旧采用直接递送和邮件寄送的方式向专家组成员发放了第二轮问卷,且收到了16名专家组成员的全部回复。对本轮专家征询问卷结果的分析仍采用与第一轮问卷相同的统计分析方法,分别对专家组成员意见的集中程度与协调程度进行量化分析,同时就问卷中专家提出的具体意见进行逐一回应。

(1) 专家组成员意见的集中程度分析

依据德尔菲研究法的操作要求,笔者统计分析了第二轮专家征询问卷中各题项的得分并计算均数与满分频率,各题项的得分如表3-25所示。由表3-25可知,第二轮专家征询问卷中各题项的均数得分在4分以上。相比第一轮问卷中45个题项的均数得分在4分以上,表明专家组成员对第二轮专家征询问卷中各题项的重要性判断程度进一步提高,同时也表明专家组成员对同一个题项的意见趋于一致,意见的集中程度较高。尤其是在第一轮问卷中C31、C32与C34三个题项的均数小于4分,经过对这些题项进行调整与修改后,在第二轮问卷中的均数得分也达到了4分以上,表明专家组成员对修改后的这三个题项表示认可。

表3-25　　　　第二轮问卷中各题项均数及满分频率统计

题项	均数 M_j	满分专家数量 M'_j	满分频率 K_j	题项	均数 M_j	满分专家数量 M'_j	满分频率 K_j
A11	4.51	9	0.56	D12	4.60	9	0.56
A12	4.87	10	0.62	D13	4.51	10	0.62
A21	4.63	11	0.69	D14	4.67	11	0.69
A22	4.61	9	0.56	D15	4.23	9	0.56
A23	4.65	9	0.56	D21	4.34	9	0.56
A31	4.54	10	0.62	D31	4.37	10	0.62
A32	4.60	12	0.75	D32	4.56	11	0.69
A33	4.57	12	0.75	D41	4.67	11	0.69

续表

题项	均数 M_j	满分专家数量 M'_j	满分频率 K_j	题项	均数 M_j	满分专家数量 M'_j	满分频率 K_j
A34	4.42	10	0.62	D42	4.34	10	0.62
B11	4.51	13	0.81	E11	4.60	10	0.62
B12	4.71	12	0.75	E21	4.10	9	0.56
B13	4.58	9	0.56	E31	4.04	9	0.56
B14	4.47	10	0.62	E32	4.69	11	0.69
B21	4.81	11	0.69	E41	4.58	11	0.69
B22	4.67	10	0.62	E42	4.77	10	0.62
B31	4.57	12	0.75	E43	4.81	10	0.62
B32	4.98	12	0.75	F11	4.60	10	0.62
C11	4.41	12	0.75	F12	4.51	12	0.75
C12	4.23	9	0.56	F21	4.67	12	0.75
C21	4.54	11	0.69	F22	4.23	11	0.69
C31	4.58	10	0.62	F31	4.34	11	0.69
C32	4.68	11	0.69	F32	4.37	9	0.56
C33	4.53	12	0.75	G11	4.56	9	0.56
C34	4.81	12	0.75	G12	4.67	10	0.62
C35	4.67	11	0.69	G21	4.34	9	0.56
C41	4.57	9	0.56	G22	4.60	9	0.56
C42	4.98	13	0.81	G23	4.10	11	0.69
C43	4.41	11	0.69	G24	4.04	9	0.56
D11	4.41	10	0.62	G25	4.69	11	0.69

在各题项均数分析的基础上，笔者借助满分频率的计算来进一步透析专家组成员对各题项的集中认同程度。由表 3-25 中的统计结果可知，58 个题项的满分频率均达到了 0.5 以上，且满分频率分布在 0.55—0.75 的占全数的 80% 以上，证明大多数专家组成员对这 58 个题项给予了满分，表明专家组成员对本轮问卷中各个题项的意见集中程度

较高。其中 B11、C42 两个题项的满分频率达到了 0.80 以上，这说明了 80% 的专家组成员对这些题项给予了很高的重要性判断。

对比第一轮问卷中专家组成员意见的集中程度，在第二轮专家问卷中，笔者将学习力维度下原有的 7 个题项进行修改并扩充为 9 个题项，新增题项 A12、A23 的满分频率均达到了 0.5 以上，表明专家组成员对这两个新增题项的重要程度给予了认同，同时也说明修改问卷取得了效果。与此相似，在其他六个维度下新增的题目有 B14、C36、C37、C38、D42、E21、F22、F41、F42，以及新增维度下的 G11、G12、G21、G22、G23、G24、G25，这些题项的满分频率也都达到了 0.5 以上，这与各题均数分析的结果一致，说明这些题项均得到了多数专家的认可。

（2）专家组成员意见的协调程度分析

统计第二轮问卷结果，计算各题项的标准差与变异系数如表 3-26 所示。

表 3-26　　第二轮问卷中各题项标准差与变异系数统计

题项	标准差 δ_j	变异系数 V_j	题项	标准差 δ_j	变异系数 V_j
A11	0.60	0.11	D12	0.78	0.20
A12	0.87	0.18	D13	1.31	0.27
A21	0.63	0.11	D14	0.49	0.17
A22	0.61	0.20	D15	0.67	0.14
A23	0.65	0.17	D21	0.45	0.11
A31	0.54	0.11	D31	0.59	0.12
A32	0.60	0.19	D32	0.47	0.10
A33	0.57	0.10	D41	1.09	0.34
A34	0.42	0.14	D42	1.21	0.41
B11	0.56	0.10	E11	0.67	0.11
B12	0.71	0.11	E21	0.54	0.11
B13	0.58	0.10	E31	0.57	0.10

续表

题项	标准差 δ_j	变异系数 V_j	题项	标准差 δ_j	变异系数 V_j
B14	0.47	0.11	E32	1.19	0.33
B21	0.81	0.10	E41	1.20	0.11
B22	0.67	0.11	E42	0.41	0.10
B31	0.57	0.17	E43	0.66	0.11
B32	0.98	0.16	F11	1.27	0.14
C11	1.23	0.15	F12	0.56	0.17
C12	1.41	0.11	F21	0.65	0.12
C21	1.23	0.10	F22	1.01	0.10
C31	1.54	0.11	F31	0.58	0.10
C32	0.58	0.11	F32	0.67	0.10
C33	0.68	0.17	G11	0.63	0.17
C34	0.53	0.18	G12	0.49	0.11
C35	0.63	0.27	G21	0.56	0.11
C41	0.49	0.11	G22	0.65	0.20
C42	0.58	0.10	G23	1.01	0.12
C43	0.47	0.11	G24	0.58	0.12
D11	0.81	0.25	G25	0.67	0.12

根据统计分析结果，在58个初始题项中，有52个题项的变异系数小于0.25，这表明专家组成员对这52个题项给予了一致的认可。另外，C35、D11、D13、D41、D42、E32这6个题项的变异系数大于或等于0.25，甚至有的题项的变异系数超过了0.4，这表明专家组成员对这6个题项所持的意见仍有差别。比较第一轮专家问卷中有11个题项的变异系数超过了0.25，可以说专家组成员对本轮问卷题项意见的一致性程度得到了很大改善。而对于专家组成员所持意见仍有差别的6个题项，笔者将其与专家的具体意见逐一进行质的分析。

（3）专家组成员意见的协调系数分析与卡方检验

为了便于比较分析，笔者将两轮征询问卷各题项的专家协调系数（W）及卡方值（X^2）检验统计汇总成表3-27，由表3-27可以看出，专家组成员对第二轮问卷中各题项的协调系数为0.7，明显高于第一轮，这说明经过两轮问卷后，专家组成员对中小学教师学习领导力评价量表中各题项重要性的认识趋于一致，可信度明显提高。另外，两轮问卷中专家组成员意见的协调系数检验值 P 均小于0.05，表明专家组成员意见的协调性较高，德尔菲法研究的结果可取。

表3-27　第二轮问卷中各题项的协调系数及卡方检验统计

轮次	第一轮	第二轮
题项数量	48	58
协调系数（W）	0.17	0.70
卡方值（X^2）	29.61	156.10
P 值	0.02	

（4）第二轮问卷中专家组成员修改意见的整理与分析

本书对每位专家组成员在第二轮征询问卷中所提出的修改意见进行汇总（详见表3-28），并对其进行逐一分析与回应，尤其是对专家组成员意见的协调系数较低的6个题项，在研究中笔者将予以慎重对待并做出深度解析。

针对专家组成员的应该将评价维度进行合并与合理迁移的问题，笔者认同专家组成员提出的意见，为此做出以下回应。首先，笔者对第二轮专家征询问卷的结果进行分析，同时与第一轮问卷中专家组成员提出的建议做比较。"组织力"中的题项与"合作力"下的题项有的似乎互为交叉，有的互为补充，于是笔者采纳专家组成员的建议，对这两个维度下的指标与题项进行了合并。其次，对于专家组成员提出的对评价维度进行合理迁移的建议，笔者认真查阅与研读了一般领导力和教师领导力、教学领导力以及校长领导力相关的文献，认为学习自治力、学习教导力、学习决断力、学习变革力、学习合作力与学习感召力这六种能力可以阐明领导力的内涵，但作为中小学教师学习领导力的评价维度略显笼统，加之在第一轮专家征询问卷中，有的专家就已经提出了这一问题，由此看来，这一点十分具有修改的必要。于是，笔者尝试开展前瞻性研究，结合中小学教师的职业特点，对这六个维度进行了大胆迁移。最后，笔者对中小学教师学习领导力的理论模型框架予以重新确定，将"学习组织力"整合到"合作学习力"维度下，形成了"学习自治力""学习教导力""学习决策力""学习合作力""学习变革力"以及"学习感召力"六个维度。

表 3-28　　　　　　第二轮问卷中专家组成员修改建议汇总

存在的问题	专家组成员的意见
维度确定的问题	将教师学习力、学习教导力、学习决断力、学习组织力、学习合作力、学习感召力作为框架，还是没能适切地说明中小学教师学习领导力的特殊之处，没有跳出一般领导力的圈子，建议对以上维度进行合理迁移。此外，教师学习力维度不能涵盖其全部意涵
	要明确各个维度之间的逻辑关系，"组织力"这一维度似乎与"合作力"的内涵有重叠，"学习合作力"似乎可以包含"学习组织力"，这一点应当再做斟酌
指标体系归属的问题	"学习组织力"中的"高效解决问题的能力""人际关系处理能力""资源组织能力"这三个指标建议与"合作力"维度下的指标进行合并
	将"学习合作力"维度下的"沟通能力"与"家校互动能力""同事之间的分享与合作"以及"学习共同体建设"进行归类与合并
二级指标及题项的交叉与重叠问题	"主张集体备课，倡导同事之间的分享与合作"这一题项与"主张在同事之间以及学生之间开展学习共同体实践"重叠
	"经常邀请家长参加学校组织的各项教学实践活动"与"经常与家长沟通，反映学生在校的学习表现"这两个题项在含义上存在交叉与重叠
	"学习合作力"维度下"与家长的沟通"与"争取家长的支持"这两个二级指标存在交叉与重叠
	"主张在同事之间开展学习共同体实践"与"愿意同事来观摩课堂教学，分享教学经验"两个题项之间存在交叉与重叠

续表

存在的问题	专家组成员的意见
题项表述不准确、不容易理解的问题	当用于教师对自我学习领导力进行评价时,建议题项表达要让中小学教师便于理解。另外,既然是对学习领导能力的评价,建议题项设计时都应当侧重于对能力考查的表述
	"创建有利的学习环境"是否属于教学设计能力指标?建议斟酌这一题项
	对"针对学生需求提供学习支架,帮助学生完成个体知识的意义建构"建议采用通俗易懂的表达方式

  对中小学教师学习领导力评价维度的重新划定一并解决了专家组成员提出的"指标体系归属的问题"。本书将学习组织力中"高效解决问题的能力""人际关系处理能力""资源组织能力"这三个指标与"学习合作力"维度下的"沟通能力"与"家校互动能力""同事之间的分享与合作"以及"学习共同体建设"进行归类与合并,从而将原有的16个题项整合成了9个题项(见附录三)。

  针对专家组成员提出的二级指标及题项的交叉与重叠问题,笔者对照两轮问卷的原稿,对有异议的题项进行勾选合并,共合并6个题项,删除3个题项,整合与合并题项主要分布在"学习合作力"与"学习组织力"这两个维度下。如将"主张集体备课,倡导同事之间的分享与合作"与"主张在同事之间开展学习共同体实践"这两个题项合并为"倡导同事之间的分享与合作",同时删除"同事之间开展学习共同体实践"与"愿意同事来观摩课堂教学,分享教学经验"这两个题项;将"经常邀请家长参加学校组织的各项教学实践活动"与"经常与家长沟通,反映学生在校的学习表现"这两个题项合并为"与家长保持沟通与合作",同时删除了"学习合作力"维度下"与家长的沟通"与"争取家长的支持"这两个指标及其题项。

  针对专家组成员提出的"题项表述不准确、不容易理解"的问题,笔者做出以下回应:首先,对于供教师对自我学习领导力的状况进行评价的题项,其表述应便于中小学教师理解这一意见,笔者十分认同,因而将"针对学生需求提供学习支架,帮助学生完成个体知识的意义建构"

选项修改为"教学设计中注重满足学生的个性化学习需要",同时,对诸如此类的问题一并做出修改。其次,对"学习领导能力的评价,建议题项设计时都应当侧重于对能力考查的表述"这条建议也表示接受,按照此要求对所有题项进行逐一审核并修正。最后,有专家质疑"创建有利的学习环境"是否属于教学设计能力指标?说明这个题项存在异议,于是笔者进行了相关资料的查阅,并明确学习环境属于教学设计的范畴。

综上所述,本书采用德尔菲法对专家组成员进行了两轮问卷征询,在第一轮专家征询问卷结果中,专家组成员有6次评分为"1分",有4次评分为"2分";而在第二轮专家征询问卷结果中,专家组成员对所有题项的评分都在"3分"及以上。同时,对比两轮问卷结果中专家组成员意见的变异系数与协调系数,第二轮问卷结果中专家组成员的变异系数明显低于第一轮问卷,而协调系数又高于第一轮问卷,这表明经过两轮征询问卷,专家组成员对各题项的意见已达成共识,由此,可以结束问卷征询,得出研究结论。笔者根据第二轮专家征询问卷结果中专家组成员提出的建议,对中小学教师学习领导力评价量表进行了认真修改,形成了中小学教师学习领导力评价量表(详见附件四)。

二 中小学教师学习领导力模型的实践检验

前一节根据所建构的中小学教师学习领导力理论模型开发了中小学教师学习领导力评价量表。本节将对评价量表的效度做出进一步检验,同时借助调查研究来验证前一章所建构的中小学教师学习领导力理论模型框架。在本节的研究中,笔者运用中小学教师学习领导力评价量表进行小范围调查,通过对调查问卷的结果分析来证实模型或调整模型,从而提高研究的科学性。

(一)中小学教师学习领导力模型验证研究的基本假设

为了对中小学教师学习领导力模型中各维度与构成要素的适切性进行验证,以证明该模型结构的合理性,笔者认为,中小学教师学习领导力模型在验证前可先做以下假设:

假设1:中小学教师学习领导力模型是一个包含多元维度的结构。

假设2:多元维度比单一维度的拟合度更好。

假设3：中小学教师学习领导力模型由学习自治力、学习教导力、学习决策力、学习变革力、学习合作力以及学习感召力六个维度构成。

（二）中小学教师学习领导力模型验证的工具与样本

笔者利用的调查工具是前一节开发的"中小学教师学习领导力评价量表"，选择运用李克特量表，根据符合程度，分别依次赋予5种符合程度为5分、4分、3分、2分、1分，参与填写问卷的中小学教师根据自己的感知与判断作答。

在确定调查样本时选择利用随机抽样的取样方法，随机抽取了S省Q市140名中小学教师作为调查对象，最后收回117份问卷，剔除无效问卷后，得到113份有效问卷，有效问卷率为80.71%。调查样本所涉及的人口统计学指标的具体情况如表3-29所示。

表3-29　　　　　　　　调查样本的人口统计学变量

人口统计学变量	类别	人数（人）	百分比（%）
性别	男	41	36.3
	女	72	63.7
教龄	≤5年	46	40.7
	6—10年	31	27.4
	11—20年	27	23.9
	≥20年	9	8.0
职称	特级	3	2.7
	高级	11	9.7
	中级	46	40.7
	初级	39	34.5
	未定级	14	12.4
学历	中专	9	8.0
	大专	21	18.6
	本科	49	43.4
	硕士及以上	34	30.1

续表

人口统计学变量	类别	人数（人）	百分比（%）
职务	普通任课教师	35	31.0
	班主任	36	31.9
	教研组长	17	15.0
	年段长或科室主任	19	16.8
	校领导	6	5.3
学校类型	小学	56	49.6
	初级中学	34	30.1
	高级中学	20	17.7
	完全中学	3	2.7

（三）中小学教师学习领导力模型验证的调查结果分析

笔者利用 SPSS 22.0 分析软件对调查结果进行项目分析、同质性检验与探索性因素分析。

首先，笔者选用临界比值法和同质性检验相结合的方法来验证问卷结构的适切性。临界比值法是通过将问卷结果的总得分区分为高分组和低分组，进而与调查对象在每个题项上的平均分做比较来判断其显著性程度的一种辨别方法，也被称为极端值法。

在操作时，笔者先将所有题项的得分求和，进而将求得的总分划分为高分组与低分组，然后对所有题项在高分组与低分组上是否存在差异进行检验。若题项存在差异，则被认为具备明显的鉴别度，因而将予以保留；反之，若题项不存在差异，则被认为不具备明显的鉴别度，因而予以剔除，采用此方法能够对问卷题项之间的同质性进行检验。笔者对"中小学教师学习领导力评价量表"进行项目分析的结果如表 3-30 所示。

根据统计结果，在 58 个项目中有 N11、N30、N39 这三个测量项目在 $P=.01$ 的置信水平上，sig (2-tailed) ≥ 0.05。我们将接受零假设，认为这三个项目在与高分组和低分组的得分比较中差异不显著，因而对这三个项目所对应的题项予以剔除。

表 3-30　中小学教师学习领导力评价量表项目分析结果统计（N=113）

题项	t 值	P 值	题项	t 值	P 值
N1	4.531	.000	N30	8.661	.372
N2	6.673	.000	N31	7.398	.000
N3	6.632	.000	N32	6.193	.000
N4	9.071	.000	N33	9.491	.000
N5	6.491	.000	N34	11.534	.000
N6	11.534	.000	N35	11.650	.000
N7	9.652	.000	N36	8.562	.000
N8	8.562	.000	N37	10.352	.000
N9	10.352	.000	N38	7.569	.000
N10	7.569	.000	N39	6.901	.127
N11	8.975	.061	N40	11.034	.000
N12	6.870	.000	N41	9.952	.000
N13	11.782	.000	N42	8.562	.000
N14	9.671	.000	N43	10.523	.000
N15	9.682	.000	N44	7.596	.000
N16	11.630	.000	N45	6.491	.000
N17	6.890	.000	N46	11.534	.000
N18	7.451	.000	N47	9.652	.000
N19	6.987	.000	N48	8.562	.000
N20	8.901	.000	N49	10.752	.000
N21	10.931	.000	N50	7.569	.000
N22	6.098	.000	N51	6.947	.000
N23	10.879	.000	N52	11.511	.000
N24	11.735	.000	N53	9.162	.000
N25	10.879	.000	N54	8.526	.000
N26	7.965	.000	N55	10.135	.000
N27	10.983	.000	N56	12.519	.000
N28	10.678	.000	N57	11.735	.000
N29	9.493	.000	N58	10.079	.000

为了增强研究的可信度与科学性，笔者在采用极端值法进行项目分析的基础上，还选择采用常见的同质性检验方法鉴别与筛选问卷中的各个题项。同质性检验方法主要是将各个项目与所有项目总分积差的相关系数做比较，若所测量的项目得分与所有项目总分的相关性高，则所测量的项目与问卷整体的同质性就高，同时也证明了问卷的构成要素比较科学。在本书中，笔者运用 Pearson 积差相关分析方法，研究与比较了问卷中各个项目得分与整体得分的相关程度，分析结果如 3-31 所示。

表3-31　　　中小学教师学习领导力评价量表相关系数分析结果统计（N=113）

题项	相关系数	P 值	题项	相关系数	P 值
N1	.591	.000	N30	.661	.000
N2	.663	.000	N31	.898	.000
N3	.632	.000	N32	.693	.000
N4	.491	.000	N33	.491	.000
N5	.471	.000	N34	.534	.000
N6	.514	.000	N35	.650	.000
N7	.652	.000	N36	.462	.000
N8	.563	.000	N37	.652	.000
N9	.352	.000	N38	.569	.000
N10	.469	.000	N39	.901	.000
N11	.915	.061	N40	.734	.000
N12	.871	.000	N41	.952	.000
N13	.782	.000	N42	.592	.000
N14	.171	.000	N43	.593	.000
N15	.682	.000	N44	.576	.000
N16	.670	.000	N45	.791	.000
N17	.989	.000	N46	.534	.000

续表

题项	相关系数	P 值	题项	相关系数	P 值
N18	.411	.000	N47	.652	.000
N19	.978	.000	N48	.562	.000
N20	.961	.000	N49	.852	.000
N21	.911	.000	N50	.969	.000
N22	.098	.000	N51	.947	.000
N23	.859	.000	N52	.711	.000
N24	.775	.000	N53	.862	.000
N25	.979	.000	N54	.826	.000
N26	.915	.000	N55	.935	.000
N27	.933	.000			
N28	.678	.000			
N29	.403	.000			

通常来讲，参与同质性检验题项的得分与总分之间的相关程度只有达到0.05才算得上显著相关，并且若要达到中高程度的相关，参与同质性检验题项的 Pearson 相关系数需要在 0.400 以上。从表 3-31 可以看出，在 55 个测量项中，所有参与同质性检验题项的得分与总分的相关系数，即 Pearson 相关系数均达到了 0.400 以上，表明这些题项与问卷整体的相关性显著，将所有题项保留。

笔者将进一步开展探索性因素分析，其第一个环节是验证调查样本所得的数据是否适合做因素分析，这一判断依据是所得样本数据的 KMO 值与 Bartlett's 球形检验的卡方值这两个指标。其中，KMO 值在 0—1，一般而言，若 KMO 小于 0.5，则不适合做因素分析；若 KMO 值在 0.8 以上，则适合做因素分析，且其值越趋近于 1，变量间的偏相关性就越强，表明因素分析的效果越好；反之，变量间的偏相关性越弱，表明因素分析的效果欠佳。Bartlett's 球形检验值主要被用以验证各个变量间是否相互独立。若卡方值显著，则各个变量间存在相关，拒绝各变量间相互独立的假设，即适合做因素分析；反之，若卡方值不显著，则各个变量间不存在相关性或者相互独立，这种情况则不适合做因素分析。利用 SPSS

21.0 软件检验"中小学教师学习领导力评价量表"题项所得出的样本数据的 KMO 值与 Bartlett's 球形检验的卡方值如表 3-32 所示。

表 3-32　　　　中小学教师学习领导力评价量表的
KMO 值和 Bartlett's 球形检验卡方值

KMO	0.935
Approx. Chi-square	1913.227
Sig.	0.000

从分析结果来看，KMO = 0.935，说明变量间的偏相关性较强，适合做因素分析。同时 Bartlett's 球形检验的卡方值达到显著水平，为 1913.227，这就表明母群体的相关矩阵间存在着共同的因素。以上两种验证都表明调查样本所生成的数据在因素分析方面是比较合适的。

首先，选择主成分分析法对其中的共同因素进行抽取，在确定因子数后，利用斜交转轴法（oblique rotations）对因子结构进行旋转。其次，综合考量各题项的因素负荷、共同度、方差贡献率等，结合考虑 Kaiser 准则及笔者所建构的理论框架基础，最终确定抽取 10 个共同因素，进而对所回收的 113 份样本中的数据进行了第一次探索性因素分析，得出了共同度分析结果如表 3-33 示。由此可见，55 个题项的共同度均明显高于 0.2，只有 N14、N16、N51 这三个题项的共同度小于 0.2，于是，对这三个题项予以删除。

随后，笔者采用主成分分析法和方差极大正交旋转求出最终的因子负荷矩阵，借助陡坡检验提取 7 个共同因素，累计解释总变异量的 81.31%，旋转后得出因子负荷结果。笔者依据以下几个标准对题项进行筛选与归类：①因素负荷 a < 0.3；②共同度 h2 < 0.2；③题项在多个维度上存在高负荷；④题项与问卷之间相关度较低。从表 3-33 中可以看出，N17、N21、N23、N30、N43、N44、N45 这 7 个题项在半数以上的因素上高负荷，因而要对这 7 个题项进行剔除。除此之外，从分析结果中发现，部分题项的维度归类与预设的结构之间仍存在互斥，接下来要对这些题项进行调整。

表3-33　　第一次因素分析各个题项的共同度①（n=122）

题项	共同度	题项	共同度	题项	共同度	题项	共同度
N1	.491	N16	.161	N31	.956	N46	.561
N2	.663	N17	.891	N32	.663	N47	.693
N3	.332	N18	.693	N33	.632	N48	.602
N4	.491	N19	.417	N34	.491	N49	.419
N5	.401	N20	.324	N35	.471	N50	.471
N6	.514	N21	.565	N36	.514	N51	.114
N7	.352	N22	.446	N37	.652	N52	.652
N8	.563	N23	.925	N38	.563	N53	.563
N9	.350	N24	.765	N39	.352	N54	.352
N10	.469	N25	.910	N40	.469	N55	.469
N11	.915	N26	.734	N41	.905	N56	.915
N12	.871	N27	.925	N42	.817	N57	.871
N13	.782	N28	.599	N43	.946	N58	.794
N14	.171	N29	.532	N44	.891		
N15	.682	N30	.567	N45	.871		

对个别题项进行删除与调整之后，笔者进行了第二次因素分析（详见表3-34）。由分析结果可见，中小学教师学习领导力结构模型由六个因素组成，其构成要素已较为清晰。第一个因素是教师的学习自治力，包括7个题项（N12、N16、N22、N7、N4、N14、N13），对总变异量的解释度为18.97%；第二个因素为学习教导力，包括7个题项（N10、N17、N25、N6、N1、N8、N9），对总变异量的解释度为17.89%；第三个因素为学习决策力，包括10个题项（N2、N3、N11、N15、N18、N33、N36、N37、N41、N42），对总变异量的解释度为

---

① 共同度主要指量表中题项能够解释整体共同特征和属性的变异量，如果某一题项的共同度低，则表示该测量项与问卷的同质性较低，能够测到的中小学教师学习领导程度也就较低。当低于某一指标时（通常要求大于0.2），可以考虑将该题项剔除。

17.31%；第四个因素为学习变革力，共包括 7 个题项（N21、N45、N39、N46、N47、N48、N26），对总变异量的解释度为 16.38%，可解释总变量的 5.765%；第五个因素为学习合作力，共包括 10 个题项（N5、N7、N14、N19、N20、N23、N34、N38、N40、N44），对总变异量的解释度为 16.89%；第六个因素为学习感召力，共包括 6 个题项（N24、N27、N28、N29、N41、N43），对总变异量的解释度为 12.56%；由探索性因素分析的结果可知，原假设 1、2、3 均成立，中小学教师学习领导力的理论模型由学习自治力、学习教导力、学习决策力、学习合作力、学习变革力以及学习感召力六个因素构成。

表 3-34　　　　　　　　第二次探索性因素分析

题项	F1	F2	F3	F4	F5	F6
N12	.901					
N16	.872					
N22	.773					
N7	.702					
N4	.634					
N14	.621					
N13	.562					
N10		.876				
N17		.831				
N25		.796				
N6		.772				
N1		.754				
N8		.722				
N9		.709				
N2			.898			
N3			.876			
N11			.870			
N15			.834			
N18			.804			

续表

题项	F1	F2	F3	F4	F5	F6
N33			.792			
N36			.770			
N37			.763			
N41			.622			
N42			.604			
N5				.918		
N7				.886		
N14				.850		
N19				.837		
N20				.814		
N23				.799		
N34				.767		
N38				.749		
N40				.672		
N44				.634		
N21					.877	
N45					.831	
N39					.824	
N46					.769	
N47					.757	
N48					.672	
N26					.651	
N24						.831
N27						.824
N28						.769
N29						.757
N41						.672
N43						.651
特征值	10.272	9.607	6.549	4.746	3.519	3.351
贡献率（%）	18.97	17.89	17.31	16.89	16.38	12.56

注：因子负荷≤0.3的题项未显示。

第四节 中小学教师学习领导力理论模型的修正与阐释

一 中小学教师学习领导力理论模型的修正

上文借助德尔菲专家法与小样本调查研究法对初步预设的中小学教师学习领导力的理论模型框架进行了理论与实践两个方面的验证。笔者对初步预设的中小学教师学习领导力模型的理论框架进行了调整，将在含义理解上有重叠和交叉的维度进行了整合，将"学习组织力"与"学习执行力"中的部分指标进行了合并，将其整合为"学习合作力"，同时对专家组成员提出的教师学习领导力的重要构成要素应包含其对教与学的变革能力这一建议予以采纳，新增了"学习变革力"这一领导力要素。最后，笔者对中小学教师学习领导力模型的理论框架进行了重新划定且一并解决了专家组成员提出的"能力要素指标的归属问题"。最终，笔者确立了包含"学习自治力""学习教导力""学习变革力""学习决策力""学习合作力"以及"学习感召力"六个维度的中小学教师学习领导力模型（见图3-4）。

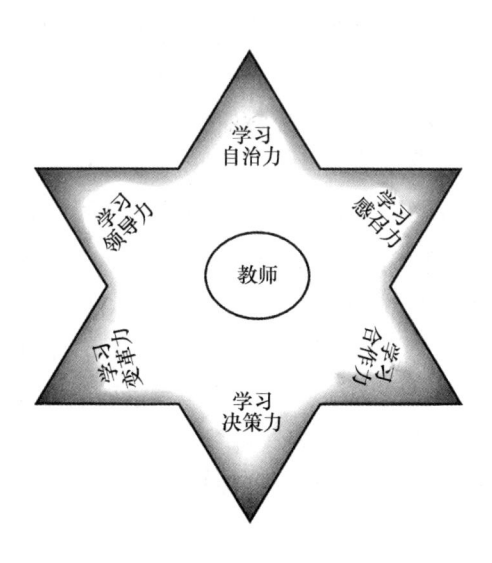

图 3-4 中小学教师学习领导力模型

二 中小学教师学习领导力理论模型的阐释

前文通过修正与完善最终确立了中小学教师学习领导力的理论模型。为了进一步明晰中小学教师学习领导力的内涵以及各能力要素之间的相互关系，本节将尝试从价值追求、结构要素以及基本功能三个方面出发，对前文建构的中小学教师学习领导力模型框架做出阐释。

（一）中小学教师学习领导力模型的价值追求

领导力就是领导者、被领导者与情境三者之间的互动，教师领导力是治理现代化背景下对学校教师教育主体作用的再发现。教师学习领导力可以被视为教师领导力谱系中一个相对具体化的概念，由此，它理应涵盖教师领导力的全部含义，所不同的是教师学习领导力作为一个复合概念，是教师以学习为中心开展的领导实践，可视为教师与学校以及在学校环境中与群体进行的互动。同时，根据本书对中小学教师学习领导力的界定，可以从中小学教师对学生、对教师同伴以及对学校变革三个方面的互动来分析教师学习领导力实践的价值追求。

1. 引领学生学习

教师学习领导力是助力其在教育实践中提升学生学习能力、促进学生学会学习、创新学习等方面的综合素质，是引领学生成长成才的重要因素之一。首先，中小学教师领导力体现在教师专业教学能力的提升，尤其是中小学教师课程建设与课堂教学设计与实施能力的提升上。而更优质的课程资源和更出色的教学水准意味着学生有可能从学校习得充足的学科知识和学习技能。另外，中小学教师的学习领导力有助于发挥教师在教育教学中的榜样示范作用，提升学生的学习追求，帮助其养成良好的学习习惯。正如 Barth（2001）所主张的那样，"一所好的学校中，教师会是领导者，会是学校的管理主体之一，他们比其他学校中的教师有更多的机会参与学校的各项决策。此外，学校管理会更加强调民主，而且，这种民主观念与行为会对学生产生潜移默化的影响"[①]。最后，中小学教师学习领导力在实践中会对建构优质的学校学习文化、营造良

[①] R. S. Barth, "Teacher Leader," *Phidelta Kappan*, 2001, pp. 321–332.

好的学习氛围产生强有力的推动作用。平等、尊重、和谐的学校治理环境，积极、上进、创新的学校文化可以陶冶学生的品性，助力其健康成长、成才。

2. 促进教师成长

教师学习领导力的提出为教师学习共同体的形成提供了新的思路，对教师专业学习社群的建立起着引领与带动作用。教师专业学习社群是一个教师群体自发建立的非正式组织，它能够将教师共同的学习愿景与学习目标聚合起来。正如社会学习理论与情境学习理论所主张的那样，"在与有经验的群体交流中可以促发学习活动，在群体实践中亦可产生学习"①。而承担学习领导者角色的教师能够以优秀与成长型的思维管理其工作任务，合理处理工作情境中教与学的冲突。也正是因为作为学习领导者，他们能够凭借这种较强的自我管理能力去审视、理解同伴群体以及学校文化网络中各个群体的偏好，并尝试与之建立互信、坦诚、尊重的人际关系，分享个人经验与专业成长故事。② 由此，我们可以将教师的学习领导活动视为群体的一种建构式行为。这种行为以群体间彼此的信任为基础：一方面，教师群体间可以没有任何顾虑地进行开放式交流，由此可引发新意识与新行动，进而促使群体保持思考。另一方面，帮助中小学教师认同自身学习领导者身份，并积极主动开展学习领导，提升自身的领导责任意识与素养。总的来讲，中小学教师在学习领导力的践行中所形成的教师专业学习社群促使教师群体通过对话与协商使工作环境和谐化、工作目标清晰化、领导责任具体化与领导权利分享化。教师学习领导力的发展与实践是教师专业学习社群的重要品质，也是教师学习社群生存与发展的动力。

3. 助推学校改进

有学者将学习领导称为"为了学校改进的领导（leadership for school Improvement）"。首先，学校是中小学教师开展学习领导的实践场

---

① 陈霞：《"学习领导"视野下的校本研修建设路径》，《教师教育研究》2017 年第 5 期。
② Leading Educators, The Teacher Leader Competency Framework, http：//www. leading educators. org/publications – download.

域。学习又是学校一切工作的中心。在学校层面将学习领导权力赋予中小学教师，认可与肯定教师作为学习领导者的角色，同时明确其学习领导的权责，教师共享学校领导权力与共同面对学校问责，是对分布式领导最大潜力的挖掘。激励教师参与学校的各项学习领导决策，倡导人人都是学习领导者，由此，传统的校长负责制的领导方式将面临颠覆性的变革。其次，学校层面的学习共同体将会被建构出来，这种共同体实践观照所有师生成员的学习。一方面，学习领导者为学生的个性化学习创造积极的学习环境，将学习期望与支持融入课程标准、教学实践的全过程，由此新的课程标准与教学目标将应运而生。同时，学习领导实践将会对课堂教学情境产生最直接的影响，学会学习、创新学习与协作学习将是教师不遗余力要达到的教学目标。另一方面，学习领导将鼓励与引领全体教师群体的专业学习，促进学校层面教师教研生态与情境的变革。校本研修、集体观课与合作教研等会对整个教师教研过程产生深刻的影响。

（二）中小学教师学习领导力理论模型的构成要素

中小学教师学习领导力与中小学教师这一领导主体的职业特点密不可分，因而中小学教师领导力是一种以教师为主体，作用于学生学习效能改进以及教师专业学习发展的综合性领导力。下文将对其构成要素及各要素的基本功能做出分析。

1. 学习自治力

"学习自治力"是中小学教师学习领导力的基础，指的是教师主动引领自身的学习变革，进而不断适应学习情境变化而自觉学习、灵活学习以及创新学习。可以说，教师的学习自治力是一种教师对自我的学习领导力，它突破外在力量的中介作用，强调自身内在的驱动力量。正是这种内在驱动力的作用，教师得以自我观照、正确认知学习、发现欠缺，进而主动开展"学习革命"，培养学习兴趣、端正学习态度、培养学习习惯，将学习视为一种生活方式。此外，教师学习自治力的意义不囿于教师个体，而是关涉作为学习领导者的教师为其学生构建怎样的课堂，又是怎样影响学生学习的。由此可见，学习自治力是教师与教学、教师与学生、学生与学习建立关联的动力源。

2. 学习教导力

"学习教导力"是教师完成其职业内在意义与教育使命转化的直接路径。具体而言，教师的"学习教导力"一方面指的是教师教导学生、培育人才的能力，这一点较为容易理解。另一方面，学校本身就是由学习共同体构成的致力于成长与成才的场域，也就是说，学校不仅是学生学习的地方，也是教师相互学习与发展的场所。从这个角度来讲，"学习教导力"即为教师的一种特别的引领教育专业理想的能力。它可以体现为教师积极营造同事间的学习氛围，乐于分享与交流，善于引导与激发，以不断提升教师群体的专业素养和教学知能。

3. 学习变革力

教师"学习变革力"的提出，既是对传统的英雄式领导观念的摒弃，也是对教师群体无限领导潜能的挖掘。随着学校改进的持续进行，教师在教学变革过程中的中心角色和功用日益凸显。中小学教师不能再充当学校政策与规定的忠实执行者，而应突破思维的框框，成为教与学变革的发起者和领导者。由此，中小学教师的领导者角色从课堂内部的教学活动拓度到整个学校的教学管理实践中。进而，教师的专业性以及专业精神成为其学习变革力得以发挥功效的决定性因素。

4. 学习决策力

"学习决策力"一方面指教师认同自身是学习领导者的角色，能够在学习管理事务中担当责任，发挥"多谋善断"的优势。另一方面，教师能够在具体的教与学实践中，抑或是在遇到突发、紧急问题时，展现出快速、高效做出决策的能力。此时，"学习决策力"具体表征为：能够对学生情绪、学习态度以及学习状态做出精准判断，且能够灵活应对、给予其正确引导的教育机智。由此，"学习决断力"是教师学习领导力的核心构成要素。

5. 学习合作力

"学习合作力"一方面指教师在教学活动中，引导学生开展合作学习以及培养其合作学习技能。另一方面，"学习合作力"指教师基于群体间形成合作的专业发展文化与范式而开展的互助性学习。具体实践包括建立共同的学习愿景、明确的学习目标、共享的知识与经验、发展性的互动、反思性的对话。"学习合作力"超越了教师专业知识与技能被动发展的传统模式,主张建立教师学习共同体,重构教师群体的协作文化与学习文化,进而系统地影响与变迁课堂上的学习文化以及学校文化。

6. 学习感召力

教师的"学习感召力"主要指吸引被领导者学习的能力,发挥着"人心所向"的作用,即中小学教师的人格魅力、品格特质感染学生、带动其他教师及其渊博的知识与精湛技能引导师生的能力。教师的人格魅力和品格特质是其潜在的学习领导力,具体表征为课堂教学、师生交往以及教研活动等实践中的言行举止。"教师是学生的镜子,学生是教师的影子。"由此,教师内外兼修的形象将对学生的学习方法、思维方式等学习的深度与广度产生启迪作用。此外,教师无私的品质、缜密的思维、清晰的表达等也将会对周围的同事产生潜移默化的影响。

(三) 中小学教师学习领导力构成要素的逻辑关系

从功能的角度而言,中小学教师学习领导力理论模型由六个维度的领导力两两组合而发挥出基础领导、核心领导以及潜在领导的作用。中小学教师学习领导力若要发挥出整体功效,应当先明确六个维度下的领导力各自的功能以及逻辑关系中的聚合功效。

首先,在中小学教师学习领导力理论模型框架中,学习自治力与学习教导力互为呼应。教师更新学习理念,借助崭新的科学的学习手段完成知识的获取、理解与应用,不断丰富与提升自身的学习能力。教师的学习自治力注重教师个体对自身学习的领导作用。如果将"学习自治力"视为教师学习能力的"输入",那么,学习教导力则可被看作教师对其所学知识与技能的"输出",它关注的是教师如何借助自身的知识与技能对其教学生以及周围同事的学习产生导向作用。学习自治力与学习教导力是中小学教师应该具备的最基本的学习领导能力与专业能力。反之,如果教师自身缺乏学习自治力,学习认知有偏差、学习意志薄弱抑或学习技能欠缺,显然不能成为一名称职的教师。也就是说,"没有输入就没有输出",教师自身欠缺学习自治力不但无法承担起教书育人的责任,而且不能以身作则、以身示范地实现对学生的积极引导。由此可见，教师的学习自治力与学习教导力之间的关系表现为：学习自治力是学习教导力得以实施的动力源，而学习教导力则是学习自治力的自然延伸。

其次，学习变革力与学习决策力互为先决条件与补充，共同构筑了中小学教师学习领导力的核心驱动层面。具体而言，学习变革力的实质是教师立足于教育信息化 2.0 时代与基础教育深度融合的现实基础，完成观念转变与学习理念转型。自此，新学习范式催生下的学习方式创新、学习环境的营建以及教学模式的创生等均落地开花。在学习领导实践中，学习变革力主要发挥变革学习理念的作用，教师重塑自身在学生学习实践中的角色，成为学生学习的合作者与助手。此外，变革学习方案，尝试新的教学模式与方法，将课堂"还给"学生，鼓励学生成为学习的主人，让其生命活力得到充分释放，个性化的学习需求得到满足。而学习决策力则更多地表现为行动，能够针对具体情境及问题提出可行性方案，是新思想与新想法落实的关键。可以说，学习变革力是学习决策力高效实施的先决条件。同时，行动中学习决策力的增强也会反过来促进学习变革力的提升，两者相辅相成，互为前提与结果。

最后，学习合作力与学习感召力构成了彼此衔接、循序渐进的学习领导过程，且这一过程贯穿在整个学习领导力体系的全过程。学习合作力一方面发挥引领学生开展学习合作，促进学生学习成效提升的作用；另一方面，学习合作力的提出使得教师的教学实践打破了原有教学实施的单打独斗状态，沟通、协同与合作成为教师教学实践中的主要特征。教学效能突出地表现在教师分享其教学设计、教学组织经验上，这种分享一方面促进了其他教师群体的专业学习，另一方面也引领其积极、建构参与群体间的合作，由此一来，就能促进整个教师群体的可持续学习与发展。而教师学习感召力的功能主要体现在合作参与活动中，教师个体的人格魅力、品格特质及其渊博的知识与精湛的技能是一种无形的、潜在的领导力，发挥着榜样示范作用，吸引并激励着师生向其学习。

第四章 中小学教师学习领导力的现状调研

本章的主要任务是借助前一章开发的中小学教师学习领导力评价工具观照现实,采用问卷调查的方式对当前我国中小学教师学习领导力的状况进行研究。

第一节 调研设计

为了全面、深入地考察当前我国中小学教师学习领导力的现实状况,在开展调查研究时,应先明确开展调查的研究目的、研究假设、研究工具以及调查对象。

一 调研目的

学习领导力是一个崭新的研究领域,对其的研究尚处于初始阶段,对中小学教师的学习领导力进行大规模调查的研究则更为少见。因此,本书尝试开展前沿研究,此次调查研究将试图达到以下目的:

第一,了解我国中小学教师学习领导力的整体水平。

第二,了解不同教师群体之间学习领导力的差异。

(1)个体因素(性别、教龄、职称、学历、职务等)是否会造成中小学教师学习领导力的显著差异?

(2)学校因素:不同类型学校之间的中小学教师学习领导力是否存在显著差异?

(3)区位因素:处于不同地区的学校中小学教师学习领导力是否

存在显著差异?

第三,梳理出当前中小学教师学习领导力存在的现实问题。

第四,分析影响中小学教师学习领导力发展的相关因素。

二 调查工具

(一)调查问卷的设计

笔者所采取的调查工具是"中小学教师学习领导力的现状调查问卷",该问卷是笔者依据中小学教师学习领导力模型框架编制而成的。具体来讲,问卷共包含三个部分:基本信息、中小学教师学习领导力自测量表以及影响中小学教师学习领导力的相关因素。其中,基本信息部分涵盖了调查对象的性别、年龄、学历、教龄、职务、职称、荣誉等个人信息及其所供职学校的类型、所属地区等,共有10个题项。第二部分是中小学教师学习领导力自测量表,包含了中小学教师学习领导力的6个维度45个题项:学习自治力(9个题项)、学习教导力(7个题项)、学习变革力(7个题项)、学习决策力(9个题项)、学习合作力(6个题项)、学习感召力(7个题项)。问卷采用李克特5点评分法,分为"非常不符合""比较不符合""一般""比较符合""非常符合"5个级别,分别赋予1—5分的评判标准。为了深入探究中小学教师学习领导力发展的影响因素,本书在问卷中增设了包含26个题目的影响因素问卷,配合后续的访谈调查,以实现相互佐证,全面挖掘中小学教师学习领导力发展的影响因素。

(二)访谈问卷的设计

为了深度剖析中小学教师学习领导力存在的现实状况与问题,笔者在调查问卷的基础上,辅之以对中小学校长与一线教师的访谈。访谈内容主要关涉校长、骨干教师以及普通教师对教师学习领导力持有什么样的态度?校长、骨干教师以及普通教师在教师学习领导力实践中的表现分别是怎么样的?影响中小学教师学习领导力发展的现实障碍有哪些?中小学教师学习领导力发展的相关影响因素又有哪些?具体的访谈提纲详见附录五。

三 调研实施

(一) 问卷的信效度检验

信度检验是测量问卷可靠性的重要手段,是评价问卷调查结果一致性和稳定性的重要指标。为了尽可能减小测量的误差,笔者采取的信度估计方法是测量内部一致性的克隆巴赫 α 系数。运用 SPSS 22.0 统计分析软件,得到本次问卷各维度量表及总量表的克隆巴赫系数如表4-1所示。

表4-1 量表的可靠性统计

量表维度	Cronbach's Alpha	项数
学习自治力	.954	9
学习教导力	.936	7
学习变革力	.947	7
学习决策力	.918	9
学习合作力	.922	6
学习感召力	.931	7
总量表	.968	45

量表信度高低取决于量表所得的信度系数。内部一致性系数越高,量表的可靠性就越强。一般认为,当信度系数大于或等于0.8时,说明量表的可信度很高;当信度系数大于或等于0.6小于0.8时,说明量表具有较好的信度。从表4-1中可以看出,学习自治力、学习教导力、学习变革力、学习决策力、学习合作力与学习感召力各维度的结果均高于0.9,总量表信度系数接近1,表明量表的可信度足够。

问卷测量是否具有好的效度,可以通过测量问卷各部分的取样适切性量数(MSA)的平均值 KMO(Kaiser-Meyer-Olkin)和 Bartlett 球形检验(Bartlett Test of Sphericity)进行判断。运用 SPSS 22.0 对问卷进行 KMO 和 Bartlett 球形检验,所得检验结果如表4-2所示。

表4-2　　　　　　　　KMO 值和 Bartlett 球形检验值

取样足够的 Kaiser-Meyer-Olin 度量		.968
Bartlett 的球形度检验	近似卡方	7902.2903
	df.	685
	sig.	.000

由表4-2可知，笔者所采用问卷的 KMO=0.968，Bartlett 球形检验值为7902.2903，所得到的 sig.=0.000，小于5%，表明水平显著。通常，KMO≥0.7，则表明问卷结构效度可接受。由此，本书问卷结构效度较好，表明可接受。

以上对问卷的信效度分析表明，笔者所采用的中小学教师学习领导力的现状调查问卷具有较好的信度和效度。

（二）调查样本的选择

本书的调查对象为中小学教师，在调查实施时，采取分层随机抽样的方法，邀请东部地区（山东、江苏、浙江、上海、广东）、中部地区（河南、湖北、安徽、河北）与西部地区（四川、贵州、山西、重庆），共包含13个省市的中小学教师参与填写问卷。为了便于调查、回收及管理，笔者采用了网络调查的方式进行，即将由若干个网页组成的调查问卷发布于问卷平台上，调查对象需要对每个页面上的所有题项作答后方可进入下一页的作答，若有遗漏，系统将会自动提示。从2019年5月8日到2019年10月10日，共回收了1387份问卷，剔除无效问卷，得到1125份有效问卷，有效问卷的回收率为81.1%。本次问卷调查对象的基本人口统计学特征如表4-3所示。

表4-3　　　　　　　　调查样本的基本情况

变量	类别	人数（N）	百分比（%）
性别	男	423	37.6
	女	702	62.4

续表

变量	类别	人数（N）	百分比（%）
年龄	30 岁及以下	450	40.0
	31—40 岁	288	25.6
	41—50 岁	241	21.4
	50 岁以上	146	13.0
学历	中专	22	2.0
	大专	99	8.8
	本科	771	68.5
	硕士及以上	233	20.7
教龄	5 年以下	461	41.0
	5—10 年	141	12.5
	11—20 年	184	16.4
	20 年以上	339	30.1
职称	特级	7	0.6
	高级	173	15.4
	中级（或一级）	343	30.5
	初级（或二、三级）	387	34.4
	未定级	215	19.1
职务	普通任课教师	561	49.9
	班主任	435	38.7
	教研组长	111	9.9
	年段长或科室主任	9	0.8
	校领导	9	0.8
所获荣誉	市骨干教师/学科带头人	173	15.4
	区骨干教师/学科带头人	169	15.0
	校骨干教师/学科带头人	133	11.8
	无	650	57.8
学校类型	小学	561	49.9
	初中	254	22.6
	高中	232	20.6
	完全中学	78	6.9

续表

变量	类别	人数（N）	百分比（%）
学校所在区域	市区	413	36.7
	郊区	136	12.1
	县城	299	26.6
	城乡接合部	78	6.9
	乡镇	199	17.7
学校所属地区	东部地区	413	36.7
	中部地区	479	42.6
	西部地区	233	20.7

从调查样本的男女比例情况来看，男教师为423人，占总人数的37.6%，女教师为702人，占总人数的62.4%。由此表明，在我国中小学教师的性别结构中，女教师是当前中小学教师的主体，教师队伍性别结构比例呈现出较为明显的失调现象；从被调查中小学教师的学历结构上看，拥有本科与硕士及以上学历的教师占总调查人数的80%以上，这表明我国中小学教师的整体文化水平普遍提高；从调查对象的年龄分布来看，30岁及以下的教师占到总人数的40.0%，31—40岁的教师占到总人数的25.6%，由此可见，目前青年教师是我国中小学教师队伍的主力。青年教师队伍学习领导力的培养应是教师队伍建设的重点领域。

第二节 调研结果分析

一 中小学教师学习领导力各维度之间发展不均衡

通过所回收的调查问卷，对我国中小学教师学习领导力的发展现状进行描述性统计分析，目的是要获悉当前我国中小学教师学习领导力发展达到了何种水平，是否能够使中小学教师胜任其作为学习领导者的角色，是否能够达到履行学习领导岗位职责的要求，以及了解学习领导力在各个维度上的发展是否均衡。

(一) 中小学教师学习领导力现状的整体性描述分析

中小学教师学习领导力共由六个维度构成，在对各个维度的发展状况做具体分析之前，先对其做出整体性的分析，描述性统计分析结果如表4-4所示。

表4-4　中小学教师学习领导力发展现状的整体性描述分析（N=1125）

（分）

	极大值	极小值	平均值	标准差
学习自治力	5.00	2.61	3.571	0.890
学习教导力	5.00	2.14	3.862	0.963
学习变革力	4.35	1.90	2.462	0.933
学习决策力	4.50	2.09	2.781	0.912
学习合作力	5.00	3.25	3.881	0.762
学习感召力	5.00	3.07	3.681	1.071

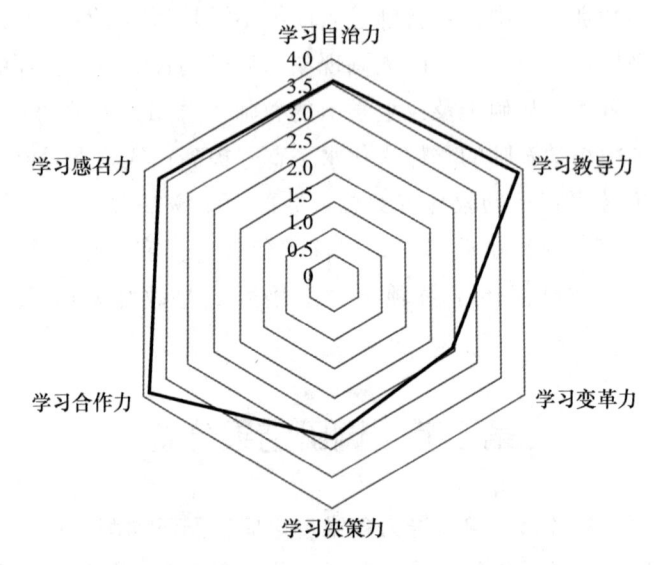

图4-1　中小学教师学习领导力整体发展现状统计（N=1125）

从表4-4和图4-1的统计结果可以看出，我国中小学教师的学习领导力水平整体上居于中等，学习自治力、学习教导力、学习合作力、学习感召力这四个维度的得分均超过了3分，而学习变革力与学习决策力这两个维度的得分未达到3分,且与得分最高的学习教导力维度的分差最大达到了1.19分,由此表明,我国中小学教师学习领导力的发展尚不均衡。

基于以上对中小学教师学习领导力发展整体现状的了解,笔者将进一步考察中小学教师在各个维度上的发展状况。为此,本书将调查结果中单个题项的得分划分成了四个等值区间,分别是:$1 \leq S < 2$,$2 \leq S < 3$,$3 \leq S < 4$,$4 \leq S < 5$。对不同区域中小学教师学习领导力的分布状况进行统计,进而得出如表4-5所示的结果。

表4-5 中小学教师学习领导力发展的得分区间分布(N=1125) (%)

	等值区间一 $1 \leq S < 2$	等值区间二 $2 \leq S < 3$	等值区间三 $3 \leq S < 4$	等值区间四 $4 \leq S < 5$
学习自治力	3.21	12.84	44.63	39.32
学习教导力	3.12	29.32	36.02	31.54
学习变革力	19.77	44.32	27.96	7.95
学习决策力	28.36	31.04	34.07	6.53
学习合作力	9.11	30.24	36.93	23.72
学习感召力	7.32	35.43	32.24	25.01

图4-2 中小学教师学习领导力发展得分区间分布(N=1125)

如表4-5和图4-2所示，当前中小学教师学习自治力处于中等偏上水平，有44.63%的被调查者的得分在第三个区域，而第三、第四区间的得分数达到了被调查总人数的近80%。与之相比较，中小学教师的学习教导力、学习合作力与学习感召力总体上在第三、第四区间的得分率过半，但是第二区间的得分率分别占到了总调查人数的29.32%、30.24%和35.43%，这组数据表明学习教导力、学习合作力与学习感召力总体水平尚可，但教师群体内部水平差异还是比较突出的。而学习变革力这一维度则令人担忧，第二区间的得分率达到了44.32%，且第一、第二区间的得分率超过了总调查对象的一半，这表明中小学教师的学习变革力还很弱，教师对教与学变革的意识与行动都比较缺乏，不足以胜任学习领导者这一角色。与此情况较为类似的是学习决策力，呈现出第一、第二区间的得分率达到近60%的结果。进一步对中小学教师学习领导力各个维度的分值分布情况进行比较与分析，按照中等以上水平的人数占比进行排序，从高到低依次为：学习自治力（83.95%）、学习教导力（67.56%）、学习合作力（60.65%）、学习感召力（57.25%）、学习决策力（40.6%）、学习变革力（35.91%）。

（二）中小学教师学习自治力现状的描述性分析

中小学教师的学习自治力是学习领导力发展的基础。在知识经济时代，不但要求教师对学习能够有正确的认知，具备刻苦勤奋的学习态度，而且要求其不断丰富自身的学科知识及关于学习的科学知识，掌握信息时代的学习技能，不断开展创新学习、反思学习实践，只有这样，才能发挥学习领导的作用。笔者首先对中小学教师学习领导力中学习自治力维度的发展状况进行描述性统计分析。借助问卷调研数据对中小学教师学习自治力及9个题项所做的描述性统计分析如表4-6所示。

从表4-6可以看出，中小学教师学习自治力各个题项的平均得分均在3分以上，教师学习自治力处于中等偏上水平。但也反映出了一些问题，"具备丰富的关于学习的科学知识"与"实时跟踪学习领域的前沿"这两个题项的极小值与其他题项相比，分差最高达到了2分，这表明教师群体间的学习自治力发展还很不均衡。同时，这两个题项的平均值为 $M=3.195$（分）和 $M=3.387$（分），均小于其所对应的中位数

3.67（分）和3.55（分），这说明中小学教师关于学习的科学知识还普遍比较欠缺，对学习领域的前沿关注度还不够。

表4-6 中小学教师学习自治力发展现状（N=1125） （分）

	极小值	极大值	平均值	标准差	中位数
学习自治力	2.61	5.00	3.571	0.890	3.44
认同学习力是21世纪学生重要的能力之一	3.00	5.00	3.794	0.744	3.56
具备勤奋刻苦的学习态度	3.00	5.00	3.015	1.001	3.51
具备扎实的学科知识	3.00	5.00	3.302	0.861	3.42
具备丰富的关于学习的科学知识	1.00	5.00	3.195	0.766	3.67
实时跟踪学习领域的前沿	1.00	5.00	3.387	0.963	3.55
十分认同"活到老，学到老"的学习理念	3.00	5.00	3.622	0.991	3.37
常使用思维导图、APP、云盘等学习工具	2.00	5.00	3.719	1.405	3.80
经常反思自身的学习	2.00	5.00	3.224	1.701	3.65
能够排除一切干扰集中精力学习	2.00	5.00	3.208	0.884	3.16

表4-7 中小学教师学习自治力发展的得分区间分布（N=1125） （%）

	$1 \leq S < 2$	$2 \leq S < 3$	$3 \leq S < 4$	$4 \leq S < 5$
学习自治力	3.21	12.84	44.63	39.32
认同学习力是21世纪学生重要的能力之一	2.12	24.02	36.02	37.84
具备勤奋刻苦的学习态度	13.52	29.32	36.02	21.14
具备扎实的学科知识	5.47	14.02	39.86	40.65
具备丰富的关于学习的科学知识	28.36	31.04	34.07	6.53
实时跟踪学习领域的前沿	29.11	30.24	26.93	13.72
十分认同"活到老，学到老"的学习理念	4.22	15.57	32.24	47.97
常使用思维导图、APP、云盘等学习工具	3.21	12.84	44.63	39.32
经常反思自身的学习	3.12	36.02	31.54	29.32
能够排除一切干扰集中精力学习	7.95	19.77	44.32	27.96

为了比较充分地了解中小学教师群体之间学习力发展状况的差异，笔者采用对四个等值区间的得分占比进行考察的方法，将教师学习自治力维度下的9个题项的得分区间分布占比进行统计，结果如表4-7所示。由此发现，尽管各个题项得分的平均值相近且都在3分以上，但被调查样本在各个题项上得分的分布情况差别比较明显。"具备丰富的关于学习的科学知识"和"实时跟踪学习领域的前沿"这两个题项在第三区间（$3 \leqslant S < 4$）和第四区间（$4 \leqslant S < 5$）的得分占比均不到50%，所得到的结论与上文的一致。另外，"具备勤奋刻苦的学习态度"这一题项在第二区间（$2 \leqslant S < 3$）的得分占比为29.32%，高于其在第四区间的得分占比21.14%，这表明中小学教师的学习态度还不够理想。"经常反思自身的学习"这一题项在第二区间（$2 \leqslant S < 3$）的得分占比为36.02%，也高于其在第四区间的得分占比29.32%，表明中小学教师在自我学习实践中缺乏反思。

综上分析，我国中小学教师的学习自治力总体上处于中等偏上水平，但是教师群体间的学习自治力发展还很不均衡，还存在教师关于学习的科学知识普遍欠缺，对学习领域的前沿关注不够，学习态度不理想、对自我学习实践缺乏反思等问题。

（三）中小学教师学习教导力现状的描述性统计分析

中小学教师身居教学一线，作为学生学业教导的第一责任人，不仅需要具备熟练的教学设计能力、清晰的教学表达能力、高效的课堂监管能力等基本的教导力，而且应当具备满足云资源背景下学生的个性化学习需要，能够借助现代化的教育教学设备对学生的学习成效开展实时、多元的评价。另外，智慧学习时代的到来，人工智能最大限度地赋能教育，教师还应将传统上习惯于从"教"的角度看待学生的课业表现，转向从学生"学"的角度分析学生的学习动机、方法、困惑，对学生给予适时的激励，将引导学生进行自主学习，掌握智慧时代的学习技能作为教与学工作的核心。

基于调查数据，笔者对中小学教师的学习教导力发展状况及其维度下7个题项的得分情况进行了描述性统计分析，结果如表4-8所示。

表 4-8　　中小学教师学习教导力发展现状（N=1125）　　（分）

	极小值	极大值	平均值	标准差	中位数
学习教导力	2.14	5.00	3.862	0.963	3.64
能够清晰表达、传递知识	3.00	5.00	3.849	0.742	3.60
能够有效维持课堂秩序	3.00	5.00	3.835	1.415	3.53
教学设计注重学生的个性化学习需求	3.00	5.00	3.521	0.891	3.50
为学生创建有利的学习环境	2.00	5.00	3.853	0.766	3.61
客观、多元评价学生的学习成效	2.00	5.00	3.937	0.850	3.55
对学生给予适时的激励	3.00	5.00	3.922	0.961	3.67
引导学生进行自主学习	2.00	5.00	3.619	1.001	3.70

从表 4-8 可以看出，中小学教师学习教导力各个题项的平均得分均在 3 分以上，同时，7 个题项的平均值 M 均大于其所对应的中位数，这表明中小学教师的学习教导力处于中等偏上水平，在教学设计、教学表达、课堂监管、学习评价等方面都已具备相应的知识与技能。但比较各个题项的得分也发现了一些问题，"为学生创建有利的学习环境"与"客观、多元评价学生的学习成效"以及"引导学生进行自主学习"这三个题项的极小值与其他题项相比，分差最高达到了 1 分，这表明中小学教师群体在学习教导力维度上的发展还存在差异。

为了比较充分地了解中小学教师学习教导力发展状况的不均衡差异，笔者采用了比较该维度下 7 个题项在四个等值区间的得分占比进行考察。对教师学习教导力维度下 7 个题项的得分区间分布占比进行统计，结果如表 4-9 所示。分析发现，7 个题项在第三、四区间的得分占比均超过了 50%，甚至"能够清晰表达、传递知识""能够有效维持课堂秩序""为学生创建有利的学习环境""客观、多元评价学生的学习成效"以及"对学生给予适时的激励"这几个题项单在第四区间（$4 \leq S < 5$）的得分占比就超过了 40%，这表明中小学教师学习教导力维度的表现良好。此外，笔者还发现"教学设计注重满足学生个性化学习需求"和"引导学生进行自主学习"这两个题项在第四

区间（4≤S＜5）的得分占比仅为 28.72% 和 27.96%，明显低于其他题项，表明中小学教师对于学生的个性化学习指导关注还不够，应当在今后的学习领导中予以重视。

表4-9　中小学教师学习教导力发展的得分区间分布（N=1125）　　（%）

	1≤S＜2	2≤S＜3	3≤S＜4	4≤S＜5
学习教导力	3.12	29.32	36.02	31.54
能够清晰表达、传递知识	5.17	12.62	36.84	45.37
能够有效维持课堂秩序	4.39	9.04	34.07	52.50
教学设计注重满足学生个性化学习需求	14.11	20.24	36.93	28.72
为学生创建有利的学习环境	4.22	15.57	32.24	47.97
客观、多元评价学生的学习成效	3.21	12.84	39.32	44.63
对学生给予适时的激励	3.12	20.32	36.02	40.54
引导学生进行自主学习	7.95	19.77	44.32	27.96

综上分析，我国中小学教师的学习教导力总体上水平良好，但存在着教师对满足学生个性化学习的认知与能力欠缺问题。

（四）中小学教师学习变革力现状的描述性统计分析

随着数字时代的到来，知识的"网络化""可视化"与"具身化"全方位地重构了人类的生存境遇。[①] 迅猛发展的网络学习平台数量庞大、资源丰富，并凭借其直观、快捷、时尚等特点而备受学习者的青睐。在此，强烈的变革意识以及在教学层面、教研层面以及学校学习管理层面的变革引领作用是教与学深度变革时代对中小学教师提出的新的挑战与机遇。笔者对中小学教师学习变革力发展现状做了考察，该维度下调研数据的描述性统计分析具体详见表4-10所示。

---

① 余宏亮：《数字时代的知识变革与课程更新》，《课程·教材·教法》2017年第2期。

表4-10　　中小学教师学习变革力发展现状（N=1125）　　　　　（分）

	极小值	极大值	平均值	标准差	中位数
学习变革力	1.00	4.00	2.462	0.933	2.64
认同学习变革需要转变灌输式教学理念	3.00	5.00	3.749	0.742	3.60
坚持以促进学生全面发展为变革导向	3.00	5.00	3.035	1.415	3.23
注重激活学生的创新学习意识	3.00	5.00	3.121	0.891	3.30
注重培养学生创新学习的能力	3.00	5.00	3.553	0.766	3.61
积极参与教与学变革的相关培训	1.00	4.00	2.937	0.837	3.55
在同事中起着带头变革教学实践的引领作用	1.00	5.00	2.122	0.971	2.67
主动争取学校层面的变革支持	1.00	4.00	2.019	1.061	2.70

从表4-10可以看出，中小学教师学习变革力的平均值 M=2.462，尚未达到平均水平，而且各个题项的平均得分均较低，中小学教师的学习变革力处于中等偏下水平。不同题项得分的极大值与极小值差异较大，且不同题项得分的极小值之间的差异最高达到了2分，这表明中小学教师群体之间学习变革力发展极其不平衡。同时，"坚持以促进学生全面发展为变革导向""注重激活学生的创新学习意识""注重培养学生创新学习的能力""积极参与教与学变革的相关培训""在同事中起着带头变革教学实践的引领作用"与"主动争取学校层面的变革支持"这6个题项的平均得分分别是3.035分、3.121分、3.553分、2.937分、2.122分和2.019分，均小于其所对应的中位数3.23分、3.30分、3.61分、3.55分、2.67分和2.70分。由此可见，中小学教师在学生层面、教师层面以及学校层面开展学习变革的意识均比较薄弱，参与学习变革的积极性尚有待提高，同时，参与学习变革的知能也十分欠缺。

为了比较充分地了解中小学教师学习变革力发展的具体状况，笔者同样采用了比较该维度下7个题项在四个等值区间的得分占比方法来进行考察。对教师学习变革力维度下的7个题项得分的区间分布占比进行统计，结果如表4-11所示。分析相关数据发现，"认为学习变革需要转变灌输式教学理念"在第三区间（$3 \leqslant S < 4$）与第四区间（$4 \leqslant S < 5$）的得分占比之和达到了总得分比重的83.11%，这一数

据表明了中小学教师对转变传统教学方式，变革教与学的认同以及渴望。"坚持以促进学生全面发展为变革导向""注重激活学生的创新学习意识""注重培养学生创新学习的能力"这三个题项在第三区间（3≤S＜4）与第四区间（4≤S＜5）的得分占比之和也超过了总得分比重的50%，进一步说明了中小学教师认同"以学生为中心"开展学习变革的理念，同时在教学实践中也有所行动。但是，"积极参与教与学变革的相关培训""在同事中起着带头变革教学实践的引领作用"及"主动争取学校层面的变革支持"这三个题项在第三区间（3≤S＜4）与第四区间（4≤S＜5）的得分占比之和明显低于其他题项，尤其是"主动争取学校层面的变革支持"这一题项在第三区间（3≤S＜4）与第四区间（4≤S＜5）的得分占比之和仅为28.69%，由此表明了开展学习变革尚是部分教师的行为实践，尚没有在整个中小学教师队伍中形成辐射效应。另外，教师在学习变革层面的积极性也不高，在学校领导层面极少争取学习变革的相关支持。

综上分析，我国中小学教师的学习变革力总体上居于中等偏下水平。中小学教师参与学习变革的积极性亟待提高，同时，教师在同事中所起到的引领作用比较微弱，在学校领导层面获得学习变革支持的行动也极为欠缺。

表4-11 中小学教师学习变革力发展的得分区间分布（N=1125） （%）

	1≤S＜2	2≤S＜3	3≤S＜4	4≤S＜5
学习变革力	19.77	44.32	27.96	7.95
认为学习变革需要转变灌输式教学理念	4.27	12.62	38.84	44.27
坚持以促进学生全面发展为变革导向	11.39	19.04	34.07	35.50
注重激活学生的创新学习意识	14.11	20.24	36.93	28.72
注重培养学生创新学习的能力	4.22	32.24	47.97	15.57
积极参与教与学变革的相关培训	3.21	39.32	44.63	12.84
在同事中起着带头变革教学实践的引领作用	3.12	40.54	33.02	23.32
主动争取学校层面的变革支持	45.32	25.99	7.36	21.33

(五) 中小学教师学习决策力现状的描述性统计分析

中小学教师的学习决策力一方面指教师认同自身是学习领导者的角色，能够在学习管理事务中担当责任，发挥出"多谋善断"的优势。另一方面指教师能够在具体的教与学实践中，抑或是在遇到突发、紧急问题时所展现出的快速、高效做出决策的能力。可以说，学习决策力是中小学教师发挥学习领导作用的核心。中小学教师是否认同自身作为学习决策者的角色，是否有学习决策意识即是否对开展学习决策有着正确的认知以及在此认知下的学习决策行为均关系着教师学习领导力作用的大小，笔者对中小学教师学习决策力发展现状进行了考察，对该维度下题项的调研数据做出描述性统计分析，具体详见表4-12。

表4-12　中小学教师学习决策力发展现状（N=1125）　　　（分）

	极小值	极大值	平均值	标准差	中位数
学习决策力	1.00	5.00	2.781	0.912	2.94
认为教师是教育决策者中的一员	1.00	5.00	3.345	0.742	3.60
乐意参与教与学活动中的各项决策	2.00	5.00	3.735	1.415	3.72
参与学校教学计划制订	1.00	5.00	3.121	0.891	3.30
参与校本课程的开发	1.00	5.00	3.583	0.766	3.61
参与教师专业发展方案的制定	1.00	4.00	2.997	0.837	3.05
参与学生管理与评价方案的制定	1.00	5.00	3.472	0.971	3.57
自行决定自己所教科目的课程进度	1.00	4.00	3.519	1.061	3.70
自行决定所教科目的教学目标	1.00	5.00	3.472	0.857	3.54
自行决定采用何种教学方法进行授课	1.00	5.00	3.772	1.135	3.80

由表4-12可见，中小学教师学习决策力的平均值M=2.781（分），明显低于前文所分析的教师学习自治力、学习教导力维度。就各个题项的平均得分而言，中小学教师的学习决策力整体上处于中等水平。不同题项之间的平均分与同一题项得分的极大值与极小值差异较

大，这表明中小学教师群体学习决策力发展极其不平衡。同时，除了"乐意参与教与学活动中的各项决策"这一题项的平均得分 M = 3.735（分），略高于其中位数 = 3.72（分）外，其余题项"认为教师是教育决策者中的一员""参与学校教学计划制订""参与校本课程的开发""参与教师专业发展方案的制定""参与学生管理与评价方案的制定""自行决定自己所教科目的课程进度""自行决定所教科目的教学目标"以及"自行决定采用何种教学方法进行授课"的平均值分别为 3.345 分、3.121 分、3.583 分、2.997 分、3.472 分、3.519 分、3.472 分和 3.772 分，均小于其所对应的中位数 3.60 分、3.30 分、3.61 分、3.05 分、3.57 分、3.70 分、3.54 分、3.80 分。由此可见，中小学教师对学习决策者角色的认知模糊，参与学习决策的意愿不够强，参与学校层面学习管理决策的行为较少。

为了较为深入地了解中小学教师学习决策力发展的具体状况，笔者同样采用了比较该维度下 9 个题项在四个等值区间的得分占比的方法来进行考察。对教师学习决策力维度下的 9 个题项的得分区间分布占比进行统计，结果如表 4 - 13 所示。分析相关数据发现，仅有"乐意参与教与学活动中的各项决策""参与学校教学计划制订""参与校本课程的开发""自行决定采用何种教学方法进行授课"以及"自行决定所教科目的教学目标"这 5 个题项在第三区间（$3 \leqslant S < 4$）与第四区间（$4 \leqslant S < 5$）的得分占比之和达到了总得分比重的 50%，这一数据表明了中小学教师有参与学校学习管理决策的意愿。同时也反映出教师参与学校学习管理决策的范围还很狭窄。另外，中小学教师在自己所任教学科目和课堂教学中有一定的决策空间。相比较而言，"认为教师是教育决策者中的一员"在第一区间（$1 \leqslant S < 2$）和第二区间（$2 \leqslant S < 3$）的得分占比之和超过了总得分的 70%，这一结果也验证了上文得出的中小学教师对自己是学习决策者的角色认知还十分模糊。"参与教师专业发展方案的制定"与"参与学生管理与评价方案的制定"这两个题项在第三区间（$3 \leqslant S < 4$）与第四区间（$4 \leqslant S < 5$）的得分占比之和尚不到总得分比重的 40%，由此可以认为，中小学教师对自身群体的学习以及学生学习管理方面的决策力度还很不足。

表4-13 中小学教师学习决策力发展的得分区间分布（N=1125） （%）

	1≤S<2	2≤S<3	3≤S<4	4≤S<5
学习决策力	28.36	31.04	34.07	6.53
认为教师是教育决策者中的一员	40.22	34.74	16.77	8.27
乐意参与教与学活动中的各项决策	11.35	19.09	34.02	35.55
参与学校教学计划制订	20.24	29.72	34.93	15.11
参与校本课程的开发	4.22	32.24	48.00	15.54
参与教师专业发展方案的制定	41.63	42.29	12.88	3.20
参与学生管理与评价方案的制定	23.12	43.44	30.22	3.22
自行决定自己所教科目的课程进度	45.00	25.49	21.65	7.86
自行决定所教科目的教学目标	3.66	39.84	44.28	12.32
自行决定采用何种教学方法进行授课	4.22	39.44	28.02	28.32

综上分析，我国中小学教师的学习决策力总体上居于中等水平。中小学教师对其作为学习决策者的身份认同度有待加强，决策认知以及参与学习决策的积极性亟待提高。同时，中小学教师在对自身学习管理与决策方面的知识与能力还较为欠缺，应引起关注。

（六）中小学教师学习合作力现状的描述性统计分析

分布式领导理论强调采取分享式的领导组织架构，鼓励组织成员在共同愿景下开展合作学习，其目的在于增进成员间的交流互动，强化学习参与者之间的正向关系，进而高效完成群体目标。一方面，中小学教师的学习合作力发挥着引导学生开展合作学习以及培养其合作学习技能的作用；另一方面，中小学教师学习合作力超越了教师专业知识与技能被动发展的传统模式，主张建立教师学习共同体，重构教师群体的协作文化与学习文化，进而系统地影响与变迁课堂上的学习文化以及学校文化。因此，中小学教师的学习合作力对建立共同的学习愿景、明确学习目标、共享知识与经验、进行发展性互动、反思性对话均有着重要的作用。本书对中小学教师学习合作力发展现状进行考察，对该维度下题项的调研数据所做出的描述性统计分析具体见表4-14。

表4-14　　中小学教师学习合作力发展现状（N=1125）　　　　（分）

	极小值	极大值	平均值	标准差	中位数
学习合作力	1.00	5.00	3.881	0.762	3.58
与社区合作开展教学活动	1.00	5.00	3.545	0.942	3.50
鼓励、引导学生开展合作学习	3.00	5.00	3.935	1.035	3.72
与家长保持沟通与合作	3.00	5.00	3.891	0.791	3.70
与同事合作解决教学中的矛盾	2.00	5.00	3.675	0.972	3.41
同事间经常开展集体备课	1.00	5.00	3.597	0.837	3.19
与学校领导层的关系和谐、融洽	1.00	5.00	3.427	0.861	3.30

从表4-14可以看出，中小学教师学习合作力各个题项的平均得分均在3分以上，同时，6个题项的平均值M均大于其所对应的中位数，这表明中小学教师的学习合作力处于中等偏上水平，能够主动与社区、家长合作，获得学习支持，同时能够与教师同伴进行合作学习、组织学生进行合作学习。但是，比较各个题项的得分也发现了一些问题，"与社区合作开展教学活动""同事间经常开展集体备课"以及"与学校领导层的关系和谐、融洽"这三个题项得分的极小值与"鼓励、引导学生开展合作学习""与家长保持沟通与合作"题项得分极小值达到了2分的差距，这表明中小学教师群体在学习合作力维度上的发展尚不均衡。

为了较为清晰地了解中小学教师学习合作力发展的具体状况，笔者对学习合作力维度下的6个题项在四个等值区间的得分占比进行统计分析，结果如表4-15所示。分析相关数据发现，学习合作力维度下的6个题项在第三区间（3≤S<4）与第四区间（4≤S<5）的得分占比之和均超过了总得分比重的60%，这表明中小学教师与其他群体开展合作教学、合作学习的能力比较强。

综上分析，我国中小学教师的学习合作力状况总体上良好。中小学教师开展合作学习领导的群体多样,包含社区同伴、家长与学校领导等。同时,教师还能够对学生合作学习以及同伴合作学习进行引导和影响,但是学习合作力在教师群体之间存在差异。

表4-15 中小学教师学习合作力发展的得分区间分布(N=1125) (%)

	1≤S<2	2≤S<3	3≤S<4	4≤S<5
学习合作力	9.11	30.24	36.93	23.72
与社区合作开展教学活动	14.07	22.13	33.65	30.15
鼓励、引导学生开展合作学习	5.35	16.59	34.02	44.04
与家长保持沟通与合作	2.14	10.72	37.66	49.48
与同事合作解决教学中的矛盾	4.22	20.24	35.43	40.11
同事间经常开展集体备课	3.66	9.84	47.64	38.86
与学校领导层的关系和谐、融洽	4.22	28.44	39.02	28.32

(七)中小学教师学习感召力现状的描述性统计分析

中小学教师的学习感召力发挥着吸引与影响被领导者学习的作用。中小学教师自身的人格魅力、品格特质、学习认知以及对学生的关爱都是一种无形的影响力量,辐射并潜移默化地引领着师生。基于调查数据,笔者对中小学教师的学习感召力及其维度下7个题项的得分情况进行了描述性统计分析,结果如表4-16所示。

从表4-16可以看出,中小学教师学习感召力维度下各个题项的平均得分均在3分以上,同时,该维度下的7个题项得分的平均值M均大于中位数,这表明中小学教师学习感召力处于中等偏上水平。但是,从分析结果中尚可发现一些问题,"面对工作压力,能够保持积极乐观"以及"努力成为同伴的榜样"这两个题项得分的极小值与"关爱每一个学生"这一题项相比,差距达到了2分,说明中小学教师学习感召力这一维度上的发展还不均衡,不理想。

表4-16　中小学教师学习感召力发展现状（N=1125）　　　　　　　　（分）

	极小值	极大值	平均值	标准差	中位数
学习感召力	1.00	5.00	3.681	1.071	3.58
认为教师职业是一生不遗余力要做好的	2.00	5.00	3.545	0.942	3.50
具备开阔的学科见识和视野	2.00	5.00	3.935	1.035	3.72
关爱每一个学生	3.00	5.00	3.891	0.791	3.70
以身示范影响学生	2.00	5.00	3.675	0.972	3.41
宽容与接纳不同的观点	2.00	5.00	3.597	0.837	3.19
面对工作压力，能够保持积极乐观	1.00	5.00	3.427	0.861	3.30
努力成为同伴的榜样	1.00	5.00	3.563	1.204	3.30

为全面了解中小学教师学习感召力的具体发展状况，笔者对学习感召力维度下7个题项在四个等值区间的得分占比进行统计分析，结果如表4-17所示。分析相关数据发现，学习感召力维度下的7个题项在第三区间（3≤S＜4）与第四区间（4≤S＜5）的得分占比之和均超过了总得分的60%，这表明中小学教师学习感召力的发展处于中等偏上水平。"具备开阔的学科见识和视野"这一题项在第四区间（4≤S＜5）的得分占比小于其在第二区间（2≤S＜3）和第三区间（3≤

表4-17　中小学教师学习感召力发展的得分区间分布（N=1125）　　　（%）

	1≤S＜2	2≤S＜3	3≤S＜4	4≤S＜5
学习感召力	7.32	35.43	32.24	25.01
认为教师职业是一生不遗余力要做好的	7.07	17.73	30.15	30.64
具备开阔的学科见识和视野	11.35	30.64	37.42	20.59
关爱每一个学生	2.14	10.72	40.56	46.58
以身示范影响学生	4.22	18.24	36.43	41.11
宽容与接纳不同的观点	6.66	11.84	40.64	40.86
面对工作压力，能够保持积极乐观	8.22	28.86	39.52	23.40
努力成为同伴的榜样	4.22	40.93	33.97	20.88

S＜4）的得分占比，表明中小学教师在学科见识和视野上还存在欠缺。与之类似，"面对工作压力，能够保持积极乐观"和"努力成为同伴的榜样"两个题项在第四区间（4≤S＜5）的得分占比均小于其在第二区间（2≤S＜3）和第三区间（3≤S＜4）的得分占比，由此可以看出，中小学教师自身的榜样示范与引领尚不能发挥出理想的作用。

综上分析，我国中小学教师的学习感召力总体上处于中等偏上水平，但在对学习者榜样的认知以及学习示范与引领方面尚存在不足。

二 中小学教师学习领导力的发展存在群体间差异

通过前一节对中小学教师学习领导力发展状况的描述性统计分析，已经初步了解了当前我国中小学教师学习领导力的发展状况，但以上分析没有考虑人口统计学上的差异。因而，本节将在前文调查结果的统计基础上，充分考虑不同人口统计学变量背景下我国中小学教师学习领导力发展的差异性。本节将采用T检验和方差分析等统计分析方法，对性别、教龄、职称、职务、地区、学校属性等相关人口统计学变量下中小学教师学习领导力的差异进行分析。

（一）中小学教师学习领导力整体发展现状的差异性分析

本书运用单因素方差分析法，尝试分析在不同性别、年龄、学历、教龄、职称、职务、所获荣誉、学校类型、学校所属地区以及学校所在地域的人口统计学以及相关的组织因素下，中小学教师学习领导力整体发展现状的差异性情况，结果如表4－18所示。

根据表4－18对中小学教师学习领导力的差异性统计分析结果可知，中小学教师学习领导力发展现状在性别因素上，$F=1.119$，$Sig>0.05$，这表明，男性中小学教师与女性中小学教师的学习领导力并没有显著差异。在年龄因素上，$F=6.902$，$Sig<0.05$，由此表明，年长的中小学教师的学习领导力与年轻教师的学习领导力存在较为显著的差异。在随后的访谈调研中，经过比较，年长的中小学教师在教学经验、人际沟通、个人影响等方面的领导力均优于年轻的教师。其中，41—50岁与50岁以上这两个年龄段教师的学习领导力明显高于30岁以下的年轻教师。在学历因素上，$F=1.002$，$Sig>0.05$，这表明学历

表4-18　中小学教师学习领导力整体发展现状的差异性分析

	类别	N	平均值	标准差	F	Sig
性别	男	423	3.781	1.240	1.119	0.754
	女	702	3.409	0.788		
年龄	30岁及以下	450	3.381	1.101	6.902*	0.037
	31—40岁	288	3.409	1.008		
	41—50岁	241	3.701	1.217		
	50岁以上	140	3.819	0.891		
学历	中专	22	3.462	1.062	1.002	0.305
	大专	99	3.648	0.741		
	本科	771	3.716	1.105		
	硕士及以上	233	3.721	0.781		
教龄	5年以下	461	3.459	0.884	7.862*	0.038
	5—10年	140	3.482	1.137		
	11—20年	184	3.703	0.795		
	20年以上	339	3.771	0.942		
职称	特级	7	3.702	1.002	2.929*	0.040
	高级	173	3.822	1.035		
	中级（或一级）	343	3.448	0.791		
	初级（或二、三级）	387	3.514	0.972		
	未定级	215	3.359	1.137		
职务	普通任课教师	561	3.459	0.814	3.112*	0.039
	班主任	435	3.771	0.982		
	教研组长	111	3.702	1.002		
	年段长或科室主任	9	3.822	1.035		
	校领导	9	3.848	0.791		
所获荣誉	市骨干教师/学科带头人	173	3.714	0.972	5.902*	0.007
	区骨干教师/学科带头人	169	3.759	0.837		
	校骨干教师/学科带头人	133	3.761	0.814		
	无	650	3.571	0.942		

续表

	类别	N	平均值	标准差	F	Sig
学校类型	小学	561	3.702	1.102	1.437	0.984
	初级中学	254	3.790	1.035		
	高级中学	232	3.748	0.691		
	完全中学	78	3.814	0.972		
学校所属地区	市区	413	3.759	0.837	5.772*	0.021
	郊区	136	3.659	0.814		
	县城	299	3.571	0.942		
	城乡接合部	78	3.702	1.002		
	乡镇	199	3.822	1.035		
学校所在地域	东部地区	413	3.048	0.791	0.980	0.651
	中部地区	479	3.214	0.972		
	西部地区	233	3.759	0.837		

* 表示 $p \leq 0.05$。

是中专、大专、本科抑或是硕士及以上的中小学教师之间的学习领导力并没有显著差异。中小学教师在教龄因素上，$F = 7.862$，$Sig < 0.05$，这表明教龄长的中小学教师的学习领导力与教龄较短的教师的学习领导力存在显著差异。在职称因素上，$F = 2.929$，$Sig < 0.05$，由此表明，职称较高的中小学教师与无职称抑或职称较低的中小学教师之间的学习领导力存在显著差异。在职务因素上，$F = 3.112$，$Sig < 0.05$，这表明在学校中具有领导职务的中小学教师，与没有领导职务的中小学教师相比，他们之间的学习领导力有着较显著的差异。在所获荣誉因素上，$F = 5.902$，$Sig < 0.05$，这表明是否获得过荣誉在中小学教师学习领导力上存在着较为显著的差异。在学校类型因素上，$F = 1.437$，$Sig > 0.05$，这表明小学、初级中学、高级中学、完全中学的教师在学习领导力方面不存在差异。在学校所属地区因素上，$F = 5.772$，$Sig < 0.05$，这表明市区、郊区、县城、城乡接合部与乡镇的中小学教师在学习领导力方面存在着显著的差异。在学校所

在地域因素上，F=0.980，Sig>0.05，这表明东部地区、中部地区与西部地区的中小学教师学习领导力之间不存在差异。

（二）中小学教师学习自治力发展现状的差异性分析

在上一节中，已对中小学教师学习自治力及其各个题项的调查结果进行了描述性统计分析，同时对调查结果在四个等值区域中的得分分布情况进行了探讨。本节将在前文分析的基础上，采用单因素方差分析法，尝试分析在不同性别、年龄、学历、教龄、职称、职务、所获荣誉、学校类型、学校所属地区以及学校所在地域的人口统计学以及相关的组织因素下，中小学教师学习自治力发展现状的差异性情况，分析结果如表4-19所示。

表4-19　　中小学教师学习自治力发展现状的差异性分析

	类别	N	平均值	标准差	F	Sig
性别	男	423	3.478	0.840	0.776	0.801
	女	702	3.461	1.181		
年龄	30岁及以下	450	3.841	0.907	3.882*	0.023
	31—40岁	288	3.709	1.118		
	41—50岁	241	3.701	1.011		
	50岁以上	140	3.519	0.791		
学历	中专	22	3.462	0.872	4.726*	0.031
	大专	99	3.448	0.741		
	本科	771	3.551	0.905		
	硕士及以上	233	3.721	0.980		
教龄	5年以下	461	3.859	0.874	5.912*	0.048
	5—10年	140	3.782	1.1917		
	11—20年	184	3.703	0.995		
	20年以上	339	3.771	0.912		

续表

	类别	N	平均值	标准差	F	Sig
职称	特级	7	3.702	1.012	2.129	0.407
	高级	173	3.822	1.025		
	中级（或一级）	343	3.448	0.781		
	初级（或二、三级）	387	3.514	0.982		
	未定级	215	3.759	1.107		
职务	普通任课教师	561	3.719	0.784	3.902*	0.030
	班主任	435	3.771	0.902		
	教研组长	111	3.802	1.129		
	年段长或科室主任	9	3.822	1.039		
	校领导	9	3.698	0.861		
所获荣誉	市骨干教师/学科带头人	173	3.714	0.952	5.992*	0.036
	区骨干教师/学科带头人	169	3.759	0.867		
	校骨干教师/学科带头人	133	3.761	0.764		
	无	650	3.571	0.902		
学校类型	小学	561	3.702	1.102	1.877	0.924
	初级中学	254	3.790	1.035		
	高级中学	232	3.748	0.691		
	完全中学	78	3.814	0.972		
学校所属地区	市区	413	3.759	0.831	3.742*	0.021
	郊区	136	3.659	0.824		
	县城	299	3.571	0.946		
	城乡接合部	78	3.602	1.022		
	乡镇	199	3.522	1.035		
学校所在地域	东部地区	413	3.848	0.794	5.980*	0.023
	中部地区	479	3.614	0.972		
	西部地区	233	3.559	1.037		

* 表示 $p \leqslant 0.05$。

根据表 4-19 对中小学教师学习自治力的差异性统计分析结果可知，中小学教师的学习自治力在性别因素上，$F=0.776$，$Sig>0.05$，这表明男性中小学教师与女性中小学教师的学习自治力并没有显著差异。中小学教师的学习自治力在年龄因素上，$F=3.882$，$Sig<0.05$，这表明年长的中小学教师的学习自治力与年轻教师的学习自治力存在显著的差异。中小学教师的学习自治力在学历因素上，$F=4.726$，$Sig<0.05$，这表明中专、大专、本科抑或是硕士及以上学历的中小学教师之间的学习自治力存在显著差异。中小学教师的学习自治力在教龄因素上，$F=5.912$，$Sig<0.05$，这表明教龄长的中小学教师的学习自治力与教龄较短的教师的学习自治力存在显著差异。中小学教师的学习自治力在职称因素上，$F=2.129$，$Sig>0.05$，这表明职称较高的中小学教师与无职称抑或职称尚较低的中小学教师之间的学习自治力不存在显著差异。中小学教师的学习自治力在职务因素上，$F=3.902$，$Sig<0.05$，这表明在学校中具有领导职务的中小学教师，与没有领导职务的中小学教师相比，其学习自治力有着较显著的差异。中小学教师的学习自治力在所获荣誉因素上，$F=5.992$，$Sig<0.05$，这表明获得过荣誉的中小学教师与未获得过相关荣誉的中小学教师相比，其学习自治力存在较显著的差异。而学习自治力在学校类型因素上，$F=1.877$，$Sig>0.05$，这表明小学、初级中学、高级中学、完全中学的教师在学习自治力方面不存在差异。中小学教师的学习自治力在学校所属地区因素上，$F=3.742$，$Sig<0.05$，这表明市区、郊区、县城、城乡接合部与乡镇的中小学教师在学习自治力方面存在着显著的差异。中小学教师的学习自治力在学校所在地域因素上，$F=5.980$，$Sig<0.05$，这表明东部地区、中部地区与西部地区的中小学教师学习自治力存在着极其显著的差异。

（三）中小学教师学习教导力发展现状的差异性分析

在前一节中，已对中小学教师学习教导力及其各个题项的调查结果进行了描述性统计分析，同时对调查结果在四个等值区域中的得分分布情况进行了探讨。本节将在前文分析的基础上，采用单因素方差分析法，尝试分析在不同性别、年龄、学历、教龄、职称、职务、所获荣誉、学校类型、学校所属地区以及学校所在地域的人口统计学以及相关的组织因素下中小学教师学习教导力发展现状的差异性情况，分析结果如表4-20所示。

表4-20 中小学教师学习教导力发展现状的差异性分析

	类别	N	平均值	标准差	F	Sig
性别	男	423	3.771	0.749	1.129	0.784
	女	702	3.769	1.028		
年龄	30岁及以下	450	3.641	0.987	3.325*	0.028
	31—40岁	288	3.756	0.884		
	41—50岁	241	3.774	1.351		
	50岁以上	140	3.809	1.071		
学历	中专	22	3.762	0.804	1.699	0.938
	大专	99	3.748	1.017		
	本科	771	3.751	0.975		
	硕士及以上	233	3.791	0.990		
教龄	5年以下	61	3.559	0.878	3.074*	0.043
	5—10年	140	3.782	1.190		
	11—20年	184	3.803	0.795		
	20年以上	339	3.871	0.712		
职称	特级	7	3.802	1.201	2.878*	0.032
	高级	173	3.792	1.502		
	中级（或一级）	343	3.808	0.781		
	初级（或二、三级）	387	3.809	0.982		
	未定级	215	3.795	0.987		
职务	普通任课教师	561	3.819	0.784	2.002	0.893
	班主任	435	3.871	0.802		
	教研组长	111	3.842	1.120		
	年段长或科室主任	9	3.862	1.039		
	校领导	9	3.689	0.861		

续表

	类别	N	平均值	标准差	F	Sig
所获荣誉	市骨干教师/学科带头人	173	3.814	0.852	3.217*	0.014
	区骨干教师/学科带头人	169	3.859	0.867		
	校骨干教师/学科带头人	133	3.861	0.864		
	无	650	3.876	0.942		
学校类型	小学	561	3.802	1.002	0.841	0.955
	初级中学	254	3.854	1.035		
	高级中学	232	3.848	0.891		
	完全中学	78	3.814	0.972		
学校所属地区	市区	413	3.859	0.831	1.886	0.980
	郊区	136	3.851	0.824		
	县城	299	3.870	0.986		
	城乡接合部	78	3.862	0.922		
	乡镇	199	3.842	1.035		
学校所在地域	东部地区	413	3.848	1.094	0.881	0.674
	中部地区	479	3.614	0.991		
	西部地区	233	3.559	0.737		

*表示 $p \leq 0.05$。

根据表4-20对中小学教师学习教导力发展现状的差异性统计分析结果可知，中小学教师学习教导力发展现状在性别因素上，F=1.129，Sig>0.05，这表明男性中小学教师与女性中小学教师的学习教导力并没有显著差异。中小学教师学习教导力发展现状在年龄因素上，F=3.325，Sig<0.05，这表明年长的中小学教师的学习教导力与年轻教师的学习教导力存在显著的差异。中小学教师学习教导力发展现状在学历因素上，F=1.699，Sig>0.05，这表明学历是中专、大专、本科抑或是硕士及以上的中小学教师之间的学习教导力不存在显著差异。中小学教师学习教导力发展现状在教龄因素上，F=3.074，Sig<0.05，这表明教龄长的中小学教师的学习领导力与教龄较短的教师的学习教导力存

在着较为显著的差异。中小学教师学习教导力发展现状在职称因素上，F = 2.878，Sig < 0.05，这表明职称较高的中小学教师与无职称或职称较低的中小学教师之间的学习教导力存在较为显著的差异。中小学教师学习教导力发展现状在职务因素上，F = 2.002，Sig > 0.05，这表明承担学校领导职务的中小学教师与无职务的中小学教师之间的学习教导力不存在显著差异。中小学教师学习教导力发展现状在所获荣誉因素上，F = 3.217，Sig < 0.05，这表明是否获得过荣誉的中小学教师在学习教导力上存在较为显著的差异。中小学教师学习教导力发展现状在学校类型因素上，F = 0.841，Sig > 0.05，这表明小学、初级中学、高级中学、完全中学的教师在学习教导力方面不存在差异。中小学教师学习教导力发展现状在学校所属地区因素上，F = 1.886，Sig > 0.05，这表明市区、郊区、县城、城乡接合部与乡镇的中小学教师在学习教导力方面不存在显著差异。中小学教师学习教导力发展现状在学校所在地域因素上，F = 0.881，Sig > 0.05，这表明东部地区、中部地区与西部地区的中小学教师学习教导力不存在显著的差异。

（四）中小学教师学习变革力发展现状的差异性分析

前一节已对中小学教师学习变革力及其各个题项的调查结果进行了描述性统计分析，同时对调查结果在四个等值区域中的得分分布情况进行了探讨。本节将在前文分析的基础上，采用单因素方差分析法，尝试分析在不同性别、年龄、学历、教龄、职称、职务、所获荣誉、学校类型、学校所属地区以及学校所在地域的人口统计学以及相关的组织因素下，中小学教师学习变革力发展现状的差异性情况，分析结果如表4-21所示。

根据表4-21可知，中小学教师学习变革力发展现状在性别因素上，F = 1.001，Sig > 0.05，这表明男性中小学教师与女性中小学教师的学习变革力并没有显著差异。中小学教师学习变革力发展现状在年龄因素上，F = 0.985，Sig > 0.05，这表明年长的中小学教师的学习变革力与年轻教师的学习变革力不存在显著的差异。中小学教师学习变革力发展现状在学历因素上，F = 3.699，Sig < 0.05，这表明学历是中专、大

表4-21 中小学教师学习变革力发展现状的差异性分析

	类别	N	平均值	标准差	F	Sig
性别	男	423	2.471	0.749	1.001	0.741
	女	702	2.369	1.028		
年龄	30岁及以下	450	2.641	0.987	0.985	0.801
	31—40岁	288	2.756	0.884		
	41—50岁	241	2.774	1.351		
	50岁以上	140	2.809	1.071		
学历	中专	22	2.462	0.804	3.699*	0.038
	大专	99	2.748	1.017		
	本科	771	2.751	0.975		
	硕士及以上	233	3.591	0.990		
教龄	5年以下	461	2.559	0.878	1.078	0.983
	5—10年	140	2.482	1.301		
	11—20年	184	2.503	1.155		
	20年以上	339	3.171	0.912		
职称	特级	7	2.502	1.201	3.119*	0.013
	高级	173	2.592	1.502		
	中级（或一级）	343	2.508	0.781		
	初级（或二、三级）	387	2.309	0.982		
	未定级	215	2.595	0.987		
职务	普通任课教师	561	2.519	0.839	4.002*	0.018
	班主任	435	2.571	0.997		
	教研组长	111	2.542	1.190		
	年段长或科室主任	9	2.562	0.977		
	校领导	9	2.689	0.869		
所获荣誉	市骨干教师/学科带头人	173	2.714	0.852	0.862	0.904
	区骨干教师/学科带头人	169	2.959	0.867		
	校骨干教师/学科带头人	133	3.061	0.864		
	无	650	3.076	0.942		

续表

	类别	N	平均值	标准差	F	Sig
学校类型	小学	561	2.502	1.072	1.061	0.715
	初级中学	254	2.454	1.035		
	高级中学	232	2.448	0.895		
	完全中学	78	2.514	0.979		
学校所属地区	市区	413	2.559	0.831	1.606	0.980
	郊区	136	2.551	0.824		
	县城	299	2.570	0.986		
	城乡接合部	78	2.562	0.922		
	乡镇	199	2.542	1.035		
学校所在地域	东部地区	413	2.648	1.094	2.007	0.931
	中部地区	479	2.314	0.971		
	西部地区	233	2.459	0.798		

* 表示 $p \leq 0.05$。

专、本科抑或是硕士及以上的中小学教师之间的学习变革力存在显著差异。中小学教师学习变革力发展现状在教龄因素上，$F=1.078$，$Sig>0.05$，这表明教龄长的中小学教师的学习变革力与教龄较短的教师学习变革力不存在显著差异。中小学教师学习变革力发展现状在职称因素上，$F=3.119$，$Sig<0.05$，这表明职称较高的中小学教师与无职称抑或职称较低的中小学教师之间的学习变革力存在较为显著的差异。中小学教师学习变革力发展现状在职务因素上，$F=4.002$，$Sig<0.05$，这表明承担学校领导职务的中小学教师与无职务的中小学教师的学习变革力存在较为显著的差异。中小学教师学习变革力发展现状在所获荣誉因素上，$F=0.862$，$Sig>0.05$，这表明获得过荣誉的中小学教师与没有获得过荣誉的中小学教师的学习变革力不存在显著的差异。中小学教师学习变革力发展现状在学校类型因素上，$F=1.061$，$Sig>0.05$，这表明小学、初级中学、高级中学、完全中学的教师在学习变革力方面不存在差异。中小学教师学习变革力发展现状在学校所属地区因素上，$F=$

1.606，Sig>0.05，这表明市区、郊区、县城、城乡接合部与乡镇的中小学教师在学习变革力方面不存在显著的差异。中小学教师学习变革力发展现状在学校所在地域因素上，F=2.007，Sig>0.05，这表明东部地区、中部地区与西部地区的中小学教师之间的学习变革力不存在显著差异。

（五）中小学教师学习决策力发展现状的差异性分析

在前一节中，已对中小学教师学习决策力及其各个题项的调查结果进行描述性统计分析，同时对调查结果在四个等值区域中的得分分布情况进行了探讨。本节将在前文分析的基础上，采用单因素方差分析法，尝试分析在不同性别、年龄、学历、教龄、职称、职务、所获荣誉、学校类型、学校所属地区以及学校所在地域的人口统计学以及相关的组织因素下，中小学教师学习决策力发展现状的差异性情况，分析结果如表4-22所示。

表4-22　中小学教师学习决策力发展现状的差异性分析

	类别	N	平均值	标准差	F	Sig
性别	男	423	2.797	0.878	0.750	0.991
	女	702	2.699	1.008		
年龄	30岁及以下	450	2.641	0.907	0.882	0.123
	31—40岁	288	2.609	0.918		
	41—50岁	241	2.701	1.081		
	50岁以上	140	2.719	0.771		
学历	中专	22	2.762	0.872	3.912*	0.030
	大专	99	2.748	0.741		
	本科	771	2.551	0.905		
	硕士及以上	233	3.121	0.980		
教龄	5年以下	461	2.459	0.894	8.538*	0.008
	5—10年	140	2.687	1.107		
	11—20年	184	3.103	0.905		
	20年以上	339	3.299	0.981		

续表

	类别	N	平均值	标准差	F	Sig
职称	特级	7	3.502	1.012	0.909	0.807
	高级	173	3.222	0.825		
	中级（或一级）	343	3.148	0.781		
	初级（或二、三级）	387	3.314	0.992		
	未定级	215	3.359	1.009		
职务	普通任课教师	561	2.419	0.984	6.799*	0.030
	班主任	435	2.771	0.982		
	教研组长	111	3.392	1.129		
	年段长或科室主任	9	3.522	0.739		
	校领导	9	3.698	0.761		
所获荣誉	市骨干教师/学科带头人	173	2.814	0.952	0.921	0.661
	区骨干教师/学科带头人	169	3.159	0.767		
	校骨干教师/学科带头人	133	3.161	0.864		
	无	650	3.571	0.942		
学校类型	小学	561	2.502	1.015	1.877	0.924
	初级中学	254	2.890	1.030		
	高级中学	232	2.748	0.891		
	完全中学	78	3.114	0.992		
学校所属地区	市区	413	3.159	0.831	0.742	0.729
	郊区	136	3.459	0.824		
	县城	299	3.471	0.946		
	城乡接合部	78	3.402	1.052		
	乡镇	199	3.522	0.835		
学校所在地域	东部地区	413	2.948	0.794	1.081	0.774
	中部地区	479	3.114	0.872		
	西部地区	233	2.959	1.002		

* 表示 $p \leq 0.05$。

根据表4-22对中小学教师学习决策力发展现状的差异性统计分析结果可知，中小学教师学习决策力发展现状在性别因素上，F=0.75，Sig>0.05，这表明男性中小学教师与女性中小学教师的学习决策力并没有显著差异。中小学教师学习决策力发展现状在年龄因素上，F=0.882，Sig>0.05，这表明年长的中小学教师的学习决策力与年轻教师的学习决策力不存在显著的差异。中小学教师学习决策力发展现状在学历因素上，F=3.912，Sig<0.05，这表明学历是中专、大专、本科抑或是硕士及以上的中小学教师的学习决策力存在显著差异。中小学教师学习决策力发展现状在教龄因素上，F=8.538，Sig>0.05，这表明教龄长的中小学教师的学习决策力与教龄较短的教师的学习决策力存在较为显著的差异。中小学教师学习决策力发展现状在职称因素上，F=0.909，Sig>0.05，这表明职称较高的中小学教师与无职称抑或职称较低的中小学教师的学习决策力不存在显著差异。中小学教师学习决策力发展现状在职务因素上，F=6.799，Sig<0.05，这表明承担学校领导职务的中小学教师与无职务的中小学教师的学习决策力存在显著差异。中小学教师学习决策力发展现状在所获荣誉因素上，F=0.921，Sig>0.05，这表明获得过荣誉的中小学教师与未获得过荣誉的中小学教师的学习决策力不存在显著的差异。中小学教师学习决策力发展现状在学校类型因素上，F=1.877，Sig>0.05，这表明小学、初级中学、高级中学、完全中学的教师在学习决策力方面不存在显著差异。中小学教师学习决策力发展现状在学校所属地区因素上，F=0.742，Sig>0.05，这表明市区、郊区、县城、城乡接合部与乡镇的中小学教师在学习决策力方面不存在显著的差异。经过计算，中小学教师学习决策力发展现状在学校所在地域因素上，F=1.081，Sig>0.05，这表明东部地区、中部地区与西部地区的中小学教师学习决策力不存在显著差异。

（六）中小学教师学习合作力发展现状的差异性分析

前一节已对中小学教师学习合作力及其各个题项的调查结果进行描述性统计分析，同时对调查结果在四个等值区域中的得分分布情况进行了探讨。本节将在前文分析的基础上，采用单因素方差分析法，尝试分析在不同性别、年龄、学历、教龄、职称、职务、所获荣誉、学校类型、学校所属地区以及学校所在地域的人口统计学以及相关的组织因素下，中小学教师学习合作力发展现状的差异性情况，分析结果如表4-23所示。

表4-23　中小学教师学习合作力发展现状的差异性分析

	类别	N	平均值	标准差	F	Sig
性别	男	423	3.697	0.899	1.284	0.560
	女	702	3.767	1.068		
年龄	30岁及以下	450	3.841	0.967	8.401*	0.034
	31—40岁	288	3.709	0.898		
	41—50岁	241	3.601	1.081		
	50岁以上	140	3.719	0.709		
学历	中专	22	3.762	0.972	6.027*	0.049
	大专	99	3.748	1.141		
	本科	771	3.711	0.895		
	硕士及以上	233	3.621	0.970		
教龄	5年以下	461	3.759	0.891	11.853*	0.003
	5—10年	140	3.687	0.907		
	11—20年	184	3.503	0.975		
	20年以上	339	3.509	0.981		
职称	特级	7	3.602	1.115	1.909	0.807
	高级	173	3.522	0.885		
	中级（或一级）	343	3.648	0.781		
	初级（或二、三级）	387	3.614	0.792		
	未定级	215	3.459	1.209		
职务	普通任课教师	561	3.519	0.994	1.009	0.738
	班主任	435	3.571	0.912		
	教研组长	111	3.702	1.105		
	年段长或科室主任	9	3.622	0.839		
	校领导	9	3.598	0.866		
所获荣誉	市骨干教师/学科带头人	173	3.514	0.950	1.441	0.976
	区骨干教师/学科带头人	169	3.459	0.769		
	校骨干教师/学科带头人	133	3.461	0.861		
	无	650	3.571	0.924		

续表

	类别	N	平均值	标准差	F	Sig
学校类型	小学	561	3.502	1.018	1.877	0.924
	初级中学	254	3.590	0.930		
	高级中学	232	3.548	0.891		
	完全中学	78	3.514	0.792		
学校所属地区	市区	413	3.759	0.931	7.792*	0.041
	郊区	136	3.659	0.924		
	县城	299	3.671	0.916		
	城乡接合部	78	3.602	1.052		
	乡镇	199	3.522	0.835		
学校所在地域	东部地区	413	3.781	1.004	9.481*	0.027
	中部地区	479	3.704	0.921		
	西部地区	233	3.559	0.879		

*表示 $p \leq 0.05$。

根据表4-23对中小学教师学习合作力发展现状的差异性统计分析结果可知，中小学教师学习合作力发展现状在性别因素上，F=1.284，Sig>0.05，这表明男性中小学教师与女性中小学教师的学习合作力并没有显著差异。中小学教师学习合作力发展现状在年龄因素上，F=8.401，Sig<0.05，这表明年长的中小学教师的学习合作力与年轻教师的学习合作力存在显著的差异。中小学教师学习合作力发展现状在学历因素上，F=6.027，Sig<0.05，这表明学历是中专、大专、本科抑或是硕士及以上的中小学教师的学习合作力存在显著差异。中小学教师学习合作力发展现状在教龄因素上，F=11.853，Sig<0.05，这表明教龄长的中小学教师的学习合作力与教龄较短的教师的学习合作力存在较为显著的差异。中小学教师学习合作力发展现状在职称因素上，F=1.909，Sig>0.05，这表明职称较高的中小学教师与无职称抑或职称较低的中小学教师的学习合作力不存在显著差异。中小学教师学习合作力发展现状在职务因素上，F=1.009，

Sig > 0.05，这表明承担学校领导职务的中小学教师与无职务的中小学教师的学习合作力不存在显著差异。中小学教师学习合作力发展现状在所获荣誉因素上，F = 1.441，Sig > 0.05，这表明曾经获得荣誉的中小学教师与尚未获得过荣誉的中小学教师的学习合作力不存在显著差异。中小学教师学习合作力发展现状在学校类型因素上，F = 1.877，Sig > 0.05，这表明小学、初级中学、高级中学、完全中学的教师在学习合作力方面不存在显著差异。中小学教师学习合作力发展现状在学校所属地区因素上，F = 7.792，Sig < 0.05，这表明市区、郊区、县城、城乡接合部与乡镇的中小学教师在学习合作力方面存在显著差异。中小学教师学习合作力发展现状在学校所在地域因素上，F = 9.481，Sig < 0.05，这表明东部地区、中部地区与西部地区中小学教师的学习合作力存在显著差异。

（七）中小学教师学习感召力发展现状的差异性分析

前一节已对中小学教师学习感召力及其各个题项的调查结果进行描述性统计分析，同时对调查结果在四个等值区域中的得分分布情况进行了探讨。本节将在前一节分析的基础上，采用单因素方差分析法，尝试分析在不同性别、年龄、学历、教龄、职称、职务、所获荣誉、学校类型、学校所属地区以及学校所在地域的人口统计学以及相关的组织因素下中小学教师学习感召力发展现状的差异性情况，分析结果如表4-24所示。

表4-24　**中小学教师学习感召力发展现状的差异性分析**

	类别	N	平均值	标准差	F	Sig
性别	男	423	3.545	0.861	1.071	0.789
	女	702	3.617	0.943		
年龄	30岁及以下	450	3.841	0.961	1.981	0.534
	31—40岁	288	3.709	0.809		
	41—50岁	241	3.601	1.081		
	50岁以上	140	3.719	0.719		

续表

	类别	N	平均值	标准差	F	Sig
学历	中专	22	3.562	0.972	0.827	0.855
	大专	99	3.548	1.104		
	本科	771	3.411	0.895		
	硕士及以上	233	3.421	0.970		
教龄	5年以下	461	3.759	0.891	9.213*	0.033
	5—10年	140	3.687	0.907		
	11—20年	184	3.503	0.955		
	20年以上	339	3.509	0.981		
职称	特级	7	3.702	1.115	5.115*	0.037
	高级	173	3.522	0.885		
	中级（或一级）	343	3.448	0.781		
	初级（或二、三级）	387	3.414	0.792		
	未定级	215	3.259	1.209		
职务	普通任课教师	561	3.519	0.904	7.769*	0.028
	班主任	435	3.571	0.712		
	教研组长	111	3.502	1.155		
	年段长或科室主任	9	3.622	0.839		
	校领导	9	3.798	0.961		
所获荣誉	市骨干教师/学科带头人	173	3.814	0.851	7.021*	0.000
	区骨干教师/学科带头人	169	3.759	0.969		
	校骨干教师/学科带头人	133	3.661	0.891		
	无	650	3.471	1.021		
学校类型	小学	561	3.602	1.010	1.761	0.924
	初级中学	254	3.691	0.912		
	高级中学	232	3.649	0.801		
	完全中学	78	3.610	0.799		

续表

类别		N	平均值	标准差	F	Sig
学校所属地区	市区	413	3.759	0.931	0.927	0.491
	郊区	136	3.551	0.824		
	县城	299	3.571	0.716		
	城乡接合部	78	3.602	1.052		
	乡镇	199	3.522	0.835		
学校所在地域	东部地区	413	3.581	1.004	1.280	0.997
	中部地区	479	3.594	0.921		
	西部地区	233	3.512	1.079		

* 表示 $p \leq 0.05$。

根据表4-24对中小学教师学习感召力发展现状的差异性统计分析结果可知，中小学教师学习感召力发展现状在性别因素上，F=1.071，Sig>0.05，这表明男性中小学教师与女性中小学教师的学习感召力并没有显著差异。中小学教师学习感召力发展现状在年龄因素上，F=1.981，Sig>0.05，这表明年长的中小学教师的学习感召力与年轻教师的学习感召力不存在显著的差异。中小学教师学习感召力发展现状在学历因素上，F=0.827，Sig>0.05，这表明学历是中专、大专、本科抑或是硕士及以上的中小学教师的学习感召力不存在显著差异。中小学教师学习感召力发展现状在教龄因素上，F=9.213，Sig<0.05，这表明教龄长的中小学教师的学习感召力与教龄较短的教师的学习感召力存在较为显著的差异。中小学教师学习感召力发展现状在职称因素上，F=5.115，Sig<0.05，这表明职称较高的中小学教师与无职称抑或职称尚较低的中小学教师的学习感召力存在较为显著的差异。中小学教师学习感召力发展现状在职务因素上，F=7.769，Sig<0.05，这表明承担学校领导职务的中小学教师与无职务的中小学教师的学习感召力存在显著差异。中小学教师学习感召力发展现状在所获荣誉因素上，F=7.021，Sig<0.05，这表明曾经获得荣誉的中小学教师与尚未获得过荣誉的中小学教师的学习感召力存在

极其显著的差异。中小学教师学习感召力发展现状在学校类型因素上，F=1.761，Sig>0.05，这表明小学、初级中学、高级中学、完全中学的教师在学习感召力方面不存在显著差异。中小学教师学习感召力发展现状在学校所属地区因素上，F=0.927，sig>0.05，这表明市区、郊区、县城、城乡接合部与乡镇的中小学教师在学习感召力方面不存在显著差异。中小学教师学习感召力发展现状在学校所在地域因素上，F=1.28，Sig>0.05，这表明东部地区、中部地区与西部地区的中小学教师学习感召力不存在显著差异。

综上分析可知，中小学教师的学习领导力就整体而言，在性别、年龄、学历、学校类型、学校所属地区以及学校所在地域这些因素上不存在显著差异，而在教龄、职称、职务、所获荣誉因素上存在显著的差异。

为了进一步探求人口统计学变量以及学校因素与中小学教师学习领导力的具体相关程度，笔者选择采用赋值加权法来计算各因素学习领导力的相关程度。具体的赋值方法按照前文 T 检验所得的显著性程度，即 $p \leq 0.001$，赋值为 10 分；$p \leq 0.01$，赋值为 6 分；$p \leq 0.05$，赋值为 1 分，由此得到各因素与教师学习领导力的相关程度分值如表 4-25 所示。

表 4-25　　各因素与中小学教师学习领导力的相关程度

因素	学习自治力	学习教导力	学习变革力	学习决策力	学习合作力	学习感召力	总计
性别	0	0	0	0	0	0	0
年龄	1	1	0	0	1	0	3
学历	1	0	1	1	1	0	4
教龄	1	6	0	6	6	6	25
职称	0	6	0	6	6	6	24
职务	1	0	6	10	0	1	18
所获荣誉	6	6	0	0	0	10	22
学校类型	0	0	0	0	0	0	0

续表

因素	学习自治力	学习教导力	学习变革力	学习决策力	学习合作力	学习感召力	总计
学校所属地区	1	0	0	0	1	0	2
学校所在地域	10	0	0	0	1	0	11

综上分析，笔者得出的结论是：教龄、职称、所获荣誉、职务以及学校所在地域与中小学教师学习领导力发展的相关性较大，而教师的学历、年龄以及所在地区与中小学教师学习领导力的相关性较小，性别以及学校类型与中小学教师的学习领导力之间则不存在相关性。

第三节　中小学教师学习领导力的现实问题及原因

我国新一轮基础教育改革的深入，不仅对学校治理的改进提出了挑战，而且对中小学教师传统的"传道授业解惑者"的身份和原有的教学理念、教学方法等造成了巨大冲击。与此同时，欧美国家以及我国港台地区学习领导实践的启示对教师寻找新的定位，发挥学习领导作用有着积极的启示意义。当前，我国中小学教师的学习领导力已逐步受到重视，并开始付诸实践，但现实中也出现了一系列问题。本书将根据实证研究的结果对教师学习领导力发展过程中的问题进行逐一呈现，并尝试剖析其问题背后的原因。

一　学习自治力：思维固化，动机困乏

教师的学习自治力注重教师个体对自身学习的领导作用。持续更新学习理念，借助崭新的学习科学手段完成对知识的获取、理解与应用，不断丰富与提升自身的学习能力，是中小学教师应该具备的最基本的学习领导能力。可以说，学习自治力是教师与教学、教师与学生、学生与学习建立关联的动力源。研究发现，部分中小学教师的学习自治力提升的动力不足，

笔者对所回收的调查问卷资料进行了统计，结果如表4-26所示。从中小学教师学习自治力得分频率的占比来看，教师在学习认知、态度、方法以及反思等方面的满分频率普遍较低，尤其是对学习的认知、学习态度、对学习前沿的跟踪以及学习反思所对应题目的满分频率分别是11.13%、9.31%、10.33%和2.75%。这表明中小学教师在学习的认知和行动上较为被动，对学习的认知尚存在偏差，学习意志较为薄弱，学习热情不高，投入度不够，应具备的学习反思技能还十分欠缺。

表4-26　　　　　中小学教师学习自治力得分频率　　　　　　（%）

学习自治力	5分	4分	3分	2分	1分
认同学习力是21世纪学习十分重要的能力之一	11.13	25.00	33.70	17.44	12.73
具备勤奋刻苦的学习态度	9.31	18.25	29.83	36.50	6.11
具备扎实的学科知识	35.00	21.15	30.45	7.80	5.60
具备丰富的关于学习的科学知识	15.88	9.21	23.19	30.76	20.96
实时跟踪学习领域的前沿	10.33	18.90	36.33	20.61	13.83
十分认同"活到老，学到老"的学习理念	34.00	27.01	20.62	9.11	9.26
常使用思维导图、APP、云盘等学习工具	19.03	25.00	33.71	17.40	4.86
经常反思自身的学习	12.15	7.83	23.22	31.71	25.09
能够排除一切干扰集中精力学习	2.75	13.00	32.28	20.14	31.83

（一）学习投入度低，主动性欠缺

笔者通过对中小学教师的访谈发现，当前，一些中小学教师对于继续学习的投入度较低，且中小学教师参与研修与培训的积极性不高。在访谈中，部分教师对自主学习和研修的态度如下。其中，ZX中学的Y老师讲道：

　　平时怎么会有闲暇时间学习呢？每天都忙得晕头转向，备课、上课、批改作业，根本没时间静下心来看看书，想想还是很怀念在学校的读书时光，至少时间是属于自己的呀！现在时间是学校的、学生的……（无奈地微笑）不过，现在教师能通过线上平台学习倒是一个好办法,我也很喜欢这种方式,可以突破时间和空间的局限,在教与学中遇到问题就可以在平台上求助,这样解决问题就及时高效了。有时候也会遇到很不顺利的事情,比如你遇到的问题,不是其他教师也存在的,就是说大家不是一个学科的,在这个小组里面,同一个学科或者同一年级的老师有几个,但是不是大家都在这个时间点在线呢?所以有时候只能等他们上线了再讨论,这样效率就低了呀。(2019.6.22 - ZX - T1 - Y)

另一位 ZX 中学的 R 老师接着补充说:

现在我们的学习主要是学校定期请专家来开讲座,还有外出培训,一般外出的都是年轻教师,优秀教师喜欢让出自己的学习机会,学校几个老师也组织了教学研讨工作坊,但是目前成员不多,参与都是靠大家主动,没有一定的规章制度来约束,有的成员参与讨论的积极性不高,主题也没有明确的分类标准,所以在研讨时,时常会出现他说的我接不上,我问的他也回答不上来的尴尬情况。(2019.6.22 - ZX - T1 - R)

经调查研究发现,当前教师学习主动性欠缺的表现主要有:其一,在学校内部,中小学教师的学习多是借助日常教研活动开展的,通常表现为评课、听课以及示范课与集体备课等形式,相对比较固定和单调,久而久之,教师均视其为日常工作的琐碎组成部分,对此非但不给予重视,反而觉得烦琐不堪。其二,就校外的学习活动而言,通常都是以参加专家讲座以及参观教学等为主。对这种批量划一的群体学习,不少教师认为效果欠佳。尤其是对于长期处于教学实践一线中的中小学教师而言,专家讲座中的理论对其而言,是看不见摸不着的大理论,在实际教学中,很难将其付诸实践。其三,在访谈中发现,有的中小学骨干教师倾向安于现状,他们乐于将学习与培训的机会留给青年教师,事实上,此种做法也并非利大于弊,也在一定程度上表明,部分骨干教师对提升自身,继续学习的积极性不高,甚至可能出现了职业倦怠。

笔者发现，出现此现状的原因主要有教师个体和外在动因两个方面。一方面，部分中小学教师自身的固化思维阻碍其采取不断学习更新知识与技能的行动。此外，其自身的学习技能与方法不当，自身的学习领导力不足致使其学习意志力不坚定，使其学习一遇到阻碍就会放弃。另一方面，一直以来，我国中小学教师的专业成长与发展多强调外部力量的作用。也就是说，中小学教师的学习多借助相关的规章、命令与制度进行，他们习惯于按照上级规定的任务去完成进修与培训，长期困于"被发展"的泥淖中，中小学教师显然不能成为真正意义上学习的主人。此外，繁忙的日常教学任务使中小学教师无暇顾及对自身经验的反思与改进，可以说，这是中小学教师学习投入度不高的理由。

（二）教学反思滞后，草草应付

对于中小学教师来说，"在实践中反思"对其学习自治力发展至关重要。我国著名教育家林崇德提出了"优秀教师＝教学过程＋反思"的成长模式。美国教育家波斯纳（G. J. Posner）也将教师专业成长视为"成长＝经验＋反思"。通过对问卷调查的结果进行统计发现，"经常反思自己的工作"这一题项的平均得分仅为2.910，这表明"在实践中反思"这一理念在中小学教师学习领导力实践中并未得到全面落实，忙于日常教学的中小学教师很少对自身的工作进行系统的反思。而事实上，若要深度理解开展教育教学实践的真正意义，就十分有必要将教师对待教学实践反思的要求予以落实。因而笔者问及了教学反思这一问题。

在问到"您如何看待教学实践中的反思"这一问题时，RZ中学的X老师说：

> 对于这个问题（教学后的反思）还真的是没有特别关注过，不过是应该在教完学生后进行反思、总结经验和教训的。嗯嗯……（点头表示认可），我现在从事高三英语课程教学，带两个班，一般都是连上两节课，周一、周三、周五上午要连上四节课，下午一般就是备课、改作业，周五还要组织周测考试并进行监考，然后批阅考卷，基本上周末也很难抽出时间，办自己的事一般只能利用周末时间，用来反思的时间还真是少了，但是，我觉得进行教学反思

无论是对我们老师还是对学生的学习来讲，都是十分有益的……（2019.6.4－RZ－T2－X）

他的同事 W 老师也接着说道：

就我来说，反思教学这个应该还是有的，一般上完课回到办公室我都会坐下来想一想，今天的课教得咋样？学生学得好不好？这样讲是不是学生就学会了……反思还体现在我们每个月的工作总结中，在我们年级部，每个月每个老师都会提交工作总结，这个工作总结一般都是老师们对自己近期所教课程的反思……一般刚来的老师都写得很认真，都是把教学与自身的专业发展结合起来，把反思教学与改进教学作为自己日常工作的一部分……不过实话讲，让每个老师一如既往地长期坚持下去真的是挺难的！另外，还有一部分教师深谙对自身工作进行反思的重要性，却困于无法掌握工作反思的技能，心有余而力不足呀！对于反思什么，怎么反思才能达到效果等疑虑重重。甚至有时候，你认为你花了大量的心思对教学进行了认真反思，可是在实际教学实践中，还是看不到有任何的成效，索性就不去浪费时间了。（2019.6.4－RZ－T3－W）

由此可见，由于已有的思维定式的桎梏，中小学教师将短期的教学任务与目标视为"脑中之轮"，囿于繁忙的教学事务中无法抽身，从而瓦解了教学反思之于学习自治力的重要价值与意义，搁置了教师作为教育领导者主体首先要进行自我领导的意识。而事实上，无论是笛卡尔提出的"我思故我在"，还是卡西尔将"认识自我"视为人的基本职责，无一不是强调"思考"对于主体存在的意义。因此，在智慧学习新生态下，中小学教师更应强调自我反思，借助教学实践中的反思，发现例行化行动中的误识，对其在教学实践中习以为常的错误的认知进行澄清与纠正。毋庸置疑，单凭个体的教学经验总结，不可能帮助中小学教师成为一名优秀的学习领导者，换言之，中小学教师应首先明确其教学观念、教学方法能否精准地为改进学生的学习服务，即只有认清其教学经验是否有谬误，才能进一步促使其学习领导效能的提升。由此，对实践进行反思本身就是一项中小学教师自我学习领导的行动，应成为教师日常工作的一部分。

二 学习教导力：知能欠缺，范围受限

学习教导力是教师完成教书育人使命，实现教师学习领导力内在意义的直接路径。具体而言，中小学教师的学习教导力包含两个方面：一方面是教师在教学实践中对学生的学习教导，引领学生掌握自主学习的能力，这一点较为容易理解。另一方面，学校本身就是由学习共同体构成的、致力于成长与成才的场域，也就是说，学校不仅是学生学习的地方，也是教师相互学习与发展的场所。从这个角度来讲，学习教导力即为教师的一种特别的引领教育专业理想的能力。它可以体现为教师积极营造同事间的学习氛围，乐于分享与交流，善于引导与激发，以不断提升教师群体的专业素养和教学知能。经调查发现，在学习教导力这一维度上，绝大多数的中小学教师具备学科专业知识，而关于学习的科学知识以及与领导学相关的知识则较为匮乏，以致不能够有效扩展学习教导力发挥作用的范围，而仅仅局限于课堂上，对教师同伴群体产生的影响作用则比较微弱。在访谈调研中发现，大部分中小学教师表示，他们会得到骨干教师或其他优秀教师的帮助并受到其影响，而且这些影响主要表现为骨干教师会给予他们教学知识与技能方面的指导和帮助。此外，也有几位老师在访谈中提到他们时常会受到骨干教师高尚人格魅力的鼓舞。但是，就整体而言，中小学教师学习领导力在学习教导力维度上尚存在以下较为突出的问题。

（一）相关领导知识储备不足

OECD将知识社会背景下教师所应具备的知识分为四种，即"明白是什么的知识""明白为什么的知识""明白如何做的知识"与"明白是谁的知识"[①]。当前，中小学教师的知识储备主要聚焦在前两种类型

---

① Juan Manuel Moreno, Learning to Teach in the Knowledge Society, http://siteresources.worldbank.org/EDUCATION/Resources/278200-1126210664195/1636971-1126210694253/Learning_Teach_Knowledge_Society.pdf.

上,而对于"怎么做"这样的策略性知识,尚不能被明晰地控制和掌握,而在知识的认知与归属这一类型上的表现则更为差强人意。我国学者林崇德对教师应具备的知识也给出了界定,他认为:"教师知识应包含本体性知识、条件性知识、实践性知识以及文化知识。"[①] 也就是说,教师的专业知识包含了本体性知识,即学科知识;条件性知识,即教育学、心理学知识;实践性知识,即与课堂情境相关的知识。由此看来,我们可将教师知识视为一个系统的知识群。系统、完善的知识群是教师胜任学习领导者角色的核心和支点。

通过对问卷调查的结果进行统计发现,首先,"具备扎实的学科知识"这一题项的平均值达到了4.347,这表明绝大多数的中小学教师已经具备本体性知识。其次,"能够清晰表达、传递知识""能够有效维持课堂秩序""教学设计注重满足学生的个性化学习需求""引导学生进行自主学习""对学生给予适时的激励""客观、多元评价学生的学习成效"这些题项得分的平均值分别是4.071、3.843、4.120、4.067、3.794、3.712,这表明我国多数中小学教师已具备教育学、心理学等实践性知识,能够有效地开展教与学的实践活动。但是,"具备丰富的关于学习的科学知识""实时跟踪学习领域的最新知识"以及"为学生创设丰富的关于学习的情境"这三个关于教师策略性知识的得分却明显低于以上题项,甚至"具备丰富的关于学习的科学知识"这一题项得分的平均数仅为2.165,这表明我国中小学教师对最新教学手段及学习科学的最新进展与前沿的理解与把握程度还不够,作为学习领导者的知能欠缺。

在对部分中小学教师进行访谈中也得出了同样的结论:受访者CL小学的Z老师说:

> 刚开始工作那会儿总是觉得知识储备不够,每天都会琢磨着怎么能够教得轻松,学生又学得快,大概摸索了两年多吧,哎,后来

---

① 林崇德:《教育的智慧——写给中小学教师》,北京师范大学出版社2005年版,第89页。

慢慢觉得就越来越上手了，感觉教学生也不那么累了，我们那时候刚来这个学校教课的时候，课程和大纲没现在变化得快，今年备的课，写的教案，明年还可以用呀……（发出哈哈的笑声），现在不一样了，内容两年就不一样了，讲课的教学模式也变了，上课前要做好课件，要找音频、视频，有时候还要把学生带出去……总是感觉跟不上年轻老师的步伐呀……（发出哈哈的笑声）（2019.6.4 - CL - T1 - Z）

她的同事 K 老师也谈道：

关于教师该具备哪些知识这个问题，我还是很有感触的，在 XX 师范大学上学的时候，学院对我们的考核很严格，每门课程的老师都要求我们自己设计教学方案，记得那时候每周都有说课实践，学业压力很大。后来，到这里参加工作后，还发现当时真没有白学，都用到了。……现在也会关注一些新的教学方法，前几天还在网上学思维导图的做法，自己学吧，有时候也有困难，遇到困难进行不下去了，就搁浅了……（2019.6.4 - CL - T2 - K）

由此表明，我国中小学教师作为学习领导者已经具备丰富的学科知识与课堂教学的基本技能，但"重智轻术"的情况仍然存在，且这一点在我国县级以下教师中表现得尤为明显。一方面，中小学教师忙于追逐近期应试考试的考核目标，关注专业知识的获得与应用，从而忽视了关于学习的科学知识的积累与转化。另一方面，对学习领域前沿的关注与思考欠缺，接受的信息量有限，导致其很难将智慧学习、创新学习以及协作学习等新的学习技能应用于自身的教学实践中。在人工智能最大限度地赋能教育的时代背景下，学生学习需求趋于个性化、多元化，教学情境日益复杂化，教师若要胜任学习领导者角色，则要比以往任何时候更加关注学习科学的前沿以及拓展复杂情境下的教学策略。因此，紧跟学习领域的新变化，提升教师的学科教学知识水平、学科核心素养以及信息化教学、项目制教学方面的知识素养显得尤为迫切。

（二）学习教导力尚局限在课堂上

经研究发现，当前我国多数中小学教师学习领导的对象主要是其所教授的学生，中小学教师的学习领导力发挥作用的范围尚未超出课堂。在对中小学教师进行的访谈中，几乎所有的受访者都表示自己在课堂上对学生发挥的教导作用远远大于对同事产生的影响作用。而多数受访教师表示自己在学校层面的学习领导事务中的话语权比较微弱。以下一段对 SLR 小学一位普通教师 Y 老师的访谈记录就可以佐证。Y 老师说：

> 我个人认为想要成为一名合格的教师，还应该将主要精力投入学生身上，投入自己的课堂上，课堂对于老师来讲，就像土地对农民的重要性一样。另外，就像你之前提到的参与学校管理这件事情，其实在我看来，周围的老师对此并没有太多的想法，毕竟这些是学校领导层面的工作。（2019.6.4 – SLR – T1 – Y）

LY 中学的几位老师也表达了对教师领导作用实施范围的相关看法。一位教龄 15 年的八年级班主任 S 老师讲道：

> 在我看来，确切地说，教师也应该有领导力，而事实上，现实中的老师也发挥着自身的领导力。只是相比较来看，教师的领导范围与学校领导层面的范围不同，教师主要领导学生，学校领导主要领导教师的工作。一个是大范围的领导，一个是小范围的领导。（2019.7.1 – LY – T1 – S）

同一个办公室的受访者 W 老师也发表了自己的看法，她说：

> 在课堂上，老师就是一个领导者，她要领导学生的学习，比如，制订教学计划、实施教学、监督学生学习以及对学生的学习成效进行考核等，这些都可以称作教师开展的领导。（2019.7.1 – LY – T2 – W）

由上述分析可见，中小学教师学习教导力发挥作用的范围狭窄。其主要原因有：一方面，目前中小学校尚未注意为教师构建广阔的领导平台，为其发挥教导力提供良好的空间，学校领导采用的是上传下达式的管理方式，教师之间的横向沟通与交流渠道多为非正式，且不同学科之间的教师沟通渠道有限。另一方面，就一些承担领导职务同时又从事一线教学实践的中小学教师来说，他们处于学校领导的中层，通常兼任年级组长、教研室主任等职务。这样的任职会使他们从事双肩挑的工作，一来与基层一线普通教师一样，要开展教学工作；二来他们还肩负着中间领导层的职责，要负责传达学校领导的指示。而在现实中，由于这些肩负领导职务的教师对自身的学习领导身份没有明确的认知，因此，不免限于忠实地执行上级命令，注重凸显自身的领导职务，而忽视了其作为一名教学经验丰富、教学技能娴熟的优秀教师这方面。因此，他们对其他普通教师发挥的领导作用多是基于其行政上的领导职务，而自身潜在的非正式的领导力对同事所产生的影响则远远不及前者，令人甚感遗憾。最后，就教学一线的普通中小学教师而言，他们大多数能够实现对课堂教与学的领导，但是对课堂之外其他群体的学习所起的领导作用则极为有限，对教师群体起到的领导作用主要以非正式的交流渠道为主，多局限于教学经验的分享上。

三　学习变革力：意识匮乏，动力不足

经研究发现，当前我国中小学教师的学习变革力发挥的作用较为微小。具体表现如下：作为学习领导者的中小学教师，尚不能很好地理解和认知自身的变革者身份，尚不能捕捉作为变革者的关键素养。此外，中小学教师的创新意识普遍欠缺，即便有小部分中小学教师认识到开展学习变革的重要意义，但是囿于其开展学习变革的条件和机会，其变革动力不足。而归结其原因可以发现，这与当前我国中小学实施校长负责制的管理制度不无关系。可以说，由校长掌控学校的一切发展在很大程度上阻碍了中小学教师学习变革力的生成，造成了教师虽然有想法，但很难得到支持的尴尬局面。

(一) 创新意识匮乏

关于"开展学习领导实践需要转变传统灌输式的教学理念"这一

关于中小学教师学习变革意识的调查结果如图4-3所示，选择"完全不符合"的占12.76%，而选择"比较不符合"的占35.31%，有31.44%的教师认为"一般符合"，有15.72%的教师对这一问题认为"比较符合"，仅有4.78%的教师认为"完全符合"自己的情况。由此可见，累计共有48.07%的中小学教师在开展学习领导实践中尚不能做到对传统教学理念的改变，总体上有79.51%的教师群体不能完全意识到对学习理念变革的必要性。

在访谈中部分受访者对教师的学习变革意识给出了自己的看法。例如，TX中学的G老师在接受访谈时讲到：

> 对教师的创造性教学实施得好不好这个标准一定还是学生最有发言权，老师教得好不好，他们自己心里很清楚。所以我觉得要想吸引学生，最重要的是你对这门课程、对学生的认真投入，敢于挑战传统的"满堂灌"式的教学方式。……教师开展新项目或者做课题研究，都特别希望能够获得创新性的成果，可是自己的能力有限呀，没有上级领导层面的支持和同意，就算你尝试开展教学变革，其他老师会跟着你一起行动吗？所以说，没有领导层面的认可是根本行不通的，是没有同事会支持的。另外，要说能提升自己的学习领导力，那还得从上好课，教好学生做起，这是一个很重要的标准。(2019.9.7 - TX - T1 - G)

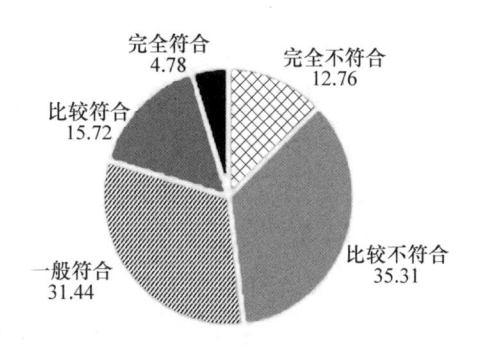

图4-3 中小学教师学习变革意识情况（%）

在谈及教师学习变革意识不足的原因时，TX 中学的 Q 老师做了以下回答：

> 教师为什么没有这种想要变革的想法，或者说有这种想法为什么不提出来呢？其中很大的原因就是缺乏学校行政领导的支持、鼓励，没有群策群力的氛围，很多教师大的变革行动很难拿到桌面上进行讨论。就比如，在我们学校，上级要发一个通知，做一个决定，领导基本上不会先征求大家的意见，但是，他们会在会议上征求老师们的意见，你看，这个时候决策都制定出来了，再征求意见，老师们还会有什么变革的动力呢？因为大家都认为变革学习是学校领导层面做的事情呀，这就等于教师的变革意识被磨灭了，虽然会照着做，但大家心里其实是有意见的，搞得有点拧了……(2019.9.7 - TX - T2 - Q)

调查发现，教师学习变革意识欠缺的主要原因在于完善的变革机制以及激励机制的缺失，教师自身意识难以触及变革层面。一方面，学校环境对教师学习变革力的引导和激励不够，教师没有实施变革的权利，始终只是各种政策的忠实执行者，久而久之，教师的变革意识逐步消解。另一方面，在教育政策方面没有制定相应的规则、程序以及相应的保障手段和途径，这就使得教师自身的变革思维难以被激活。

（二）变革动力不足

关于"主动争取学校层面的变革支持"这一中小学教师学习变革行动的调查结果如图 4-4 所示，有 4.33% 的教师选择了"完全不符合"自身的情况，有 30.07% 的教师认为"比较不符合"，有 29.84% 的教师认为"一般符合"，有 24.37% 的教师对这一问题持比较肯定的态度，仅有 11.39% 的教师认为"完全符合"自己的情况。由此可见，累计共有 34.4% 的中小学教师在开展学习领导实践中尚不能做到主动争取学校层面的变革支持，总体上有 64.24% 的教师群体的学习变革动力不足。

在问卷结果统计中发现，"就学习领导问题，向学校领导积极提出

主动争取学校层面的变革支持

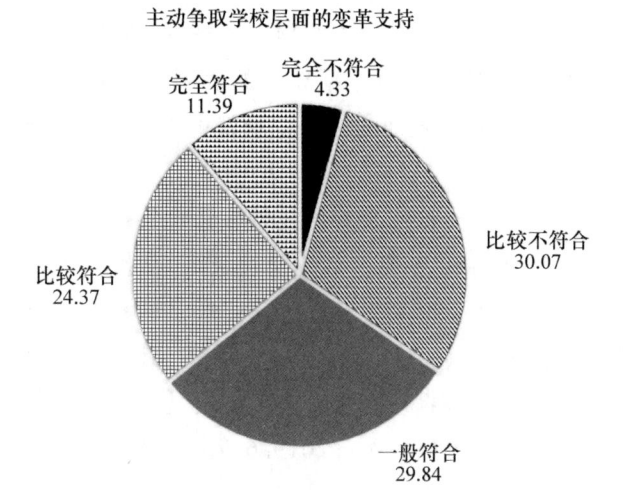

- 完全符合 11.39
- 完全不符合 4.33
- 比较不符合 30.07
- 一般符合 29.84
- 比较符合 24.37

图4-4 中小学教师学习变革动力情况

个人的意见""主动争取学校层面的变革支持""参与学校教学计划制订""对学校校长的领导方式很满意"这几个题项的得分均在平均水平2.5分以下。甚至"就学习管理问题,向学校领导积极提出个人的意见""主动争取学校层面的变革支持"这两个题项的平均得分还不到2分。由此,笔者借助对校长与教师的访谈对教师学习变革力动力不足背后的原因进行分析。

经访谈发现,一些校长对其领导者职务与教师学习领导者的身份存在认知错乱,认为校长负责制就是校长全权负责学校管理工作的一切,就是校长一个人说了算。以下是对一位SLR小学S副校长的访谈记录:

> 上级给我安排的任务,我是不是一定要保质保量完成呀,不能推脱。你看老师们也有自己的工作,要上课、要改作业,如果把工作推给他们,完成工作需要各种沟通,完成不了或者出现差错还得我担责任呀。(2019.6.7-SLR-M1-S)

以上访谈内容表明,校长集权式的领导方式是当前阻碍中小学教师学习领导力发挥作用的重要因素。

另外，研究发现，中小学校长的领导风格以及对待教师作为学习领导者所持的态度也会对教师学习领导力的发展产生重要影响，以下对 SLR 小学一位普通教师 Y 老师的访谈记录就可以佐证。Y 老师说：

> 在教代会上，校长还有其他校领导让我们提建议时，我们才会提一些感觉很有用的意见。但是提完意见后也没什么实质性的变化。去年，我和几个同事提过关于同一科目的教师集体备课，还有学生月考安排的建议，当时 X 校长说提议很好，说会想办法落实，可是这都快一年了，也没有什么改变，还是以前的老样子，你说我们提建议还有什么用呢……（2019.6.7 – SLR – T1 – Y）

校长作为学校发展的灵魂，其领导风格与领导方式对学校变革起着主导作用。一方面，校长突破领导权威的认知，将自身视为教师队伍建设与发展的引领者，采用民主型的领导方式，鼓励教师进行公开、平等的对话。能够换位思考，考虑教师群体的诉求。另一方面，校长若能关注教师群体的差异性，激励教师发挥各自的特长与优势，使每一位老师都能参与到学校的管理和建设中，才能够真正发挥集体的智慧与力量。

四 学习决策力：认知偏差，行动迟滞

中小学教师对其作为学习领导者身份的认同是提升学习领导力的前提。学习决策力是教师学习领导力的核心。若要将中小学教师的学习决策力落到实处，教师自身对其作为学习决策角色的认知，对其如何成为合格的学习决策者应有明确的认识，这是其发挥学习决策作用最基本的一步。同时，教师只有对自身角色与工作具有极高的认同度，才会从工作中找寻到归属感，进而才会为自己的工作奔走呼号。调查发现，中小学教师的学习决策力的平均值为 2.781 分，明显低于学习自治力与学习教导力的平均分，同时，教师学习决策力这一维度下 9 个题项的平均分与同一题项得分的极大值与极小值差异较大，这表明中小学教师群体之

间学习决策力的发展极其不平衡。在访谈中发现，多数中小学教师认为自己仅是教学实践活动的参与者与教育政策的执行者，更有教师对其学习决策者的角色表示不认同，进而在开展实践时其学习决策意愿牵强，浪费了决策机会，使得学习领导实践收效甚微。

（一）角色认同偏差

通过对问卷调查的结果进行统计发现，关于对学习决策者角色的认知、践行学习领导者角色的意愿的相关情况如下：在"认为自己是学校教育决策者中的一员"这一题项上，勾选"完全符合""比较符合""一般符合""比较不符合"与"完全不符合"的比例分别是7.91%、13.84%、24.33%、34.33%和19.59%（如图4-5所示），其平均得分只有2.367分，尚未达到中等水平。

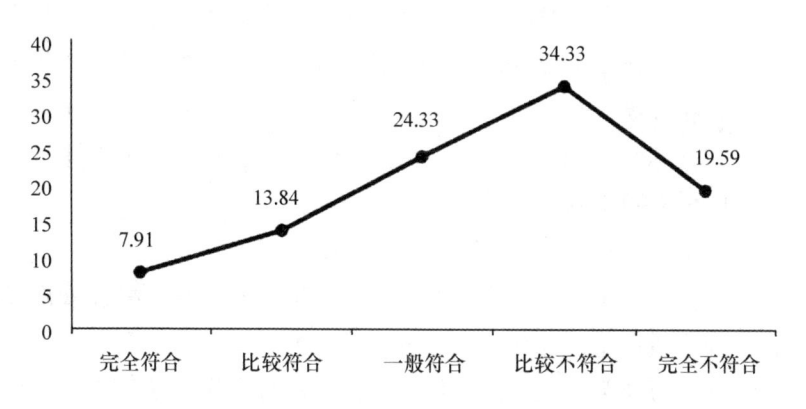

图4-5 中小学教师对学习决策者角色的认知情况（%）

此外，在对中小学教师进行访谈中也得出了一致的结论。在问及"您认为老师应有哪些职责"这一问题时，RZ中学的H老师回答道：

> 最大的职责就是教好学生，上好课，能教给学生想要的、想学的东西就是一个合格的好老师……学校的教学计划、课程大纲都在开学初就会发放到每个教师的手上。拿我来说吧，每个学期的教学任务都不轻，每周课都安排得满满当当，除了批改作业、备课外，基本上没有时间参与学校的其他活动，自己想学点感兴

趣的东西，顶多坚持几天就不行了，事情太多太忙了……当然，学校决策都是上面领导制定的，我们普通教师不用管这些事情的，我们要做的是管好课堂，上好课，教好学生就行了呀。(2019.6.4－RZ－T1－H)

同时在访谈中，受访者 HD 中学的 C 老师说：

在我们学校，没有什么文件或者规章制度规定教师有决策权，教师的学习决策权这个事儿很多老师都不清楚，你说教师能有哪些权利呢？教学的权力呀，教书育人是教师的权力，也是教师应当负的责任。像你前面问到的教师参与决策和管理学校哪些事务？这个就比较难统一了。我理解你说的这种学习决策力，就是说教师自身自行决定所教班级内的一些课堂管理事务吧，一般意义上教师决策权就是在班级内部发挥的，而学校层面关于学习的决策主要是像我们年级主任、教研组长这种有领导职务的人员才有的权力吧。(2019.6.8－HD－T1－C)

中小学教师自身对其作为学习领导者的认可度普遍不高且重视程度不够，认为保质保量地完成教学任务就是对本职工作的最大负责。阻碍中小学教师学习决策力发挥的首要因素是其对自身作为学习领导者角色的认知偏差与缺位。自 20 世纪 70 年代以来，"对教师赋权增能"是西方教育领域一直呼吁的。其核心旨趣是要求教育管理者能够转让一些权力与责任给教师，使得教师共享教育领导权，让教师在权力行使中增强其能力。更有学者对应赋予教师怎样的权力进行过探讨。由此可见，教师领导权力与责任的明晰是其发挥学习领导力的有力保障，具体来说，教师的学习决策权力应包括参与学校学习愿景的制定、课程研定、教学计划的安排以及学习环境的建设等。①

---

① 曾文婕、黄甫全：《美国教师"赋权增能"的动因、涵义、策略及启示》，《课程·教材·教法》2006 年第 12 期。

但是，从问卷调研结果中可以发现，教师的学习决策权并非真正全部得到了落实。一方面，面对现实中学校管理的复杂性，学校领导不免会对放权产生担忧，这是因为作为学习决策对象的中小学教师还存在一定的局限性，学习决策者仅指部分教师，如教学经验丰富的骨干教师、学科带头人等，尚未强调教师人人都可成为学习决策者。另一方面，学校对教师的学习决策秉持双面的态度，既想鼓励教师参与决策学校的学习领导事务，为学校改进与发展建言献策，又似乎很吝啬放权，认为教师还是应做好本职教学工作，因而在这种博弈中，教师的学习领导权责不清不楚，对中小学教师的学习决策权责并没有做出相应的明确的规定，教师对待自己作为学习决策者有哪些权力，应当负什么样的责任并不清楚，进而让教师在学习决策实践中"心有余而力不足"。

（二）决策意愿牵强

在"乐意参与教与学活动中的各项决策"这一题项中，被调查者勾选"完全符合""比较符合""一般符合""比较不符合"与"完全不符合"的比例分别是 10.13%、21.84%、23.37%、34.19% 和 10.47%（如图 4-6 所示），其平均得分为 2.816 分。这表明我国中小学教师作为学习领导者参与学习决策的意愿不高。

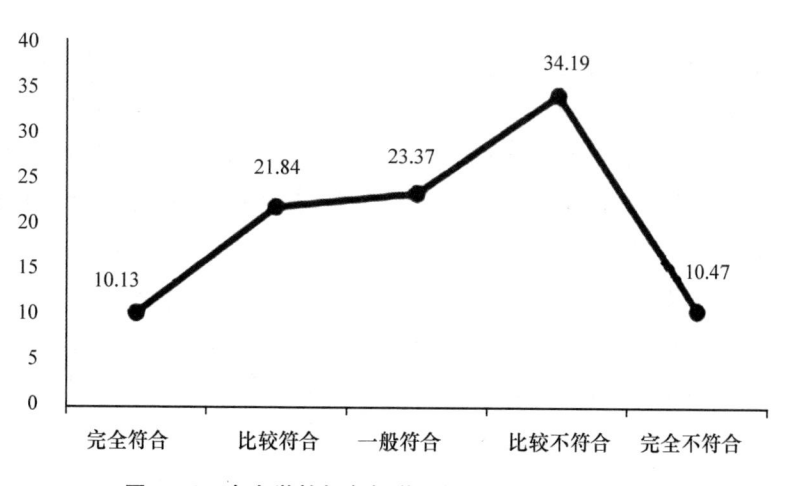

图 4-6 中小学教师参与学习领导的意愿情况（%）

在访谈调查中，受访者 HD 中学的 M 老师说：

  我理解的教师参与学校决策就是通过参加教师代表大会对学校的学习管理事务进行举手表决。在我们学校，有的时候会召开教代会让老师根据自己的意见举手表决，那也不是真的参与决策，最后还要看领导通不通过，不是你提什么要求就算数的呀！在这种情况下我一般都会保持中立，因为你的决策意见不重要呀，最后还是校领导说了算的。（2019.6.8 - HD - T2 - M）

而另一位教师 F 老师接着补充道：

  我们学校领导还是很重视教师的意见与建议的，一般情况下都会尊重教师提出的建议，还会找老师座谈主动听取基层的声音，但是很多同事一般都不愿参加这样的提建议做决定的活动和会议，觉得自己的领导能力不够，提不出好建议吧。另外也怕提出的建议对其他同事不利，得罪其他人呢！在我们办公室，那些热心的骨干教师还是比较愿意参与决策的。（2019.6.8 - HD - T3 - F）

  从上述访谈中我们可以看出，部分教师对学校的学习管理事务提出了建议和想法，至于是否落实和如何落实还是取决于校长及其领导班子。而身居一线教学岗位的教师也表示，学校并没有为普通教师发挥学习决策力提供正式的渠道，只是在口头上鼓励教师积极提意见，其实，教师发挥学习领导力的空间不足、渠道狭小。由此不可避免地造成了教师认知中"决策是学校领导者的权力，教师不是学习决策者"的偏差。在现实中教师代表大会作为教师参与学习决策的保障政策，有名无实，流于形式，教师学习决策权责不明等也是造成教师参与意愿牵强的重要原因。

五　学习合作力：浅表合作，学做分离

  学习合作力是教师学习领导力的重要构成维度之一。教师之间的合

作与学习是一种以共享交流、互助成长为主要表征的专业成长方式。孔子曰："三人行，必有吾师焉。"毋庸置疑，开展学习领导仅靠一个教师领导者单枪匹马地识别机会或者发现和解决问题是不行的。要发挥出学习领导力的最大效能，就必须联合同伴，群策群力，教师间的学习交流与分享，能够使每个教师发挥所长进而促使整个教师队伍的成长。

调查发现，"倡导同事之间的合作与学习""与同事一起解决教学中的冲突与矛盾""与同伴合作开发学习资源"等几个关于教师群体合作题项的平均得分都达到了中等水平。在教学实践中，中小学教师之间合作与交流的频率与效能相对来讲，还不能促使其成为优秀的学习合作者。对访谈结果进行整理发现，就群体而言，骨干教师群体对于带新手型教师以及与其合作教研均表现出相对保守的态度；而新手型教师则表现出胆怯、顾虑，个别熟手型教师则对于教师群体间的合作学习存在认知上的偏差。研究发现，现实中的中小学教师之间的合作尚存在诸多问题，如中小学教师多是以某项工作分工为条件的，由此展开的合作多是浅层次的，并不能达到学习合作力的标准。另外，一些学习合作仅仅是理论层面的，或者这些合作因未全面考虑不同教师的个体差异而造成了学与做分离的局面。究其原因是缺少学习共同体支持和学习合作缺少相应的激励机制。

（一）任务分工的浅表合作

把握教师角色的外在规范与内在自觉之间的张力。长期以来，中小学教师的角色价值主要是以外在取向为主，进而教师在教与学实践中往往会按照社会规定或期望的角色规范践行职责。当前的中小学教师合作，多是以学校的行政指示为中心展开的，很少有教师自发主动地开展与其他同事的合作。尽管当前有不少中小学都形成了师徒结对、集体备课的合作教研模式，但是这些都离不开学校的行政指示，因此，也要求其按照一定的程序开展。事实上，学校领导层面的做法原本是无可厚非的，只是在实践中出现了偏差。首先，在确定参与合作的相关人员时，行政指示可以起到明确高效、简化环节、节省时间的作用，但却忽视了不同教师的参与意愿和教师自身的能力与合作任务的适切性。另外，中小学教师参与合作的目标是完成某项工作任务和分工，这种合作依然没有摆脱教师各自为政的局面，而合作的结果不免是各自任务的拼凑，或者是闲聊，过后其自身能力依旧停留在原有的水平上，并无收获。

ZX 中学的 Y 老师讲道：

> 在我们学校开展的教师合作活动很多，如师徒结对、集体备课、课题组活动等，这些一般都是由教研室统一领导的。有些活动要求老师都要参与，不参加的话要向领导请假，而且理由要合适。而合作的形式一般就是"领任务"，就是对一个较重要的课题或者任务进行分工，老师们领到任务后回去认真完成，还要定期汇报进步和完成情况。(2019.6.22 – ZX – T1 – Y)

QJL 小学的 S 老师讲道：

> 我们办公室里教师的探讨和合作一般比较"接地气儿"，交流的常常是教师所遇到的一些比较棘手的教学问题，有的是师生关系如何处理，有的是如何帮助差生，还有关于如何与家长沟通的问题，等等。但是很多时候也只是吐槽一下，很难很快就找到原因和对策。(2019.6.20 – QJL – T1 – S)

而另一位刚转岗两年半的英语老师 Z 老师则表示：

> 以前我在 C 乡镇的 X 中学教两个班的英语，今年刚来，现在遇到最头疼的问题就是我不但要带三、四班的英语，还要当三班的班主任，以前没有做班主任的经验，上个学期一学期下来感到心力疲惫，看到其他老师带班也没有那么难，自己就不行，我就感觉我们班的学生特别能闹腾……有时候也很想去主任那儿反映一下情况，请教一下怎么样把班带好，可是……（停顿片刻）你知道吗？我班同学的基础比别的班差，纪律不好也不令人意外，和他们的情况不一样，也不知道该怎么请教……"(2019.6.7 – WL – T2 – Z)

从上述分析中可见，当前我国中小学教师开展的学习合作多是基于行政指令下的事务性合作。事实上，教师同伴之间的合作促成应建立在参与者主动、自愿的基础上，而且合作群体之间应当是平等的，可以无顾虑地进行开放式的交流，营造出一种良性互动关系以共商教学事务，这才是学习合作的有效路径。此外，在调查中还发现，骨干教师在学校中的学科专业地位、群体教师示范的重要影响力度不够，很多骨干教师以自身年纪大为由选择保守观望或者仅关注课堂。年轻教师的主动合作意识欠缺，而事实上，年轻教师主动寻求与骨干教师的合作与帮助，可以聚合教师群体的力量，形成教师专业学习社群，骨干教师发挥自身的领导魅力，对年轻教师产生潜移默化的影响，可以促进学习共同体的构建。而由此生成的良性发展的"帮带""帮扶"的合作文化也是学校可持续创新与改进的宝贵资源与经验。

(二) 学与做的疏离与脱节

调查发现，在中小学教师开展的合作学习实践中，合作形式、内容与流程的确定大多是自上而下的，体现的是学校领导的意志，体现的是教育大环境下的教育需求。

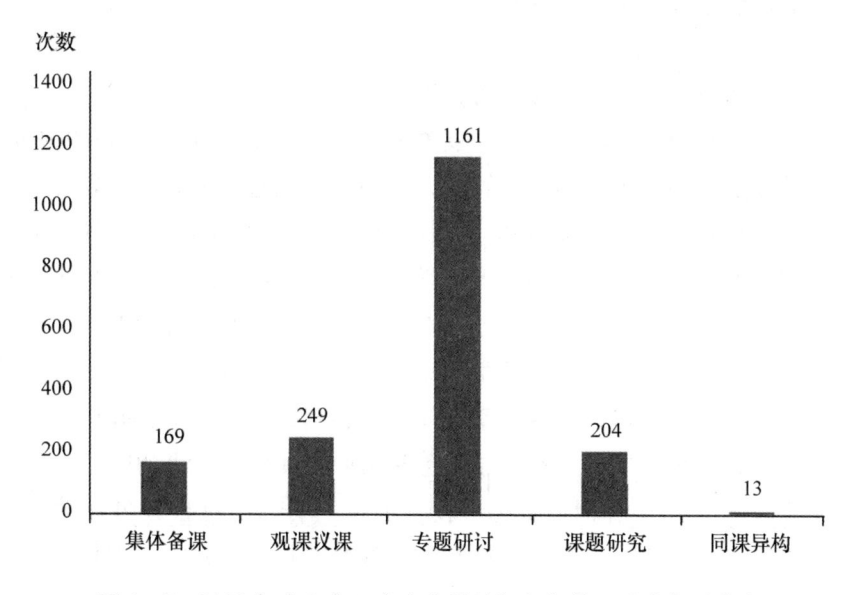

图 4-7　2018 年度 S 省 Q 市中小学教师合作学习活动类型统计

从图4-7可知，教师开展学习合作的基本模式主要有以下几种：合作小组之间开展的专题研讨；对某一教师的课堂教学进行集体观课并给予改进评价与建议；同科目教师或就某一感兴趣的主题合作进行课题研究，以及教师群体间开展的集体备课等。整体来看，中小学教师合作学习的模式还是不够丰富，并且合作主体没有发生较大程度的变化，仍然局限于同科目或同年级的教师之间。笔者在访谈调研中也发现：中小学教师开展合作学习的内容和形式均由学校领导做出决策，而中小学教师自身并没有多大程度的话语权。

综上所述，教师合作学习并没有将教师个体的实际学习要求纳入主要的考虑范围。在很大程度上，中小学教师只是按照行政命令去执行决议，由此可知，这种合作是缺乏针对性的、忽视教师个体发展需要的。另外，教师对其自身在合作学习中的角色认知较为混沌，阻碍了其专业优势的发挥。长此以往，这种背离教师专业成长规律的合作势必会造成研修效果的低下。事实上，新教师对于培训内容的需求更倾向于实践性、操作性、系统性较强的专业内容以及对真实情境中真实问题的解决，而不是缺乏实际操作性的口号。此外，共同体整齐划一的研修内容已经无法满足成员个性化的需求。

六　学习感召力：信念乏力，视域狭窄

中小学教师的学习感召力与其有着坚定的教育信念、优秀的修养、扎实的专业知识、丰富的教学智慧以及领导潜能密不可分，它表现为可以起到一种潜移默化地吸引其他人的作用。中小学教师的学习领导力首先体现在对学生的吸引和感染上，学生对教师的追随除了由行政权力驱使外，更重要的是学生发自内心的尊敬和崇拜，进而在行动上产生追随和学习的渴望。此外，教师的学习感召力还体现在自身的教育信念、教育情怀、师德和人格品质在同事群体中所起到的榜样示范、鼓舞引领作用上。调查发现，中小学教师学习感召力尚存在较为严重的问题。一是中小学教师的教育信念不坚定，教育理想不明确，对教育事业缺乏激情，不愿接受挑战。二是中小学教师的教育视野不够开阔，教育境界需要提升。

(一) 教育信念不够坚定

笔者在问卷中设计了"认为教师这一职业是一生不遗余力要做好的工作"和"以身示范引领他人"这两个题项,呈现的结果如图4-8所示。在"认为教师这一职业是一生不遗余力要做好的工作"这一题项中,勾选"完全符合""比较符合""一般符合""比较不符合"与"完全不符合"的比例分别是3.37%、13.65%、24.41%、54.33%和4.24%,而该题项的平均分仅有1.833分,明显低于其他题项。由此表明,我国中小学教师的教育理想与信念明显偏低,说明中小学教师虽然专业能力较强,但是缺乏坚定的理想信念,对教育工作缺乏激情,不愿接受挑战。

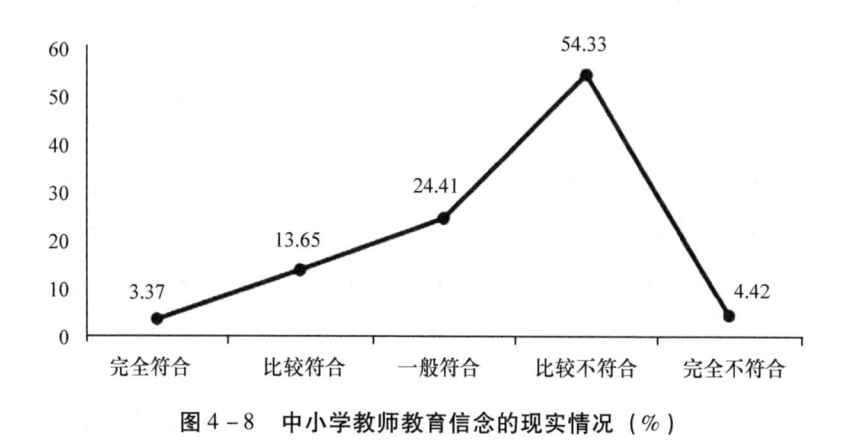

图4-8 中小学教师教育信念的现实情况(%)

在访谈中,两位中学老师表示了他们的困惑。WL小学的M老师谈道:

> 我在教学工作中,总是想法设法尽可能多地教给学生一些知识,希望他们活学活用,对借助自己的人格魅力吸引和感染学生这件事真还没有特别注意过。我对学习感召力的理解是,一般而言只有名师名家才会有感召力,普通老师这个就可能弱了。虽然每个老师身上都有优点……我觉得我当时考编制当老师的很大一部分原因就是觉得教育事业稳定吧,当老师又有寒暑假,多好啊!现在虽然

说教师工资不高,但你看还是有很多师范生和非师范生毕业后愿意当老师的。(2019.6.7 – WL – T3 – M)

在不同的访谈地点,SLR 小学的 G 老师谈到了自己教学激情由强变弱的原因:

刚刚参加工作来到我们学校的时候,还很年轻,干劲很足,不知疲惫,每天备课查资料、跟师傅观课学习,工作很充实,对学生学习和班级管理中出现的问题总是千方百计地要搞明白,向优秀教师请教,收获很大,很有成就感。现在老了,马上就要退休了,应该让年轻老师多参与,很多出去学习培训的机会一般都不会主动争取了,还是让年轻老师去吧,学校的一些比较重要的课题项目也倾向于鼓励年轻老师多参与。(2019.6.7 – SLR – T2 – G)

调查发现,当前中小学教师普遍重视学科知识与能力的提升,将"教书"视为本职工作,对"育人"则缺少相应的关注,从而较为忽略教师自身的人格魅力对学生的影响作用。同时,中小学教师的教育信念不够坚定,教师在情感投入方面的情况令人担忧,有些教师对工作的热情度不高,对教师职业有了倦怠感,未能较好地担当起自身的责任。还有一部分中小学教师的学习热情不高,工作不能全情投入,未能起到表率的作用。

(二)教育视野不够开阔

对问卷调查结果的分析发现,在"具备开阔的学科见识和视野"这一题项中,勾选"完全符合""比较符合""一般符合""比较不符合"与"完全不符合"的比例分别是 7.91%, 23.84%, 24.33%, 34.33% 和 9.59%(如图 4-9 所示),而该题项的平均分仅为 2.472 分。由此表明,中小学教师缺乏高瞻远瞩的理论视野来指导自身的教育实践。

同样采用访谈来予以佐证。部分受访者谈到了自身的教育视野与学校愿景、文化以及目标的关系。WL 小学的一名骨干教师 M 老师说:

图 4-9 中小学教师教育视野的现实情况（%）

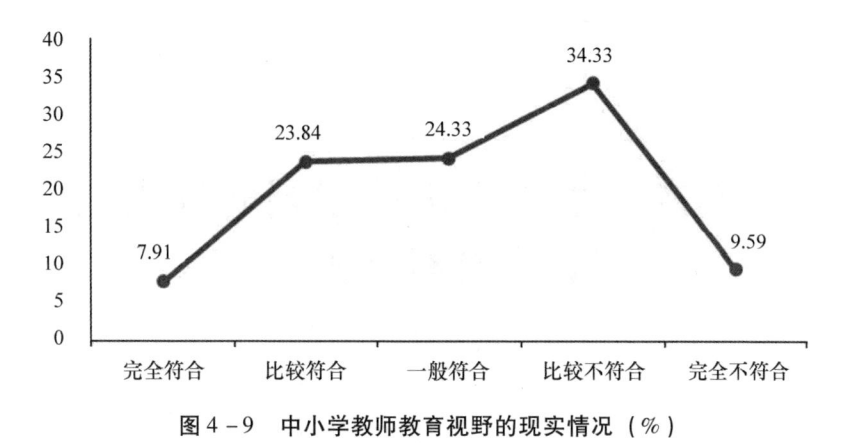

我觉得教师有没有远见卓识，能不能践行好"立德树人"的教育目标，这与学校层面有很大的关系。学校愿景中有的目标就会对教师的行动起到引领作用。学校文化氛围也是一样的。教师群体如果拥有共同的发展愿景，民主和谐的组织氛围，合作分享的学习环境，很显然能够开阔教师的教育视野，还能够增强教师队伍的凝聚力和向心力，提高教师的工作热情与积极性。（2019.6.7 - WL - T3 - M）

基于上述分析，笔者认为，中小学教师教育信念不够坚定，教育视野不够开阔的原因主要可以归结为以下几个方面：首先，中小学教师自身的责任意识与成长意识欠缺，过多关注教学实践中专业知识与能力的传授，忽视了教师人格魅力对教育场域中其他主体的影响。其次，教师教育体系中尚未关注到教师教育信念的考察，对教师从教的品格、素养、文化、魅力等精神影响力缺乏培养，这无疑是教师职业技能训练过程中的薄弱环节。最后，中小学校是教师学习领导力生成与发展的最直接场域。学校愿景与学校文化会对教师的教育情怀、教育理想与教育信念产生潜移默化的作用。学校领导未充分考虑教师开展学习领导实践的动机、困难以及顾虑，未做好相应的激励与保障性工作。此外，对教师实施激励的理想举措应当是面向全体教师，并使之生出集体激励的效应，进而实现激励目标的最大化。

第五章　中小学教师学习领导力的影响因素分析

在全面考察中小学教师学习领导力发展状况的基础上，本章将继续深入探讨中小学教师学习领导力的影响因素。研究发现，中小学教师学习领导力的影响因素既有中小学教师自身的主观因素，也有客观因素，主要体现在中小学学校环境、教育政策与教师教育方面。例如，学校环境尤其是学校制度环境、文化环境与管理环境对其的影响较为明显。本章将从中小学教师自身层面、中小学环境层面、高校的教师教育层面以及政府的教育政策层面，对中小学教师学习领导力的具体影响因素进行逐一分析。

第一节　个体自身因素对中小学教师学习领导力的影响

为详细分析每一类因素对中小学教师学习领导力的影响作用，本节分别将中小学教师对学习领导者角色的认同度、对待学习的态度以及学习力作为自变量，将中小学教师学习领导力作为因变量，同时将调查对象的相关人口统计学特征作为控制变量，来分析中小学教师自身因素对其学习领导力的影响。

一　教师的角色认同

将中小学教师对其学习领导者角色的认同度作为自变量，将中小学教师的学习领导力作为因变量，借助线性回归分析，分析中小学教师的学习领导者角色认同度对其学习领导力的预测作用。其分析结果如表 5-1、表 5-2 所示。

表 5-1　　　　　　　　　　　模型汇总

	R	R^2	调整 R^2	标准估计的误差
1	0.701	0.513	0.573	0.411

从表 5-1 的模型汇总中可以发现，该模型的回归系数调整 R^2 为 0.573，这表明该回归模型在对样本量与模型中自变量的个数进行调整后，中小学教师对学习领导者角色认知这一变量对中小学教师学习领导力的影响程度所解释的比例为 57.3%。一般情况下认为，R^2 大于 0.1，表示模型可以接受，该模型的 R^2 为 0.513，由此可见，该模型具有足够的解释能力。

表 5-2　　　　　　　　　　　回归分析摘要

选出的自变量	Beta（β）	标准误差	t	Sig
认为自己是学习领导者中的一员	0.219	0.055	3.786	0.011
我应对学生和同事的学习负起责任	0.312	0.112	3.236	0.001
我以学习领导者的身份严格要求自己	0.294	0.357	2.997	0.000

由表 5-2 中的回归分析结果可以得出以下结论：

第一，该回归模型中所选自变量的 Sig 值小于 0.05，这表明中小学教师的学习领导者角色认同度这一因素作为自变量，即中小学教师是否认为自己是学习领导者，对其学习领导力的发展有着显著的影响。

第二，通过对 β 系数的解读，可以得到的实际意义是：中小学教师群体越是认同自己是学生和教师同伴学习实践活动中的引领者，就越有利于其学习领导力的发展。

综上分析，中小学教师学习领导者角色的认同度对其学习领导力的发展有正向影响。

二 教师的学习态度

将中小学教师的学习态度作为自变量，将中小学教师学习领导力作为因变量，对中小学教师学习领导力做线性回归分析，分析中小学教师的学习态度对其学习领导力的预测作用。其分析结果如表 5-3、表 5-4 所示。

表 5-3　　　　　　　　　　　模型汇总

	R	R^2	调整 R^2	标准估计的误差
1	0.673	0.563	0.532	0.651

从表 5-3 的模型汇总中可以发现，该模型的回归系数调整 R^2 为 0.532，这表明该回归模型在对样本量与模型中自变量的个数进行调整后，中小学教师的学习态度这一变量对中小学教师学习领导力的影响程度所解释的比例为 53.2%。一般情况下认为，R^2 大于 0.1，表示模型可以接受，该模型的 R^2 为 0.563，由此可见，该模型具有足够的解释能力。

表 5-4　　　　　　　　　　　回归分析摘要

选出的自变量	Beta（β）	标准误差	t	Sig
学会学习是 21 世纪重要的能力之一	0.237	0.244	2.851	0.030
具备勤奋刻苦的学习态度	0.216	0.153	2.002	0.000
十分认可"活到老，学到老"的学习理念	0.319	0.354	3.251	0.001

由表 5-4 中的回归分析结果可以得出以下结论：

第一，该回归模型中所选自变量的 Sig 值小于 0.05，这表明中小学教师的学习态度这一因素作为自变量，对其学习领导力的发展有着显著的影响。

第二，该回归模型中的标准化回归系数均为正数，这表明所选取的自变量对中小学教师学习领导力发展的影响均为正向。可以将自变量的实际意义解释为：（1）中小学教师越是认为"学会学习是21世纪重要的能力之一"，就越有助于提升其学习领导力。（2）中小学教师越是"具备勤奋刻苦的学习态度"，就越是有利于其学习领导力的提升。（3）中小学教师越是认可"活到老，学到老"的学习理念，就越有助于其学习领导力的发展。

第三，借助β系数绝对值大小的排序，可以得出中小学教师学习态度中各个自变量对其学习领导力发展的具体影响程度的排序为：（1）十分认可"活到老，学到老"的学习理念。（2）学会学习是21世纪重要的能力之一。（3）具备勤奋刻苦的学习态度。

综上分析，中小学教师的学习态度对其学习领导力的发展有正向影响。

三 教师的学习技能

为了进一步探明中小学教师的自身因素对其学习领导力的影响，笔者将学习自治力维度下的9个题项作为自变量，将中小学教师学习领导力作为校标变量，对中小学教师学习领导力进行回归分析，以辨明中小学教师的终身学习能力、创新学习能力、高效学习能力以及反思学习能力等自身因素对中小学教师学习领导力的影响作用。分析结果如表5–5、表5–6所示。

表5–5　　　　　　　　　　模型汇总

	R	R^2	调整 R^2	标准估计的误差
1	0.621	0.443	0.401	0.738

从表5–5的模型汇总中可以发现，该模型的回归系数调整 R^2 为0.401，这表明该回归模型在对样本量与模型中自变量的个数进行调整后，中小学教师的学习自治力中的9个自变量对中小学教师学习领导力的影响程度所解释的比例为40.1%。一般情况下认为，R^2 大于0.1，

表示模型可以接受,该模型的 R^2 为 0.443,由此可见,该模型具有的解释能力足够。

由表 5-6 中的回归分析结果可以得出以下结论:

第一,该回归模型中所选自变量的 Sig 值均小于 0.05,这表明中小学教师自身因素作为自变量,即包括终身学习能力、高效学习能力、创新学习能力、反思学习能力在内的中小学教师自身的学习自治力对其学习领导力的发展均起着显著的影响作用。

第二,借助对 β 系数的分析,可以将自变量的实际意义解释为:中小学教师越是重视 21 世纪学习能力的培养、学习态度越勤奋、学科知识越扎实、关于学习的科学知识越丰富、越偏好追踪学习前沿知识、所具有的高效学习能力、创新学习能力与反思学习能力越强,就越有利于其学习领导力的发展。

第三,借助 β 系数绝对值大小的排序,可以分析各个自变量对中小学教师学习领导力发展的具体影响程度。同时,在多元回归模型中的标准化回归系数均为正数,这表明所选取的自变量对中小学教师学习领导力发展的影响均为正向。另外,在多元回归模型当中,各个自变量对中小学教师学习领导力的影响都达到了显著,且"常使用思维导图、APP、云盘等学习工具"这一题项的标准化回归系数 β 最大,其次是"具备勤奋刻苦的学习态度""实时跟踪学习领域的前沿""具备丰富的关于学习的科学知识""教师是学习实践活动的直接领导者""具备扎实的学科知识""十分认可'活到老,学到老'的学习理念""经常反思自身的学习""认同学会学习是 21 世纪重要的能力之一"。

表 5-6　　　　　　　　　　回归分析摘要

选出的自变量	Beta (β)	标准误差	t	Sig
认同学会学习是 21 世纪重要的能力之一	0.209	0.055	2.235	0.001
具备勤奋刻苦的学习态度	0.224	0.036	2.382	0.027
具备扎实的学科知识	0.367	0.057	1.967	0.007

续表

选出的自变量	Beta（β）	标准误差	t	Sig
具备丰富的关于学习的科学知识	0.126	0.044	2.851	0.030
实时跟踪学习领域的前沿	0.106	0.053	2.002	0.000
十分认可"活到老，学到老"的学习理念	0.171	0.054	3.251	0.001
常使用思维导图、APP、云盘等学习工具	0.106	0.041	2.796	0.006
经常反思自身的学习	0.177	0.063	3.251	0.033
教师是学习实践活动的直接领导者	0.213	0.033	3.056	0.000

综上所述，以中小学教师学习自治力维度下的题项作为自变量，中小学教师学习领导力作为校标变量对其进行多元回归分析，得出了中小学教师自身因素对其学习领导力的发展有正向影响。具体而言，中小学教师对学习领导者的角色认同、自身的学习态度以及学习技能对其学习领导力的发展均有正向影响。

第二节 学校环境对中小学教师学习领导力的影响

为进一步探索学校环境因素对中小学教师学习领导力的影响作用，笔者分别将学校愿景、校长的领导风格、骨干教师的领导力以及学校的管理制度作为自变量，将中小学教师学习领导力作为因变量，同时，将调查对象的相关人口统计学特征作为控制变量，来分析学校环境因素对中小学教师学习领导力的影响。本节将逐一分析学校环境中的学校愿景、校长的领导风格、骨干教师的领导力、一级学校的管理制度四个方面的因素对中小学教师学习领导力所产生的具体影响作用。

一 学校的发展愿景

学校共同愿景的建立，不仅能够让教师对学校目标产生认同感，而且教师的积极性与主动性也会被激发出来，其学习领导潜能可以得到最大限度地释放。为了探明学校愿景对中小学教师学习领导力的影响，本节将学校愿景作为自变量,将中小学教师学习领导力作为因变量,同时,将调查对象的相关人口统计学特征作为控制变量,来分析学校愿景这一因素对中小学教师学习领导力的具体影响,分析结果如表5-7、表5-8所示。

表5-7　　　　　　　　　　　　模型汇总

	R	R^2	调整 R^2	标准估计的误差
1	0.683	0.567	0.413	0.487

从表5-7的模型汇总中可以发现,该模型的回归系数调整 R^2 为0.413,这表明该回归模型在对样本量与模型中自变量的个数进行调整后,学校愿景这一自变量对中小学教师学习领导力的影响程度所解释的比例为41.3%。一般情况下认为,R^2 大于0.1,表示模型可以接受,该模型的 R^2 为0.567,由此可见,该模型具有的解释能力足够。

表5-8　　　　　　　　　　　回归分析结果摘要

选出的自变量	Beta(β)	标准误差	t	Sig
学校建立了学习领导实践的共同愿景	0.129	0.418	3.033	0.000
十分认同学校建立的愿景与目标	0.432	0.211	4.071	0.002

由表5-8中的回归分析结果可以得出以下结论:

第一,该回归模型中所选自变量的Sig值均小于0.05,这表明学校愿景因素作为自变量,即中小学校是否建立了共同愿景、教师群体是否认同学校愿景对教师的学习领导力发展有着显著的影响。

第二,通过对β系数的解读,可以得到的实际意义是:(1)学校层面越是注重建立关于学习领导实践的共同愿景,中小学教师的学习领导力就越高。(2)中小学教师群体越是认同学校的愿景与目标,其学习领导力就越强。

第三,借助β系数绝对值大小的排序,可以分析各个自变量对中小学教师学习领导力发展的具体影响程度。由此可见,中小学教师对学校愿景与目标的认同程度大于学校是否建立了学习领导实践愿景本身。

综上分析,学校愿景对中小学教师学习领导力的发展有正向影响。

二 校长的领导风格

为了探明校长的领导风格对中小学教师学习领导力的影响,本节将校长的领导风格作为自变量,将中小学教师学习领导力作为因变量,同时将调查对象的相关人口统计学特征作为控制变量,来分析校长领导风格这一因素对中小学教师学习领导力的具体影响。分析结果如表5-9、表5-10所示。

表5-9 模型汇总

	R	R^2	调整 R^2	标准估计的误差
1	0.531	0.499	0.391	0.442

从表5-9的模型汇总中可以发现,该模型的回归系数调整 R^2 为0.391,这表明该回归模型在对样本量与模型中自变量的个数进行调整后,校长的领导风格这一自变量对中小学教师学习领导力的影响程度所解释的比例为39.1%。一般情况下认为,R^2 大于0.1,表示模型可以接受,该模型的 R^2 为0.499,由此可见,该模型具有的解释能力足够。

表5-10 回归分析结果摘要

选出的自变量	Beta（β）	标准误差	t	Sig
校长的人格魅力使团队产生认同感	0.433	0.723	3.764	0.001
校长经常与我和同事们对话与交流	0.406	0.431	2.055	0.004
校长鼓励教师积极参与学校的管理事务	0.449	0.568	4.603	0.021
校长制定决策时愿意听从教师的意见	0.632	0.451	4.178	0.000

由表5-10中的回归分析结果可以得出以下结论:

第一,该回归模型中所选自变量的 Sig 值均小于0.05,这表明校长领导风格这一因素作为自变量，即校长的人格魅力、校长的领导个性以及民主型的领导方式对中小学教师的学习领导力发展有着显著的影响。

第二，通过对 β 系数的解读，可以得到的实际意义是：（1）校长的人格魅力越是被中小学教师所认同，就越能够激发中小学教师的工作积极性，进而促进其学习领导力的发展。（2）校长与中小学教师群体保持对话与沟通，能够促使中小学教师学习领导力的提升。（3）校长越是鼓励中小学教师群体参与学校事务的管理，就越是能够促进教师学习领导力的提升。（4）校长越是在决策时愿意接受中小学教师的意见与建议，就越是能够促进中小学教师学习领导力的提升。

第三，借助 β 系数绝对值大小的排序，可以分析校长领导风格中各个自变量对中小学教师学习领导力发展的具体影响程度。由此可见，校长的决策风格对中小学教师学习领导力的影响最大，其后依次是校长对于教师参与学校管理事务的态度、校长的人格魅力以及校长与中小学教师群体的对话程度。

综上分析，校长的领导风格对中小学教师学习领导力的发展有正向影响。

三 骨干教师的带领作用

自 20 世纪 80 年代以来，美国提出的赋权教师参与学校运作和治理的倡议迅速得到世界各国教育理论与实践者的一致认同。在我国的教育实践中，较为普遍的做法是将骨干教师作为教师领导者，赋予其学科带头人、教研组长等领导职务来带领整个教师群体在学校运作中主动发挥领导作用。可以说，借助骨干教师引领全体教师的专业发展、促进学校改进、提升学校教育效能是国内教育政策的一贯诉求。[①] 为了详细了解骨干教师对中小学教师学习领导力的影响作用，本节分别将骨干教师与普通教师之间的互动作为自变量，将中小学教师学习领导力作为因变量，同时将调查对象的相关人口统计学特征作为控制变量，来分析骨干教师对

---

① 王绯烨、洪成文：《骨干教师对教师群体的作用和影响——基于教师领导力视角的个案探讨》，《首都师范大学学报》（社会科学版）2019 年第 4 期。

中小学教师学习领导力的影响作用。分析结果如表 5-11、表 5-12 所示。

表 5-11　　　　　　　　　　　模型汇总

	R	R^2	调整 R^2	标准估计的误差
1	0.539	0.426	0.388	0.564

从表 5-11 的模型汇总中可以发现，该模型的回归系数调整 R^2 为 0.388，这表明该回归模型在对样本量与模型中自变量的个数进行调整后，骨干教师这一自变量对中小学教师学习领导力的影响程度所解释的比例为 38.8%。一般情况下认为，R^2 大于 0.1，表示模型可以接受，该模型的 R^2 为 0.426，由此可见，该模型具有的解释能力足够。

由表 5-12 中的回归分析结果可以得出以下结论：

第一，该回归模型中所选自变量的 Sig 值均小于 0.05，这表明骨干教师这一因素作为自变量，即骨干教师自身的影响力、对同事教学实践的引领以及对年轻同事的帮扶对中小学教师学习领导力的发展有着显著的影响作用。

第二，回归模型中的标准化回归系数均为正数，这表明所选取的自变量对中小学教师学习领导力发展的影响均为正向。可以将自变量的实际意义解释为：（1）骨干教师在教育实践中所起的带头作用越强，就越有助于提升中小学教师的学习领导力。（2）骨干教师越是乐意帮助同事解决教学实践中的困难，就越有助于提升教师的学习领导力。（3）骨干教师越是经常组织同事开展集体研讨，就越有助于提升教师的学习领导力。（4）骨干教师越是乐意分享自己的教学经验，就越是有助于提升教师的学习领导力。

第三，借助 β 系数绝对值大小的排序，可以分析骨干教师与普通教师互动中各个自变量对中小学教师学习领导力发展的具体影响程度。"骨干教师乐意向年轻同事分享经验"这一题项的标准化回归系数 β 最大，表明骨干教师对年轻教师的学习领导力发展的影响作用最大。其后标准化回归系数 β 值的大小排序依次是"骨干教师在教育实践中起着带头作用""骨干教师经常组织同事开展集体研讨"以及"骨干教师很乐意帮助同事解决教学实践中的困难"。

表 5-12　　　　　　　　　　回归分析结果摘要

选出的自变量	Beta (β)	标准误差	t	Sig
骨干教师在教育实践中起着带头作用	0.419	0.381	3.112	0.001
骨干教师很乐意帮助同事解决教学实践中的困难	0.289	0.487	2.092	0.022
骨干教师经常组织同事开展集体研讨	0.331	0.279	3.542	0.005
骨干教师乐意向年轻同事分享经验	0.442	0.189	4.814	0.000

综上分析,学校骨干教师对中小学教师学习领导力的发展具有正向影响作用。

四　学校的激励机制

为详细分析学校层面的相关激励机制对中小学教师学习领导力的影响作用,笔者分别将学校的激励机制作为自变量,将中小学教师学习领导力作为因变量,同时将调查对象的相关人口统计学特征作为控制变量,来分析学校的激励机制对中小学教师学习领导力的影响。分析结果如表 5-13、表 5-14 所示。

表 5-13　　　　　　　　　　模型汇总

	R	R^2	调整 R^2	标准估计的误差
1	0.539	0.426	0.388	0.564

从表 5-13 的模型汇总中可以发现,该模型的回归系数调整 R^2 为 0.388,这表明该回归模型在对样本量与模型中自变量的个数进行调整后,学校的激励这一自变量对中小学教师学习领导力的影响程度所解释的比例为 38.8%。一般情况下认为,R^2 大于 0.1,表示模型可以接受,该模型的 R^2 为 0.426,由此可见,该模型具有的解释能力足够。

表 5 – 14　　　　　　　　　　回归分析结果摘要

选出的自变量	Beta（β）	标准误差	t	Sig
学校出台了学习领导实践的具体举措	0.335	0.132	4.021	0.000
学校赋予教师学习领导实践的权利	0.438	0.407	2.392	0.000
学校为教师的学习领导实践搭建平台	0.401	0.261	3.544	0.003
学校鼓励教师群体形成学习共同体	0.329	0.329	4.003	0.032

由表 5 – 14 中的回归分析结果可以得出以下结论：

第一，该回归模型中所选自变量的 Sig 值均小于 0.05，这表明学校激励机制这一因素作为自变量，即学校的激励举措、学习领导权利的赋予、学习领导实践平台的搭建以及学习共同体的形成对中小学教师学习领导力的发展有着显著的影响作用。

第二，回归模型中的标准化回归系数均为正数，这表明所选取的自变量对中小学教师学习领导力发展的影响均为正向。可以将自变量的实际意义解释为：（1）学校层面关于中小学教师学习领导实践的相关举措越是完善，就越有助于提升中小学教师的学习领导力。（2）学校越是赋予中小学教师学习领导的权利，就越有助于提升教师自身的学习领导力。（3）学校越是重视为中小学教师的学习领导实践搭建平台，就越有助于提升中小学教师的学习领导力。（4）学校越是鼓励中小学教师形成学习共同体，就越是有助于提升中小学教师的学习领导力。

第三，借助 β 系数绝对值大小的排序，可以分析学校的激励机制中各个自变量对中小学教师学习领导力发展的具体影响程度。"学校赋予教师学习领导实践的权利"这一题项的标准化回归系数 β 最大，表明学习领导实践权利的下放，对中小学教师的学习领导力发展的影响作用最大。其次是"学校为教师的学习领导实践搭建平台"，而后依次是"学校出台了学习领导实践的具体举措"和"学校鼓励教师群体形成学习共同体"。

综上分析，学校的激励机制对中小学教师学习领导力的发展有正向影响作用。

第三节 高校教师教育对中小学教师学习领导力的影响

一 教育领导课程的学习

笔者将教育领导课程的学习作为自变量，将中小学教师学习领导力作为因变量，同时将调查对象的相关人口统计学特征作为控制变量，来分析教育领导课程的学习对中小学教师学习领导力发展的影响。分析结果如表5-15、表5-16所示。

表5-15　　　　　　　　模型汇总

	R	R^2	调整 R^2	标准估计的误差
1	0.619	0.486	0.391	0.497

从表5-15的模型汇总中可以发现，该模型的回归系数调整 R^2 为0.391，这表明该回归模型在对样本量与模型中自变量的个数进行调整后，教育领导课程的学习作为自变量，对中小学教师学习领导力的影响程度所解释的比例为39.1%。一般情况下认为，R^2 大于0.1，表示模型可以接受，该模型的 R^2 为0.486，由此可见，该模型具有的解释能力足够。

表5-16　　　　　　　　回归分析结果摘要

选出的自变量	Beta（β）	标准误差	t	Sig
师范教育开设了教育领导的相关课程	0.415	0.359	2.399	0.013
定期参加教育领导的相关讲座	0.403	0.319	3.301	0.021
定期参加学习领导力提升的在线培训	0.382	0.409	3.472	0.027

由表5-16中的回归分析结果可以得出以下结论：

第一，该回归模型中所选自变量的 Sig 值均小于0.05，这表明教育领导课程的学习作为自变量，即中小学教师经过教育领导课程的学习与培训对其学习领导力的发展有着显著的影响作用。

第二,回归模型中的标准化回归系数均为正数,这表明所选取的自变量对中小学教师学习领导力发展的影响均为正向。可以将自变量的实际意义解释为:(1)中小学教师越是参与了教育领导相关课程的学习,就越有助于提升其学习领导力。(2)越是定期参加学习领导的相关讲座,就越有助于中小学教师学习领导力的发展。(3)越是定期参加学习领导的在线培训,就越有助于中小学教师学习领导力的发展。

第三,借助 β 系数绝对值大小的排序,各个自变量对中小学教师学习领导力发展的具体影响程度的大小排序为"师范教育开设了教育领导的相关课程""定期参加教育领导的相关讲座"和"定期参加学习领导力提升的在线培训"。

综上分析,教育领导相关课程的学习对中小学教师学习领导力的发展有着正向的影响作用。

二 学习领导实践的参与

为了解中小学教师参与学习领导实践的情况对其学习领导力的影响作用,笔者分别将教师参与学习领导的相关实践作为自变量,将中小学教师学习领导力作为因变量,同时将调查对象的相关人口统计学特征作为控制变量,来分析中小学教师参与学习领导实践的情况对其学习领导力的影响作用。分析结果如表 5-17、表 5-18 所示。

表 5-17　　　　　　　　　　模型汇总

	R	R^2	调整 R^2	标准估计的误差
1	0.717	0.434	0.411	0.632

从表 5-17 的模型汇总中可以发现,该模型的回归系数调整 R^2 为 0.411,这表明该回归模型在对样本量与模型中自变量的个数进行调整后,职后教师学习领导力培训作为自变量,对中小学教师学习领导力的影响程度所解释的比例为 41.1%。一般情况下认为,R^2 大于 0.1,表示模型可以接受,该模型的 R^2 为 0.434,由此可见,该模型具有的解

释能力足够。

表5-18　　　　　　　　　回归分析结果摘要

选出的自变量	Beta（β）	标准误差	t	Sig
参与了学习领导的相关实践	0.343	0.467	3.462	0.033

由表 5-18 中的回归分析结果可以得出以下结论：

第一，该回归模型中所选自变量的 Sig 值小于 0.05，由此表明，是否参与了学习领导的相关实践对中小学教师的学习领导力影响较为显著。

第二，回归模型中的标准化回归系数均为正数，这表明所选取的自变量对中小学教师学习领导力发展的影响均为正向。可以将自变量的实际意义解释为：中小学教师越是积极参与学习领导的相关实践，就越有助于发展其学习领导力，即中小学教师参与学习领导实践对其学习领导力发展产生着正向影响。

第四节　政府教育政策对中小学教师学习领导力的影响

一　教师的考评制度

将中小学教师的考评制度作为自变量，将中小学教师学习领导力作为因变量，同时将调查对象的相关人口统计学特征作为控制变量，来分析教师的相关考评制度对中小学教师学习领导力的影响。分析结果如表 5-19、表 5-20 所示。

表5-19　　　　　　　　　模型汇总

	R	R^2	调整 R^2	标准估计的误差
1	0.432	0.389	0.313	0.661

从表 5-19 的模型汇总中可以发现，该模型的回归系数调整 R^2 为

0.313，这表明该回归模型在对样本量与模型中自变量的个数进行调整后，教师考评制度这一自变量对中小学教师学习领导力的影响程度所解释的比例为31.3%。一般情况下认为，R^2大于0.1，表示模型可以接受，该模型的R^2为0.389，由此可见，该模型具有的解释能力足够。

由表5-20中的回归分析结果可以得出以下结论：

第一，该回归模型中所选自变量的Sig值均小于0.01，这表明教师考评制度这一因素作为自变量，即当前考评中是否包含教师学习领导力的相关内容、教育行政部门是否出台了关于教师学习领导力的相关标准以及教育行政部门是否建立了多维度的教师考评体系对中小学教师学习领导力的发展有着显著的影响作用。

第二，对回归模型中的标准化回归系数进行解读，可以将自变量的实际意义解释为：（1）当前教师考评中越是不重视学习领导的相关内容，中小学教师的学习领导力水平就越低。（2）教育行政部门越是不出台教师学习领导力的考核标准，就越不利于中小学教师学习领导力水平的提升。（3）教育行政部门越是注重建立多维度的教师考评体系，就越有助于提升中小学教师的学习领导力。

第三，借助β系数绝对值大小的排序，可以分析教师考评制度中各个自变量对中小学教师学习领导力发展的具体影响程度。"当前教师考评中还没有与学习领导相关的内容"这一题项的标准化回归系数β的绝对值最大，表明教育行政部门若将中小学教师学习领导力的发展纳入中小学教师的考评体系中，则对中小学教师的学习领导力发展的影响作用最大。其次是教育行政部门出台教师学习领导力的考核标准，建立了多维度的教师考评体系。

表5-20　　　　　　　　　　回归分析结果摘要

选出的自变量	Beta（β）	标准误差	t	Sig
当前教师考评中还没有与学习领导相关的内容	-0.420	0.547	-2.392	0.000
教育行政部门尚未出台教师学习领导力的考核标准	-0.385	0.409	-2.783	0.000
教育行政部门建立了多维度的教师考评体系	0.225	0.388	4.303	0.000

综上分析，教育部门将教师学习领导力纳入教师考评中对中小学教师学习领导力的发展有正向影响作用。

二 相关的激励机制

分别将学习领导荣誉制度的相关因素作为自变量，将中小学教师学习领导力作为因变量，同时将调查对象的相关人口统计学特征作为控制变量，来分析学习领导荣誉制度的建立对中小学教师学习领导力的影响。分析结果如表5-21、表5-22所示。

从表5-21的模型汇总中可以发现，该模型的回归系数调整R^2为0.451，这表明该回归模型在对样本量与模型中自变量的个数进行调整后，学习领导荣誉制度这一自变量对中小学教师学习领导力的影响程度所解释的比例为45.1%。一般情况下认为，R^2大于0.1，表示模型可以接受，该模型的R^2为0.484，由此可见，该模型具有的解释能力足够。

表5-21　　　　　　　　　　模型汇总

	R	R^2	调整R^2	标准估计的误差
1	0.611	0.484	0.451	0.534

由表5-22中的回归分析结果可以得出以下结论：

第一，该回归模型中所选自变量的Sig值均小于0.05，这表明学习领导荣誉制度的建立这一因素作为自变量，即教育行政部门的相关表彰，以及相关荣誉制度的建立等会对中小学教师的学习领导力产生较为显著的影响。

表5-22　　　　　　　　　　回归分析结果摘要

选出的自变量	Beta（β）	标准误差	t	Sig
教育行政部门对学习领导实践突出的教师予以表彰	0.385	0.409	2.783	0.000
教育行政部门尚未建立关于教师学习领导的荣誉制度	-0.275	0.301	-4.003	0.037

第二，对回归模型中的标准化回归系数进行解读，可以将自变量的实际意义解释为：（1）教育行政部门越是重视对学习领导实践突出的教师予以表彰，就越能够促进中小学教师学习领导力的发展。（2）教育行政部门越是不重视建立教师学习领导力发展的荣誉制度，就越不利于中小学教师学习领导力的发展。

第三，借助 β 系数绝对值大小的排序可知，"教育行政部门对学习领导实践突出的教师予以表彰"这一题项的标准化回归系数 β 的绝对值最大，表明教育行政部门对学习领导实践突出的中小学教师进行表彰，会在很大程度上激励教师学习领导力的发展。其次为教育行政部门建立关于教师学习领导的荣誉制度。

综上分析，教育行政部门建立关于教师学习领导的相关激励制度对中小学教师学习领导力的发展有正向的影响作用。

第六章　中小学教师学习领导力的提升策略

关于中小学教师学习领导力的提升策略，总体上可以从三种视角来思考：第一，基于经验主义的视角，可以选择借鉴国外的做法，结合我国中小学教师的职业特点进行合理移植。第二，基于教师专业发展的视角，也就是说，依据教师专业发展阶段的理论来探索提升中小学教师学习领导力的相关策略，应明确中小学教师自身发展的规律，把握其专业成长的特点，精准地抓住其职业生涯中每个阶段的关键特征，进而确保所采取的策略具有针对性。第三，以中小学教师学习领导力所存在的问题为出发点，借助对其影响因素的剖析，进而提出可行性的建议。

笔者选择从第三种视角出发，探讨中小学教师学习领导力的提升策略。在此种思路下，笔者认为，中小学教师的学习领导力提升不是教师自身，也并非某个单一主体能够做到的，它是一项复杂的系统性的工程，需要多个主体联合行动。其中，中小学教师自身、政府教育政策、学校环境以及高校教师教育等各个层面的协调配合是其提升路径取得实效的保障。笔者依据分布式领导理论中共享权责、交互式合作的核心要义，尝试构建以高校的教师教育为基础、以中小学的环境氛围营造为抓手、以教师的个体发展为中心、以政府的教育政策支持为保障的 T-U-S-G 多主体协同联动策略框架（如图 6-1 所示），以期对中小学教师的学习领导力提升有所助益。其中，在教师自身、中小学校、政府与高校多主体联动下，通过协同、合作、共享领导、赋予权责带动中小学教师个体的学习、协作攻关、自我反思是其学习领导力提升的根本。

第六章　中小学教师学习领导力的提升策略

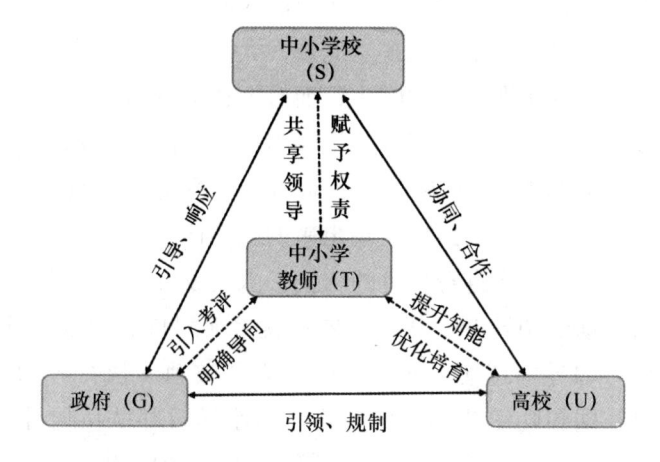

图6-1　中小学教师学习领导力提升的T-U-S-G多主体协同联动策略框架

第一节　教师个体自我提升：教师学习领导力发展的根本策略

一　认同角色，增强领导自信

教师作为专业工作者，开展学习领导是其内在的角色要求，因此，中小学教师应在教与学实践中成为一名学习领导者，这种学习领导对其所教学生以及教师同事起着显性或者潜移默化的影响作用。通过调研发现，多数中小学教师尚不能对自身的领导角色有明确的认知和认同。正如富兰所言："当前，绝大多数教师的行为都是依靠外部力量来启动的，与此同时，他们开展实践活动的目标也局限于满足上级的指令。"[1] 调研也印证了这一观点，我国中小学教师的学习领导实践主要靠学校领导制定的工作任务来进行，对其自身而言，则是缺乏内在诉求与自主意愿。这些问题主要是由中小学教师对自身角色的认知偏差所造成的。绝大部分中小学教师认为，学习领导力与行政职务、职称等相关联，认

---

[1] M. Fullan, "Change the Term for Teacher Learning," *Journal of Staff Development*, No. 9, 2007, pp. 35–36.

为领导者的身份仅应由少数有行政职位的人所特有，对分布式领导以及更广泛的学习领导力则缺少理解。此外，大多数中小学教师仅将学习领导的施予对象局限于课堂上的学生，而对通过学习领导对同事的影响与促进，以及对学校教与学变革的推进较为忽视。由此，中小学教师的学习领导实践都是依赖"外驱力"推动的，而不是其"自发"的行为，中小学教师在学习领导实践中表现出来的能动性较弱。

中小学教师应完成自身角色的转换，由上级行政指令的忠实执行者转变为学习活动的领导者。其第一要务就是唤醒自身的学习领导意识，增强开展学习领导的意愿，转变教师作为"被动"执行者和认同者的状态，使其认同和胜任领导者的身份。中小学教师队伍增强"学习领导者"的身份认同，应清晰地认识到其被赋予和应担当的新角色，并深化对学习领导者这一角色及其所要承担责任的认知与理解，当原有的角色与新角色在具体的教与学实践中发生冲突时，中小学教师应以积极的心态发动"内力"，勇于担当新角色、承担新责任，把自身的专业发展与履行学习领导者的责任有机地结合在一起，适时转变教育理念，依靠专业素养的提升来增强学习领导者的身份认同。

首先，中小学教师应当跳出将自我定位成教育政策、课程与教学计划忠实执行者的角色误区，将学习领导角色视为教师的专业角色，也就是说，领导职位不是由行政职位的人所专属，每一位教师都可以发展学习领导力，都可以成为学习领导者。由此，摆在中小学教师面前的一个重要问题就是转化角色，从"单一的"教师角色转变为综合性的角色。尤其是在倡导人工智能最大限度地为教育赋能的时代，学生学习知识与技能不是仅凭自主学习就可以的，相反，他们的学习与成长比以往任何时候都更需要教师作为学习领导者对其进行引领，与其对话、互动，给予其支持。也就是说，在新一轮基础教育变革的背景下，迫切要求中小学教师重新审视自身的角色，厘清自身的定位和作用。唯有此，才可以成为合格的教师，进而帮助学生提升学习成效，担当学生学习的"摆渡者"与"学习规划师"，成为学生创新学习、深度学习以及"学习共同体"建构的引领者。

其次，在同伴群体中，中小学教师不应当将学习领导力的发挥局限在课堂教学过程中，而是要超越课堂教学。中小学教师在教学实践中对同事的促进与支持，教师群体对学校教与学改革的推进，都是中小学教师学习领导力的表现。中小学教师唯有清楚地认识到学习领导者角色所辐射的范围，才有可能通过努力影响学生和同伴的学习活动。而中小学教师对自我的学习领导进行研究不失为一种增强自身对学习领导者角色认同的良策，可视为一种促使自我专业发展的技术方法，同时也是一个新的科研理念。具体而言，中小学教师对自我的学习领导进行研究指的是在学习领导实践中，他们能够借助日常工作对自身学习领导的动机、行为、成效等多方面的情况进行整合与记录，同时，能够借助自身较为熟知的行动研究方法对自身的学习领导进行理解和反思。换言之，要求中小学教师将其置于边做边研的情境中，借助此种方法，能够及时反思自身的行为以及发现存在的问题与不足，进而加以改进。国外学者Murray 和 Male 也提出教师需要对自我开展研究，他们认为，此种方法是"教师实现角色认同与发展的可靠路径"[①]。

再者，在学校层面，中小学教师应从学校领导决策的"认同"和"服从""不折不扣的执行者"等角色中解放出来，思考对学习活动的主动作用，对学校发展的全局意识和责任意识，增强自我职业认同，克服职业倦怠，转变思维，树立"主人翁"意识与观念。同时，应当树立群体间共同的发展愿景，将自身的成长与发展和学校的愿景融为一体。这就要求教师由传统的"教书匠"转向"教育者"乃至"教育家"的职业定位与认同，深化对自身职业性质的理解与认识，不断提高自身的职业自信心。为此，中小学教师应积极参与学校规划与方案的制定，并尽可能多地从参与中获取有效促进学习领导活动启动和发展的关键能力。此外，中小学教师还可以为个体的发展制订较为详细的发展计划，定期督促自身不断增强对学习领导角色的认同，进而迅速采取行动。最后，与周围同事保持适时的沟通，建立良性的互动关系，创建学习共同体，帮助中小学教师对自身进行合理的定位，帮助其提升对自身作为学

---

① J. Murray, Male, "Becoming a Teacher Educator: Evidence from the Field," *Teaching and Teacher Education*, No. 139, February 2007.

习领导者的身份认同。国外学者莱伯曼提出的"夏季书写计划"（Summer Writing Project），为帮助教师表达领导意愿提供了有效途径。并且，他研究发现："教师把自身的领导经验与今后的领导期望记录下来，可以寻找同伴帮助自己重新认识和发掘自身的领导潜能。"①

由此可见，中小学教师群体不断增强学习领导意愿，并且主动探索表达领导意愿，践行领导意愿的可行性路径，积极寻求同伴互助、合作形成教师学习与专业发展社群，可有效助力中小学教师树立学习领导自信，增强学习领导意愿。

二 坚持学习，提升领导知能

笔者在调查中发现，中小学教师学习领导力整体水平不高的重要原因是教师自身关于学习的专业知能欠缺。虽然部分中小学教师在教学实践中有开展学习领导的意愿与意识，但是囿于自身所掌握的关于学习的科学知识、领导科学知识以及学习技术能力不足，进而造成在学习领导实践中缺少对学习领导的系统规划且在学生、同事中积极发挥学习影响力的能动性不足。长期以来，中小学教师的专业发展方式遵循着严格的理性主义的逻辑，这种理性"忽略了教师作为教育主体的内在根本诉求"②。事实上，"教师是主体性发展的人，只有调动自身的主动性，才能使其成为有意识的教育工作者"③。

随着智慧学习新生态的出现，学生的学习需求趋于个性化、多元化，教学情境日益复杂化、个性化、差异化，使得学生对学什么、怎么学及何时学等提出了新的要求。中小学教师若要对学习活动开展有效的领导，则比以往任何时候都更加需要专业学习。为此，开展有效的学习领导要求教师与时俱进，根据学生学习需求链的变化，不断更新自己的专业知识，加剧凸显现代化学习需求特征的领导特质。对于学什么的问

---

① Jonh MacBeath and Neil Dempster, *Connecting Leadership and Learning: Principles for Practice*, Abingdon: Routledge, 2009, p. 49.
② 袁利平、陈时见：《人类学视野下的教师专业发展》，《高等教育研究》2007年第12期。
③ 朱忠明、常宝宁：《学习者中心：中小学教师培训的转型发展》，《中国教育学刊》2018年第4期。

题，则需要教师能够高效地提供和整合充足的学习资源，以满足学生多样化的学习需求；对于怎么学的问题，有两个环节不可忽视：

第一，中小学教师要为学生提供可靠的技术支持。毫无疑问，21世纪学生对现代学习技术的掌握不可或缺，这是提高学习效率的前提条件。《中共中央、国务院关于全面深化新时代教师队伍建设改革的意见》明确要求教师"主动适应新技术的变革"[①]。只有当学生在学习中自由地运用技术，学习效率的提高才存在可能性。这就要求教师熟练掌握现代教学技术。

第二，中小学教师学习领导力的终极目标是提升学生的学习成效，学生是教师学习领导力发挥作用的最直接对象，其本质要求是借由教师的学习领导实现学会学习、自主学习。为此，中小学教师应将"实现学生自主学习、高效学习"作为终极目标，在学习实践中，要有将教室视为师生共同的"生命场"的自觉，建立教学相长的良性课堂生态，加强对学习维度的关注和研究，与学生进行"异向交往"，倾听并及时从各种互动活动中得到反馈，不断引导学生自主学习。

中小学教师除了借助提升专业知识和技能增强学习领导力外，还应当重视个人魅力和领导特质等非正式领导力的提升。首先，中小学教师应加强对自我的激励，唤起自身对学习领导工作的热情和自信心。此外，中小学教师应充分了解自己的特长与劣势，且有意识地改变劣势，将劣势转化为优势，在学生与教师群体中形成正向的影响力。其次，中小学教师应提升自身的人际交往技能。人际交往能力指的是中小学教师在人际交往方面的感知力与沟通力。中小学教师应主动了解学生的个性及其个性化的学习需求，变传统意义上的发号施令为与学生平等的沟通；在与同事的交往中，能够换位思考，及时为对方解决困难提供支持与帮助。最后，中小学教师应以身作则，对自己的学习进行有计划、有成效的自我领导，久而久之，就会成为学生和同事的榜样。著名的教育家夸美纽斯曾说："教师的职务是用自己的榜样来教育他的学生。"由

[①]《中共中央、国务院关于全面深化新时代教师队伍建设改革的意见》，http://www.gov.cn/zhengce/2018-01/31/content_5262659.htm。

此可见，中小学教师不仅要做传授学生丰富知识的"经师"，而且要成为促进学生全面发展的"人师"。中小学教师自身的良好学习习惯、学习品行本身就是一种无形的潜在的学习领导力，会对自己所教的学生以及周围的同事群体产生潜移默化的领导作用。

第三，发挥骨干教师带头作用。骨干教师是优秀教师的代表，而且这种称号也是官方赋予的荣誉。尤其是在我国当下的基础教育中，骨干教师被寄予了带领整个教师队伍把教育质量向更高水平迈进的期望。突出的学科专长、精湛的教学技能与艺术、出色的教学表现这些因素使得骨干教师在教学实践中通常被赋予相应的职务，如学科带头人、教研组长、年级主任以及督导组成员等，这些职务与称呼在不同级别的学校里会有所差异。总的来说，骨干教师所担负的工作有组织校本课程与教材开发，组织制订课程与教学计划、组织集体教研、督导教师上课、组织学科拓展与项目学习活动、及时宣传最新的教育政策等，同时，还会鼓励和帮助其他教师、成为校长与教师群体之间沟通与交流的桥梁。调查研究发现，当前中小学骨干教师在教师群体中发挥着实际的学习领导作用，且其学习领导力影响作用的大小深受教师对其专业角色认同以及学校文化氛围的影响。另外，鼓励中小学骨干教师带领其他教师展开与学习领导相关的研究，帮助同事，尤其是年轻教师发现教学实践中的问题。年轻教师大多刚入职不久，对自己的职业相对模糊，教学技能相对欠缺，需要给予其技术层面的帮助与教学经验方面的引导。同时，还应发挥中小学骨干教师的专业倡导力、名师示范引领效应，营建有利于教师合作教研、分享进步的教师文化。最后，应注意发挥中小学骨干教师的引领作用。增强骨干教师的责任意识，从人格特质、品德修养、思维方式等方面进行以身示范，全面指引，重视教师发展的持续性与生态性。

三 及时反思，改进领导实践

保罗·费雷勒提出："反思是一种促进变革的有效的非暴力途径"[①]。

---

① ［美］玛格丽特·惠特利：《新领导主义》，吴丹苹、胡亦丹译，中国人民大学出版社2008年版，第107页。

舍恩也支持这一"反思性实践者"的观点,即"在实践中反思"①。在实践中开展批判性反思对于中小学教师的学习领导力发展来说至关重要。美国著名学者波斯纳曾提出教师的成长公式:成长=经验+反思。2001年,美国卡内基基金会推出旨在借助教师经验反思提升教师质量的"新时代教师计划"②。由此可见,反思能力是提高中小学教师学习领导能力的重要特征之一。中小学教师在学习领导实践中,借助反思日志、教育实践叙事、行动研究以及同伴研讨等方式对自己的教学实践进行系统反思,可以发现例行化行动中的内隐知识,对学习领导活动中所存在的各种"理所当然"的价值观、假设、行为进行批判和澄清,进而对学习领导实践产生新的理解。

中小学教师在日常教学实践中对自身的学习领导工作进行定期反思是其提升学习领导力的重要途径之一。中小学教师所要开展的反思内容包括:自身对待学习领导工作所持的态度;对学生学习引领的方式,与其他教师开展交流与互动的频率;自身学习领导实践所遇到的困难,以及是否争取了学校领导层面的支持,等等。一方面,"教师在很大程度上会寻找'假定',并将其视为开展批判性反思的核心工作。另外,教师会习以为常地用自以为正确的假定来赋予其所从事行动的意义。"③由此一来,中小学教师会借助反思进行思维模式的更新。另一方面,中小学教师的批判反思观念的正确性是自己衡量的,并非全社会同意并认可的。因此,这种反思也需要学校层面给予鼓励和引导,发现偏差应及时纠正,从而避免中小学教师沿着自己的轨迹盲目前进。

实践证明,单凭个体的力量开展反思,常常会有一定的局限性。中小学教师开展反思若仅仅停留在个人层面,就会囿于个人已有的知识与观念。事实上,若要实现批判性反思的成效,就需要运用集体的力量,

---

① [美]唐纳德·A. 舍恩:《反映的实践者:专业工作者如何在行动中思考》,夏林清译,北京师范大学出版社2018年版,第113页。
② 陈勤、袁守华、陈谦:《内涵式发展背景下有效学习共同体对教师专业发展的思考》,《中国教育学刊》2018年第1期。
③ [美]S. D. 布鲁克菲尔德:《批判反思型教师ABC》,张伟译,中国轻工业出版社2002年版,第10页。

即与同事组合成共同体，开展合作反思，因此，中小学教师就会在与同伴互动和对话中，在参与群体讨论中反观自身的学习领导实践，进而找到解决问题的方案。① 就反思的方式而言，设定假设、记录笔记、行动研究反思、对话反思、集体研讨与指导等形式均比较常见。

笔者参考借鉴福斯特（Frost）提出的教师工作反思的方法②，提出以下几种教师提升批判性反思能力的路径，以期帮助教师从不同层面多维度地审视自己的学习领导实践。

其一，记录工作日志。教师把日常工作中的一些事件和想法写成工作日志。教师把日常工作中的一些事件和想法通过纸质日记本、空白纸张、电脑文档等多种载体写成日志。需要注意的是教师在记录工作日志时，应增加对教学实践反思的比重，以达到记录工作日志可以真正改进教学实践的目的。

其二，开展群体讨论是教师集体进行反思的一种形式。中小学教师可以发出群体讨论的倡议，其前提是自身就某个问题已经做出了相应的思考，或者在思考后已经形成了自身的看法和设想。基于此，希望借助集体讨论或者在教学会议上和同事共同商讨，借助大家的帮助，使自己的想法和思路更加清晰和成熟。在集体研讨的具体实践中，可以根据实际需要与现实条件，选择合适的集体探讨形式：一是校内同一学科的教师进行集体研讨，在规模较大的学校可以将中学与小学的同一科目的教师组织起来，定期组织研讨，这种形式的集体研讨有助于促进不同年级、不同学科之间教师的互动。二是组织跨学科教师进行集体研讨这种形式，对于规模较小的中小学校是比较适合的，甚至有的科目的教师仅有一名，由此不同学科的教师在一起进行定期研讨，就可以打破单一学科的思维局限，优化教师已有的知识结构，可以有效地促进不同学科的教师进行教学方法和技巧的交流与学习。此种方法对于规模较大的学校则不适合。三是组织教师进行集体

---

① 王有升：《理念的力量：基于教育社会学的思考》，教育科学出版社 2007 年版，第 257—258 页。

② D. Frost and J. Durrant, *Teacher-Led Development Work: Guidance and Support*, London: David Fulton Publishers, 2003, pp. 27-29.

研讨，可以是校际教师的集体研讨，即将同一地区内数所中小学校的教师组建成一个学习与发展共同体，借助定期开展集体研讨，来促进优秀教学经验和课程资源的分享与推广，进而以点带面，实现中小学教师学习领导力的提升。

其三，教师叙事研究。中小学教师从自然的课堂情境出发，还原教与学的教育事实并对其开展反思和批判性研究。真实性是教育叙事最重要的特征，这种真实性体现了中小学教师在其学习领导实践中，对学习领导全过程给予比较详尽的记录和认真的探究。教师采取叙事的根本目的在于反思自我，借助对自身的工作开展系统性的反思，进而识别问题，解决问题。总的来说，中小学教师撰写叙事的目标应该包括以下几个方面：解决现实中的困境和问题；改进学习领导，促进自己的专业学习；实现自身的专业发展。① 总之，应该在对日常教学事件、教师生活和教育教学实践经验做出反思性批判中发掘其背后的意义。

四　分享合作，实现共同进步

自20世纪90年代合作学习（cooperative learning）的概念被引入我国以来，合作学习逐渐被我国学者认为是一种值得借鉴与推广的学习方式。学者王坦、余文森、高艳等先后对合作学习的方式、分类、要素、流程以及意义等展开了一系列的理论研究。② 随着在教育教学实践中不断应用与发展，合作学习的理念逐步超越课堂实践，在教师专业成长中发挥着越来越重要的作用，进而催生了一种新型的学习组织——教师专业学习社群，而且这种组织日益被视为促进教师队伍发展，实现共同学习与进步的重要力量。教师专业学习社群有以下显著特征："（1）支持与分享性的领导（supportive and shared leadership）；（2）共同价值与愿景（shared values and vision）；（3）合作学习与应用（collective learning and application）；（4）分享个人实务（shared personal practice）；（5）

---

① 李华：《教育叙事研究与教师专业发展》，《文教资料》2014年第1期。
② 王坦：《合作学习简论》，《中国教育学刊》2002年第1期；余文森：《论自主、合作、探究学习》，《教育研究》2004年第11期；高艳：《合作学习的分类、研究与课堂应用初探》，《教育评论》2001年第2期。

支持性环境（supportive conditions）。"①

中小学教师学习领导力发挥作用的重要前提是在支持性环境下，教师能够激发并联合其他教师尽力构建共同愿景，进行分享与合作，共同致力于学习领导行动。笔者在调查中发现，大多数中小学教师之间的分享与合作学习频率较低，而一部分教师群体之间的合作则是短暂的、临时的、分散的。哈格里夫斯将教师文化分为四种类型："个人主义、派别主义、自然合作、人为合作"②。也就是说，在个人主义文化视域下，个体的教师通常处于相对隔离的状态，也就是说，每一位教师的主要精力都聚焦于所任教的班级与课堂，将完成教学任务视为自己的职业责任，而对于其他教师以及教师群体之间的关系则显得淡漠。甚至，有的中小学教师受制于守旧的教学观念与思维方式，害怕同行评价与指正，因而，他们之间的共享与合作也就无从谈起。与此同时，中小学教师间的交流不畅，致使学校层面组织的各项教研活动大都流于形式，教师的分享与合作也仅是基于教育政策或者相关规制而开展的，这种合作的生硬与刻意可见一斑。教师自身较为封闭的心智模式以及由此引发的僵硬、乏力的合作进一步加剧了中小学教师在面临学习领导力这一崭新课题时的孤独感和倦怠感，这无疑会阻滞其学习领导力的发展。

由以上分析可知，中小学教师要承担学习领导者的角色，提升学习领导力仅仅依靠个体的力量是不可能实现的，一来，教师个体凭借一己之力很难准确识别开展学习领导的机会或者发现和解决其中的关键问题。因此，要发挥教师学习领导力的最大效能，就必须联合同伴群策群力。"施用累能"的思想是古代思想家王充提出的，它蕴含着能力蕴含在实践中的智慧。也就是说，中小学教师学习领导力的提升与发展需要在群体的教学实践中开展，这与教师借助合作学习，实现学习领导力共同提升的主张高度耦合。中小学教师唯有互动合作，相互学习，分享实践，其学习领导力才能不断得到发展。

---

① 朱雯珊：《基于核心素养的教师专业学习社群经营与增能研究》，《宁波教育学院学报》2019 年第 4 期。
② A. Hargreaves, *Teaching in the Knowledge Society: Education in the Age of Insecurity*, New-York: Teachers College Press, 1995, pp. 1–27.

首先,中小学教师个体应跳出自我专业发展的误区,将自身置于学习领导实践中关键角色的地位,积极主动与同事保持沟通与交流,将自身的专业成长与集体目标的实现结合起来,打破个人主义的思维定式,主动与同事分享经验,谦虚求教,不断改进自身的教学实践。同时,中小学教师可以倡导构筑跨学科的协同学习关系网络,这种关系网络可以是学校层面的,也可以是校际层面的,其目的是吸引不同教龄、不同学历、不同科目以及不同年级的中小学教师参与,促使教师群体在互动性关系中深化对自身学习领导角色的认知,进而不断改进和优化学习领导的实践路径。

其次,中小学教师之间的分享与学习应以促进学习的各种可能性为目标,除了分享各自的教学经验、教学方法,带动新教师迅速成长外,还应强调以"促进学习发生"为中心的研讨,比如,就学生学习兴趣的激发、创新学习方法的推广以及深度学习的催生等进行经验的共享和改革的尝试。总的来说,一方面,资深的中小学教师应带领同伴群体巩固或更新原有教学理念与知识,引领整个教师队伍的专业成长;另一方面,需要强调中小学教师围绕学习领导开展合作,将合作的焦点从教师教法转移到教师的学习进而走向学习领导的中心——学生学习成效的提升,明确学生学习成效的提升是一切学校领导工作的核心目标,进而全面了解和分析学生的学习现状、学习发生的方式,帮助其端正态度,养成良好的学习习惯,掌握自主学习技能,实现学习领导效能的提升。

最后,中小学教师的学习合作力是学习领导力的重要组成部分,教师学习合作力的提升也是发展其整个学习领导力的可靠路径之一。在实践中,中小学教师可以借助其所在学校的发展愿景与目标、自身所从教科目的特性以及与同事的情谊等,联合同事构建中小学教师群体间的专业学习社群。以开展学习领导合作为基础,以学生高效学习能力的形塑为主轴,通过集体活动的形式,如集体研讨、互动分享、专题研究、评课说课等调动整个教师队伍的积极性和创造性,相互协助、激发思考,把教师的个体经验升华为广泛共享的集体智慧,在促进教与学的不断改进中,提升中小学教师作为学习领导者的自觉与自信。

需要注意的是,中小学教师合作团队要保持流动性和开放性。哈格里夫斯曾把教师人员的流动性比喻为"流动的马赛克",即"教师在团队间的流动,从表面上看,也许是不固定的,或者是无规则的,但却使得教师团队充满活力"①。在实践中,担任不同科目教学的中小学教师,通过自身的知识经验逻辑与群体互动,进行开放式的学习交流和专业对话,不断获得本学科之外的有效知识,可视为提高中小学教师学习领导力的便捷方式。因此,中小学教师合作团队应保持开放,强化团队成员的流动性,将合作从人为走向自然,促使合作团队呈现出更强的吸纳力与融合力。

第二节　高校教师教育导引:教师学习领导力发展的基础策略

一　推进职前教师教育改革

将教师学习领导理念融入教师教育,不仅能够直接提升自我学习的领导能力,而且,这在一定程度上指引着学习领导力的未来发展方向,具有现实和未来双重意义。因而,十分有必要将教师学习领导力的培养计划添加到教师职前教育体系中。

首先,高校教师教育应当明确教师学习领导力的教育标准和相关目标要求。笔者建构出了中小学教师学习领导力的理论模型,认为中小学教师学习领导力的培养至少应当涵盖学习自治力、学习教导力、教育决策力、教育变革力、教育合作力以及学习感召力这六个方面。此外,中小学教师学习领导力的培养应根据能力发展进程分为不同的阶段,并详细描述每一阶段的培养内容和能力要求,以提高培养成效。

另外,师范院校可联合普通高校开设教育领导的相关课程,或者可以为在校生提供形式多样的教育领导挂职与实践活动,实现教育领导理论与实践相结合,将教育领导理论应用于其工作实践中,一方面,教师教育可以促进未来的中小学教师具备扎实的教育领导理论知识,另一方面为其开展领导实践提供了机会和条件。关于教师学习领导力课程内容

---

①　赵迎:《大学英语教师分布式领导研究》,博士学位论文,山东师范大学,2015年。

的设置，除了应该包含常规意义上的教育管理与教育领导的理论知识外，还应当注意教育领导有着较强的实践性特征，在具体实践中，应强化在校生学习领导实践技能与策略的培养。至于其培养方式，将理论与实践相结合是比较理想的，在注重课堂理论知识学习的同时，应注重领导实践机会的提供，完善学生参与教育领导实践的相关机制和规约，扩大实践在其学习中的比重。

二 优化职后教师继续教育

现如今，中小学教师继续教育的渠道有多种，如校本培训、校外进修以及中小学与大学合作等，这些渠道都可以助力中小学教师学习领导力的发展。

中小学校本培训活动的开展是助力教师学习领导力提升的重要途径。在学校的教育实践中，学校为校本培训提供了基地支持，调查发现，当前比较常见的样本培训有高校、中小学与政府合作的模式。此外，在校本培训中，中小学教师之间相互沟通，相互理解，师师互助，共同进步是校本培训的理想样态和目标。具体来讲，校本培训为骨干教师帮助新手教师，为教师实现跨学科的互动与对话提供了良好的机会，由此，可以激发教师的元学习动力，促进"以强带弱""以强扶弱"的教师之间共进文化的生成①，让中小学教师能够在反复实践与反思中提升学习领导力。

此外，高校也可以为中小学教师提供短期的培训和进修机会，教师教育者为中小学一线教师解决其在学习领导工作中的实际问题提供相应的支持，也可以建立长久的合作机制，比如专家工作室、工作坊等，及时为中小学教师答疑解惑，提高自身的学习领导能力。可以说，倡导高校与中小学教师开展合作研究，能够对教育实践场域中的真实问题做出及时的回应，激励中小学教师认同其学习领导者身份，同时，能够全面还原教师学习领导实践的全过程，发现其中的动态机制。

---

① 魏戈：《矛盾驱动的教师专业学习：基于大学与中小学合作研究的案例》，《教育发展研究》2019 年第 4 期。

三 健全教师混合研修体系

混合研修是信息技术与教育深度融合发展的结果。由于突破了以往仅靠现场参与研修所面临的时间与空间的局限，同时，由于海量的学习资源，实时互动并促成教师与专家、教师与同事之间的交互影响，因此混合研修日益成为促进教师专业成长的一种常态化的模式。

当前，中小学教师面对冗杂的网络信息资源，往往无从选择。如何精准筛选出符合自身发展需求的优质资源和学习模式是一线中小学教师面临的重大难题。由此，作为培养中小学教师摇篮的师范院校亟须健全教师混合研修体系，为中小学教师顺利开展定期研修提供帮扶。首先，师范高校可利用大数据分类技术，充分考量中小学教师群体间的差异性，将其差异性按照地区、性别、职务、教龄、发展阶段等内容进行汇总和分类，这些信息包括中小学教师既有的关于学习领导的相关知识、技能、领导潜能与素养等，将其作为背景数据运用于后期确立研修模式。其次，师范高校可与政府、中小学校合作，共同建立线上线下互为弥合的混合研修模式，将中小学教师的自主学习、在线研讨、现场培训、校本教研、网络培训等多种方式组合起来，充分赋予中小学教师根据自身能力和需求有偏好地灵活选择参与研修模式的权利。

此外，在混合研修的过程中，不仅要注重提升教师的学习领导技能，还要关注对学习领导过程的分析、评估、反思、总结，在"知""做"的培训理念中，加入"性"和"思"的观念。此外，实践证明，案例示范是较适合成年人学习的教学形式。由此，在混合研修中，讲授者可以借助案例的讲解和分析，同时设置一定的学习任务，让中小学教师展开交流，这种方式的优点在于可以使被培训者对自身原有的经验积累进行系统性的反思，帮助他们摆脱传统思维的限制，进而形成新观念。

四 促进专业师资队伍建设

提升中小学教师的学习领导力是我国全方位实现教育现代化的攻坚领域，而建设一支思想业务双过硬且相对稳定的教师教育队伍则是补足中小学教师学习领导力、统筹提升基础教育质量的关键举措。由此，可将师范类高校中一批高质量教师队伍的组建视为推进教师教育改革、提升中小学教师学习领导力，进而改进教学成效的重要途径。

其一，组建专业化的师资队伍。可通过广纳贤才和优化配置相结合的方略，在师资队伍引进方面，拓宽用人渠道，吸引多学科背景的人才加入，更加注重教师队伍的实践背景，发掘和培育具有领导力潜能的新教师，进而充实高校的教师教育队伍。

其二，采取各项鼓励措施，激发教师参与学习领导实践的积极性，不断丰富学习领导知识与实践经验，更重要的是分享其成功的学习领导案例，不仅能对中小学教师进行学习领导理论知识的教导，也能促进其实践能力的提升。

其三，高校的教师教育者应加强教学与科研共同体建设，提升整个教师队伍的教学与科研实力，培育一批高质量的师资团队，这样的一支队伍应兼具双导师特色，他们具备博士学历、专业知识以及国际视野，在教学与科研并举的实践中不断提高自我的学习领导力，同时，能够将这种专业的学习领导力传递给未来从教的师范生。

其四，教师教育者的教学示范作用的发挥是提升中小学教师学习领导力的关键举措，可助力学习领导理念在教学实践中落地生根。为此，教师教育者应主动深入中小学校挂职锻炼，与中小学教师队伍形成学习共同体，开展合作，与中小学教师一同磨课、上课，充分发挥"示"与"范"的作用，帮助中小学教师掌握学习领导工作的时机与要领。可以说，教师教育者提升自身的教学示范能力，努力成为双师型的教师是助推中小学教师学习领导力发展的直接途径。

第三节　中小学环境营造：教师学习领导力发展的关键策略

一　校长践行民主型领导方式

在我国现行的基础教育体制中，校长作为学校的行政首长，其地位一度被认为是学校至高无上并且最具权威的领导者。但实际上校长的领导地位不仅仅局限于行政事务的决策上,而应该在学校的管理、教育、改革、学术、服务等方面发挥重要的作用。可以说,社会变革的加剧对组织学习以及组织领导提出了新的挑战。伴随着彼得·圣吉的"去中心(decenter)领导者"和萨乔万尼的道德领导者,即"领导者的领导者"思想的提出,分布式领导的理念开始受到西方众多研究者的重视。

分布式领导的理念把学校领导者的关键点放在了他的影响力上。因此,决定学校领导结果的好坏不是多设置几个副校长的职位就可以解决的。探明学校领导权力在整个学校中的分布主体,将教师视为学习领导者,同时明确其学习领导的权责方可帮助学校解决所面临的管理困境:管理越严格问题就越多的困境;严格把控教学质量但效果不明显的问题等。

在传统的学校管理系统中,校长的角色与功能具有多样性和重叠性,学校师生和社会大众都对校长的管理成效抱持很大的期望。校长在具有权威的情况下,需要保证整个学校在学生的升学入学、教师的教学管理、学校资金流转、学校环境设施建设等多个方面的平稳运转。所以,教师提高自身教学领导力的动力来源之一就是校长对他们的支持。

中小学校长可以从两方面入手支持教师学习领导力的培养。第一,以身作则,提升自己的素质和能力,发挥榜样模范带头作用。只有在校长自身言行符合规范的情况下,才能潜移默化地带动学校教师的进步发展。第二,校长就教师的学习领导活动及时与教师进行沟通、交流,肯定教师的工作成效,体会教师在学校教学中的困惑并帮助教师寻找解决困惑的方法,校长对教师的体悟关怀不仅有利于自身管理工作的进行,也可以获得教师群体的信赖。总之,校长应成为"领导者的领导",而非"英雄式领导"。

二 明确教师学习领导的权责

目前,我国中小学校实行校长负责制这一基本的教育管理体制。校长负责制虽然明确了校长对学校各项事务的绝对领导权,提高了学校管理中各项决策的效率。但是,这一制度也在一定程度上禁锢了学校中其他成员的思想,认为校长是学校之主,所有事情都是由校长说了算,从而限制了自身在学校管理中的重要作用，进而使得优秀教师的管理才能很容易被埋没。除此以外，它还限制了教师自身的民主权利，禁锢了优秀教师发挥领导作用的思路。

中小学教师作为学习的领导主体，肩负着引领学生学习、协助同伴进步、促进优质学校学习文化生成的权利与责任。明确权利与责任是发展中小学教师学习领导力的前提，这不仅要求校长改变自身的领导风格，还要求校长改变原有的领导方式，变集权式领导为分散式领导，同时鼓励中小学教师主动分担责任，对学生、同伴以及学校的发展负责。

首先，"评价一所学校应先看他的校长"，校长是一所学校的设计师，对中小学教师学习领导力发展起着至关重要的作用。为此，校长应当改变自身的领导风格，鼓励教师积极参与教与学决策。此外，校长应当对自身的能力和素养进行反思和审视，明确自身能否在学校中起到榜样带头作用，能否与自己所拥有的权力相对等，借此，不断督促自我在工作中保持不断学习和进步的热情。

其次，创新学校管理机制，优化学校领导方式，为中小学教师参与学校事务管理提供平台。要帮助教师实现专业发展自信，以学习为核心的领导强调人人都是教育领航员的信念，所以学校应改变原有的科层制领导方式，提升学校学习领导的密度，让每一位教师在适当的环境下都能够行使一定的学习领导权利，保证对学校学习活动的领导是对分享式领导、教师领导及分布式领导等多种形式领导意义的融合。同时，建议在学校中成立相关监督部门，使教师能够大胆去想、放手去做。

最后，赋予中小学教师学习领导的权利与责任。国外研究者就教师作为领导者问题进行了比较多的论述。如卡兹梅耶与穆勒曾提出："教师是课堂内外的领导者，是教师团体进步的促成者，可以对他者的教育实践起领导作用。"[①] 在澳大利亚和英国，教师行政部门均制定了教师开展学习领导实践的相关计划，如澳大利亚的"发展中的教师领导"和英国的"教师领导学校发展"计划，均将教师作为领导者的身份纳

---

① M. Katzenmeyer, G. Moller, *Awakening the Sleeping Giant：Helping Teachers Developing Leaders*, Thous and Oaks：Corwin Press, 2001, p. 5.

入了法律范畴。① 泰诺·斯图尔特也指出："教与学生学习活动最直接的关联是他的老师,因而,将学习领导的机会广泛分布于学校的教师中是提升学校效能的关键。"② 学者沃伦·本尼斯等则提出了"每一个组织成员都是自我与他人进步的领导者"③ 的主张。由此可见,促使中小学教师达成对学习领导者角色的共识,明确中小学教师学习领导者权利与责任的重要意义不言而喻。

三 改进教师队伍的激励机制

学习领导是一个系统的推进过程,除了改善中小学校长的领导方式,明确中小学教师的学习领导权利与责任外,还需要采取相应的激励措施提升教师开展学习领导实践的自觉性与主动性。心理学家研究发现,个体发展的内部驱动力受很多因素的影响,其中就包括在适当的外部条件刺激下促使个体产生一种向着自己目标努力的强大的内驱力。具体而言,首先,学校可以不断地创新教师队伍的管理机制,保证管理机制与时俱进,适合学校管理的需求,以此可以调动教师的积极性。当前,中小学在教师管理体制上采用的依旧是传统的科层制的管理模式,这种模式在实施的过程中会呈现出单向性和强制性,在管理中长时间缺乏上下级的沟通和民主,会导致教师对学校的管理产生厌烦的情绪,在严重的情况下不仅会影响学校的整体管理,还会影响教师的日常教学。因此,学校在管理体制方面务必要推陈出新,使得管理体制既能够保证民主又能够保证效能,同时,也应根据不同的发展情况建立健全对教师参与学校管理事务的相关激励机制,例如,建立相应的荣誉称号、颁发相应的优秀证书或者给予在学习领导实践中表现突出的教师更多的教学福利支持和倾斜,借以提高整个教师队伍的能动性。

---

① 樊亚峤、胡亚慧:《教师学习领导的"内涵·意义·实践"机制》,《现代中小学教育》2015年第8期。

② Trae Stewart, "Classroom Teacher Leadership: Service Learning for Teacher Sense of Efficacy and Servant Leadership Development," *School Leadership & Management: Formerly School Organisation*, No.3, 2012, p.233.

③ [美]沃伦·本尼斯、琼·戈德史密斯:《领导力实践》,姜文波译,中国人民大学出版社2007年版,第184—185页。

此外，将建立共同愿景作为激励教师领导的有效路径。彼得·圣吉认为："共同的愿景是整个组织成员内心的图景，这些图景让组织生成了一种共同性，能够对组成成员的各项行为产生一种无形的规约，使得成员间的行动保持连贯与一致。"① 在学校组织中，共同的学校愿景能够对中小学教师学习领导力的提升提供动力引领，其主要表现如下：首先，中小学教师的学习领导实践将走出各自为政、各行其是的局面。也就是说，中小学教师群体之间基于学校共同的愿景形成凝聚力，对学生、同事的学习起着鼓舞和带领的作用。同时，共同愿景对中小学教师的学习领导也起着约束作用，使教师将学习领导实践与学校教育变革的方向保持一致。其次，共同愿景将具有不同特质、专长的教师汇聚在一起，激发其专业承诺，同时改变教师对其与学校关系的判断，以"我们的学校"代替"校长的学校"，从而自愿分担更多的领导责任。

基于以上分析，中小学校建立共同的愿景可以从两个方面着手。第一，要将原有的传统观念从教师的思想中去除。在教师原有的观念中，愿景来自于组织中的高层领导者，其自身的任务主要是用实际行动达到相应的任务目标，这种强制性的愿景只能让教师顺从和服从，显然不可能实现对教师工作积极性的激发。学校领导者需要激励教师形成个人的愿景，使教师形成"共同愿景建立在教师个人愿景的基础上"的认知。第二，鼓励教师倾听、交流、分享自己的愿景。共同愿景是组织成员在分享个人愿景的过程中产生的。为此，学校可以组织教师定期开展分享、交流会，鼓励大家认真倾听同伴的意见，并自由表达自己的想法。

四 营造教师领导的学校文化

教师学习领导力的孕育与学校的文化氛围密不可分。现代西方的领导力开发已开始从关注个人领导力发展转向关注组织的领导力信念和习惯行为，也即领导力文化的营造。但国内大都只注重校长个人领导力的培养与开发。事实证明，个人"英雄式"的力量难以推动整个学校的

---

① ［美］彼得·圣吉：《第五项修炼：学习型组织的艺术与实践》，张成林译，中信出版社2009年版，第303页。

可持续发展。因此，在学校文化氛围构建的过程中，要确保所营造的氛围有利于教师领导力的生长与发展，使学校形成人人可参与学校事务管理的信念，唯有此才能形成"人人都有领导力"的学校文化生态，才有助于推动教育事业的继续发展。此外，科层管理制度对学校长期影响的根深蒂固，使人们一直深受管理任务的侵害，以"完成上级任务"为宗旨的绩效评价观念盛行使学校形成了封闭和隔离的组织氛围。各层级教师都以"各自任务的完成"为努力目标和工作阵线，学校未形成以"知识共享"与"知识创新"为发展理念的思维路径转换；学校知识管理与领导力的运行机制使教师与学校利益相关者等教育主体缺乏运用动态、发展的理念来组织、营造良好校园文化的发展愿景、行动以及魄力，从而难以从更开放的国际动态视野推动学校的发展与学生的进步，故教师学习领导力的发展缺乏成长的沃土和提升的空间。

约翰·麦克贝斯认为："学习领导活动镶嵌于文化之中。"[①] 学校文化是学校作为一个社会群体的特殊存在样式，对校内的全体成员具有导向、凝聚与规范功能。学校文化包含物质、精神和制度三个方面，并且只有它们实现平稳协调的发展才能在教师学习领导力的培养与发展上发挥良好的环境保障作用。

首先，看得见、摸得着的校园物质建设组成了校园物质文化，它是校园文化中的硬件。学校物质文化包含了学校的教学设施、校园环境布局、建筑和场所建设等多个方面。校园是教师开展教学、学校开展活动、学生开启校园生活的主要阵地，对校园物质文化的建设绝对不容忽视。

其次，一方面，每一个学校日常工作的正常运行都需要相应的规章制度作为保障，另一方面，学校规章制度的制定也为教师学习领导力的培养提供了保障，是促使其顺利开展工作的有效措施。学校制度文化建设不仅包括规章制度的制定，还包括在师生之间培植出合作与共享的价值观念。只有在规章制度完善的情况下才能对师生的行为进行有效的约

---

① John MacBeath and Neil Dempster, *Connecting Leadership and Learning: Principles for Practice*, Abingdon: Routledge, 2009, pp. 49 – 100.

束与规范，也才能够促进学校形成良好的校风，同时能够为学校各项工作的顺利开展提供有力的保障。目前，我国中小学教学中的规章制度存在着缺陷，特别是在教师学习领导力制度方面的缺陷更为明显。面对这样的现实情况，学校应当及时聘请相关专家，在专家帮助下找到不合理之处并及时采取有效的改进措施。

最后，校园精神文化建设是校园文化建设的核心，要营造合作与共享的文化氛围，建立跨学科的学术交流平台十分重要。交流平台的建立，可以打破教师间彼此独立、相互疏离的状态，使得教师在教学生活中不再闭门造车，并且在资源的共享中建立相互沟通交流的人际关系，营造出合作共享的校园文化。充当学习领导者的教师在合作共享的学校文化氛围下发挥其模范带头作用，带领其他的教师在交流中坦诚，在教学中互相支持，在合作中彼此信任，在良好的关系中同进步共发展。

第四节　政府教育政策支持：教师学习领导力发展的保障策略

一　将教师学习领导力内化为教师专业发展

人人都是领导者是分布式领导的核心要义，同样，学校的改进也需要教师实施"草根式的领导"[1]。这意味着教师领导逐步从学校顶层设计中发生位移，逐渐摆脱科层管理结构的束缚，从金字塔顶端转向分布式领导中的点状矩阵。《中国教育现代化2035》指出："要进一步夯实教师专业发展体系，推动教师专业自主发展。"[2] 只有做到教师学习领导与教师专业发展相互结合，才能够增加教师专业发展的厚度。

首先，教师个体自觉认同与承担学习领导角色是首要环节，因此，教育政策制定者应将教师学习领导者的角色纳入教师专业发展规划中。当下，教师承担领导任务的主要途径是借助科层制生涯阶梯所赋予的职位，然而，绝大多数中小学教师并不想或者不能够顺利进入科层体制下

---

[1]　娄元元：《学校发展中的教师领导研究》，博士学位论文，华东师范大学，2015年。
[2]　《中国教育现代化2035》，http://www.gov.cn/xinwen/2019-02/23/content_5367987.htm。

管理者的行列，这就需要为普通教师提供有利的机会。同时，领导所呈现出的生涯点阵为中小学教师的专业发展提供了动态、有机的方式。

其次，在制度建设中，要扩大正式领导职务中教师领导者的引领、辐射范围，进而为其他教师提供示范，给予指导，进而将教师对学习的领导嵌入教师专业发展之中。

最后，应将教师的非正式学习领导视为发展的着力点，教师学习领导力越来越依托教师的非正式领导。因而促进教师学习领导力的着力点不是赋予更多的领导头衔或职位，而是更加关注教师的非正式领导。为此，应对教师非正式领导的影响因素，如人格特质、价值观、个人魅力等给予特别关注，并制定相应的激励办法。

二 构建教师学习领导力培养的相关制度

近年来，教师专业发展越来越关注教师学习，教师的成长日益被"教师学习"一词所取代。[1] 新的教师专业发展范式日益演变为对教师学习的关注。[2] 无疑，理论与实践是不能分离的，有效的教师学习领导需要正确的理论作为指导，所以培训活动的开展需要健全相关的培训制度。

"制度的确立并不是在短暂的某一个时间区间内就可以实现的，其具有历时性，从其发生到发展，最后到确立需要在无数人的不断探索实践中形成。"[3] 笔者认为，提升教师学习领导力的培训效能需要教育行政部门和学校共同完善相应的制度。

首先，教育行政部门应牵头成立集"教、研、训"于一体的研究机构，针对教师培训的内容、时间、形式、频率等进行研究，并能够将理论研究成果与成功的实践案例结合在一起进行推广。此外，应针对教师学习领导力这一主题制定适切的培训章程和培训方案。其中包含培训

---

[1] T. J. Fenwick, "Teacher Learning and Professional Growth Plans: Implication of a Provincial Policy," *Journal of Curriculum and Supervision*, No. 3, 2004, pp. 259 – 282.

[2] A. Webster-Wright, "Reframing Professional Development through Understanding Authentic Professional Learning," *Review of Educational Research*, No. 9, 2009, pp. 702 – 739.

[3] 苏力：《制度是如何形成的》，北京大学出版社2013年版，第53页。

经费管理制度、培训专家聘任制度、培训讲师责任制度等。

其次，学校应积极构建以学习领导为中心的校本研修制度、校际联盟制度。在制度建设中，还应关注教师在实际教学中所遇到的各种困难，明确教师在教学中的实际需要，并将困难和需要作为制度建设的导向，为教师参与形式多样的学习领导力培训提供制度保障。

最后，应建立系统的教师培训流程。教师培训工作往往关注"学习中"，而忽视"学习前"与"学习后"的跟进。这种片面的培训观会导致教师培训的目标、内容以及评价设计上的局限性，自然会削弱培训者深度学习的价值。[①] 从哈瑞的学习环路模型来看，教师培训的全过程包括培训前的准备、学习中的练习与学习结束后的迁移应用三个阶段。也就是说，教师对培训知识的理解、内化与习俗化很难在培训中就全部完成。因此，需要从全过程视角整体设计教师培训的方案。

三 开发教师学习领导力的相关专业标准

提升中小学教师的学习领导力离不开相应的专业标准的规约。确立明确的标准以及与教师学习领导力相关的认证办法，能够科学地认识中小学教师学习领导力发展的现实情况及其存在的差距，能为中小学教师学习领导力的发展提供理论框架的导向作用。就目前而言，我国尚没有出台相关的专业标准和认证制度来规约中小学教师的学习领导力。相比较而言，国外已有关于教师学习领导的相关专业标准及认证办法。"他山之石，可以攻玉"，为此，我们可以借鉴国外好的做法。

2011年，美国教师领导研究协会（Teacher Leadership Explorator Consortiun，TLEC）颁布的《教师领导示范标准》（Teacher Leader Model Standards）对教师领导力做出了相关的规定，主要包括以下内容：（1）营造分享与合作的学校文化，引导教师发展和学生的参与性学习；（2）通过教师领导理论推进教师领导的现实实践；（3）对教师群体的专业学习开展持续性的改进；（4）探索与实施帮助教师与学生改进学习的

[①] 陈霞：《以教师学习为中心的教师培训课程重构路向》，《教育发展研究》2017年第18期。

策略；(5) 对地区和学校关于教师评估的数据进行充分利用；(6) 鼓励家庭、社区积极参与到学校的领导实践中；(7) 帮助学生掌握学习技能，促进自我发展。① 此外，这一标准还对教师领导行动提出了期望。这一标准的颁布为教师承担领导角色，积极践行领导实践提供了保障。

综上分析，美国在发展教师领导力实践中采取了制定中小学教师学习领导的相关标准的做法，这使得美国在衡量教师领导力发展上拥有了相对统一的衡量标尺。由此可见，建立相应的标准不仅为教师学习领导力发展提供了方向，也能够对发展的结果进行及时的检测和调整，这种做法对于中国的学校而言是一个值得学习的经验。同时，中小学教师学习领导力和教师个体的专业角色的融合，也为教师开展学习领导实践提供了机会。就我国的实际情况而言，还有必要在前期开展对国内中小学教师学习领导力状况的调查研究，为制定标准提供数据支持。另外，本书聚焦的中小学教师学习领导力集中于学校层面，因此，将重点研究与论述中小学校层面如何建构教师的学习领导标准与细则。而标准的主要内容至少应包含中小学教师积极参与教与学决策的制定、有效开展课堂上的学习领导以及引领教师同事的学习三个方面，而且在每个方面都需要配套制定具体科学可行的实施要求与细则。

四 将教师学习领导力纳入教师评价体系

评价对教师的行为起着激励、引导和约束等多重作用。中小学教师学习领导力的发展，除了依靠教师自身领导意识的觉醒与尝试外，还需要评价制度的积极引导。将教师学习领导力融入教师考评体系中，可促使更多的中小学教师积极主动地践行学习领导角色。

首先，在中小学教师的考评体系中，强化对中小学教师学习领导力理念的重视，并把教师学习领导力这一内涵加入现有的教师评价内容与目标中。在教师的考评体系中加入学习领导力，在一定程度上能够起到

---

① D. Frost, "From Professional Development to System Change: Teacher Leadership and Innovation," *Professional Development in Education*, No. 2, 2012, pp. 205 – 227.

从侧面激励教师，提升其开展学习领导实践的自觉性与积极性。

其次，教师学习领导力的考评不能缺少对学习领导力评价指标的制定。评价指标的制定使得教师学习领导力的发展有了清晰的方向，只有拥有科学、可靠的指标，才能够使对中小学教师学习领导力的衡量有章可循。

再次，还可以采用把中小学教师的学习领导力水平与教师的绩效工资相联系的措施。除此以外，在中小学教师职称评定的过程中，把其学习领导力水平作为职称评定的重要参考因素之一。这些关联性措施的实施，把教师的切身利益和领导力发展密切联系起来，可以成为一种无形的力量在教师自我提升中发挥积极的作用。

表6-1　　　　　　　　　　教师目标与行动效能评价

重点范围	目标	截止期限	达成目标的证据	联系人	成员	策略	评估数据/结果
				A老师			
				B老师			
				C老师			

最后，在如何开展评价方面，在具体实施中，学校可采取有效的目标与行动评价（如表6-1），以快速了解教师各项活动的目标及其为达到目标所采取的措施，最后落实其目标实现的效度。此外，对于教师学习领导力的评价，应当明确被评价主体，除了中小学教师个体以外，整个教师团队的学习领导工作也应当被纳入考核中，借此，可以鼓励和促进教师之间的共同参与和合作，进而促进教师学习领导力的提升。

第七章 研究结论与展望

随着知识经济的到来,终身学习以及学习型社会的步入使得教育教学领域发生了诸多变革,与学习直接相关的主要变革包括:从个人主义到学习共同体;从知识获得到学习技能提升;从单一方式学习到多元与个性化学习;学习空间也突破了学校的围墙,无缝学习成为信息技术与教育深度融合后的新常态。对于学校教育而言,开展学习领导应是教育直接参与者——教师的一项权利,促进学生与教师群体提升学习技能与成效是本书将中小学教师的学习领导力作为研究对象的主要目的,由此,基于知识经济背景下教与学的深度变革、新时代对教师队伍核心素养的新要求以及教师在学校改进中日益凸显的重要作用,笔者提出提升中小学教师学习领导力应成为学校领导变革的重点关注领域。

第一节 研究结论

一 中小学教师是学习领导者,应赋予其学习领导权责

笔者在对与研究主题中小学教师学习领导力相关的概念展开辨别和分析的基础上,厘清了中小学教师学习领导力这一核心概念。认为中小学教师的学习领导力主要包括以下含义:第一,中小学教师是领导者,应赋予其相应的领导权责;第二,中小学教师围绕学习活动开展领导实践工作,这其中的学习既包括学生的学习,又包括教师群体的学习,因此,学习领导的对象包括学生和教师;第三,中小学教师学习领导力主要借助以下活动发挥作用:帮助学生与其他教师明确学习目标,养成良好的学习习惯,营造适宜的学习环境以及实现学习资源的搜集与优化配

置等。与此同时，中小学教师还应注意自身的某些特质与行为对其学生以及其他教师群体所产生的潜在影响。

二　中小学教师学习领导力模型是多维复合的结构模型

笔者基于工作行为分析和关键事件访谈初步构建出中小学教师学习领导力的理论模型框架，在框架基础上，开发出中小学教师学习领导力的评价工具，借助德尔菲专家法，按照专家组成员提出的意见对模型的框架进行调整与修正。在经过两轮征询专家组成员意见，并达成一致后，对初步构建的中小学教师学习领导力的理论模型框架进行理论层面的验证。此外还根据所编制的"中小学教师学习领导力评价量表"进行小样本试调查，依据调查结果，借助同质性检验与探索性因素对中小学教师学习领导力理论模型构成要素具体指标的适切性与可靠程度进行验证和调整，采用实证检验证明了笔者所建构的中小学教师学习领导力模型是由多维度能力要素构成的，共包含六个维度，分别是中小学教师的学习自治力、学习教导力、学习变革力、学习决策力、学习合作力以及学习感召力。

其中，学习自治力是中小学教师作为学习领导者保持不断成长的、自身的能力基础；学习教导力是中小学教师作为学习领导者，领导和培养学生自主学习、个性化学习的能力，以及对其他教师产生的一种特别的引领教育专业理想的能力；学习变革力是中小学教师不再充当学校政策与规定的忠实执行者，而是突破传统思维的束缚，成为变革教与学的发起者和领导者的能力；学习决策力是中小学教师高瞻远瞩地做出有关学习变革的能力；学习合作力是中小学教师引导学生开展合作学习的能力，也指教师基于群体所形成的合作的专业发展文化与范式，而在教师群体中开展合作性教与学的能力；学习感召力表现为中小学教师非正式的影响力，主要表现是中小学教师作为学习领导者，其个体特质、道德品质以及领导潜能与智慧在追随者群体中所产生的影响力。

三　中小学教师学习领导力各维度之间的发展尚不均衡

借助问卷调查和访谈，笔者对中小学教师的学习领导力及其学习自治力、学习教导力、学习变革力、学习决策力、学习合作力与学习感召力六个维度的发展现状进行了描述性统计，借助单因素方差法对中小学教师学习领导力及各个维度发展状况的相关性进行了分析。同时，借助访谈研究所获得的原始资料对中小学教师学习领导力存在的现实问题给予梳理和透析。研究发现，中小学教师自身的学习领导者角色缺位、知能欠缺、反思滞后以及合作意识不强是中小学教师学习领导力提升存在的最为突出的问题；中小学校的合作文化、校长的领导方式与风格等没有体现出对中小学教师开展学习领导实践进行引领的因素，存在教师学习领导权责不明晰以及学校对教师的激励不当等一系列问题。另外，教师教育尚未关注到教师学习领导力的培养，职后培训对教师学习领导力的针对性不足，线上研修出现困顿局面；在教育政策中没有关于教师学习领导力的相关标准，其评价体系不健全，评价的推动力度不够等问题也较为突出。

四 多维联动策略可助推中小学教师学习领导力的提升

依据分布式领导理论的核心要义审视我国中小学教师学习领导力可以发现，促进中小学教师学习领导力发展离不开组织层面的政策导引、环境支持以及教师教育的引导，更离不开教师自身增强角色认同，开展学习领导反思以及教师群体间合作共同体的建构。因此，笔者依据分布式领导理论中共享权责、交互式合作的核心要义，尝试构建以高校的教师教育为基础、以中小学的环境氛围营造为抓手、以教师的个体发展为中心、以政府的教育政策支持为保障的 T-U-S-G 多主体协同联动策略框架。在中小学教师自身、中小学校、政府与高校多主体联动下，通过协同、合作、共享领导、赋予权责带动中小学教师个体的学习、协作攻关、自我反思是其学习领导力提升的根本。就中小学教师自身而言，增强自身对学习领导的认同和自信、提升学习领导知能、借助批判性反思改进教学实践、通过分享合作实现共同进步；对于教育行政而言，应从学习领导力内化到教师专业发展、开发教师学习领导力的相关专业标准以及构建系统的教师学习领导力评价体系方面做出努力；对于学校环境而言，笔者认为，学校合作文化的建构、校长领导方式的变革、对中小学教师学习领导权责的明确、对教师开展学习领导相关的激励机制的完善等可以成为提升中小学教师学习领导力的有效策略；在教师教育方面，在职前师范教育培训中增设学习领导力课程、在职后培训中增强提升学习领导力的针对性以及完善教师学习领导力的线上研修系统可以成为提升中小学教师学习领导力的有效路径。

第二节 研究不足

一 调查样本的总量不够丰富

在对中小学教师学习领导力的现状进行调查时，笔者尽可能包含更多类型的样本量，以求全面展现我国中小学教师学习领导力的状况。笔者采取分层随机抽样的方法，邀请东、中、西部地区13个省市的中小学教师参与填写问卷。但由于研究时间和条件的限制，笔者仅选取了13个省市的中小学教师作为研究对象，虽然调查和访谈覆盖了我国基础教育发展程度不同的东、中、西部地区。但是不可否认，总体样本量仍然比较小。而且限于时间的紧迫，无法在全国范围内进行更大规模的样本采集。因此，本书的调研结果也很难全面而科学地体现我国中小学教师学习领导力的现实情况，对区域和城乡之间中小学教师学习领导力的差异考虑得尚不全面，尚未进行全国范围内的大规模调查研究，不能得到更为广泛的原始数据，实为本书的一大缺憾。

二 原始数据的利用深度不足

本书借助对中小学教师的问卷调查和访谈，对获取的一手资料进行分析，但对中小学教师学习领导力现实状况相关数据的分析和利用还存在一些局限，尚未对所得到的原始数据做出深度挖掘。例如，笔者通过实证调查发现，在不同人口统计学变量背景下中小学教师的学习领导力存在差异，但由于研究时间的仓促，并未能够对所收集到的原始数据进行深度的挖掘，对存在相关差异的原因还有待进一步研究。此外，关于中小学教师学习领导力背后的影响因素，笔者分析归纳得出教师自身、学校环境、教育行政以及教师教育等。由于实践的复杂性，以及教师学习领导力的跨学科性，影响中小学教师学习领导力发展的相关因素还远远不止于此，事实上，参与其中并作为教师学习领导力最直接的受益人——学生，这一因素是否会对中小学教师的学习领导力发展产生影响呢？笔者认为，这需要对所获得的原始数据进行深度挖掘，大胆假设，并寻找证据。

第三节　研究展望

行文至此，并未感到完成研究的轻松与释然，更多的是思考如何承担起对中小学教师学习领导力这一主题进行进一步深化研究的学术责任。知不足而后能进，针对本书存在的诸多不足，作为将要成为一名教师和继续从事学习领导的研究者和实践者，笔者将从以下几个方面对中小学教师学习领导力这一主题做进一步深入研究。

一　深化中小学教师亚群体的针对性研究

学术研究是发现问题、分析问题和解决问题的循环过程。随着博士学位论文写作的推进，愈发深刻地认识到今后应保持研究动态和结论的更新，在今后的研究中，应对不同地区、不同年龄段、不同科目的中小学教师开展分类研究，进一步揭示分属不同群体的中小学教师之间的学习领导力所存在的差异，进而提出有针对性的提升策略，是笔者后续工作的重中之重。另外，后续研究还要对学习领导活动中的社会性互动过程予以特别的关注，全面揭示不同类别的中小学教师在学习领导实践中所表现出的学习领导力倾向以及这种倾向的群体间差异，透析中小学教师群体学习领导力的特征。

二　继续保持对横截面数据的追踪与研究

由于时间所限，笔者所采用的调查数据均为在某一时间内调查所搜集的横截面数据，不免增加了对中小学教师学习领导力的统计和分析的局限。例如，一位新手教师在度过适应期后，或者借助骨干教师的传帮带而迅速掌握开展学习领导活动的要领后，其学习领导力与之前将会有明显差异，因此，利用某一个时间点的横截面数据很难全面考察中小学教师学习领导力的发展状况。若是在一段时间后再对该教师进行追踪，收集相关数据，就较容易弥补以上不足。由此，在今后的研究中，开展对某一类型中小学教师学习领导力发展的动态研究是十分必要的。

参考文献

中文专著类

鲍东明：《校长角色与校长发展》，开明出版社2005年版。

陈敏华：《高中教学领导力模型研究：学生的视角》，教育科学出版社2015年版。

陈永明：《教育领导学》，北京大学出版社2010年版。

褚宏启：《中国教育管理评论》（第4卷），教育科学出版社2007年版。

丁栋虹：《领导力》，清华大学出版社2012年版。

丁钢、黄锦樟：《聆听外面的世界——多元社会中的教育领导》，华东师范大学出版社2008年版。

董君武等：《学校变革与教育领导》，北京大学出版社2010年版。

范国睿：《多元与融合：多维视野中的学校发展》，教育科学出版社2002年版。

冯大鸣：《美、英、澳教育管理前言图景》，教育科学出版社2004年版。

冯大鸣：《西方六国政府学校关系变革》，上海教育出版社2011年版。

高文：《学习科学的关键词》，华东师范大学出版社2009年版。

高文、徐斌艳、吴刚：《建构主义教育研究》，教育科学出版社2008年版。

顾明远、石中英：《〈国家中长期教育改革和发展规划纲要（2010—2020)〉解读》，北京师范大学出版社2010年版。

国际21世纪教育委员会：《教育——财富蕴藏其中》，教育科学出版社1996年版。

韩廷伦：《教育研究方法》，高等教育出版社 2011 年版。

黄志成、程晋宽：《教育管理论》，上海教育出版社 2001 年版。

李德伟、马瑶：《领导是什么？》，中国经济出版社 2004 年版。

梁款、黄显华：《学校改进的理论和实证研究》，华东师范大学出版社 2010 年版。

刘建军：《领导学原理——科学与艺术》，复旦大学出版社 2007 年版。

卢立涛：《发展性学校评价在我国实施的个案研究》，重庆大学出版社 2012 年版。

毛亚庆：《教育研究的三个视域》，安徽教育出版社 2012 年版。

施良方：《学习论》，人民教育出版社 2001 年版。

王作冰：《人工智能时代的教育革命》，北京联合出版公司 2017 年版。

温恒福：《教育领导学》，中国人民大学出版社 2010 年版。

吴恒山：《学校领导者成功之道》，新华出版社 2005 年版。

吴志宏：《教育行政学》，人民教育出版社 2000 年版。

杨明、竭宝峰：《学校管理问题应对》，安徽人民出版社 2012 年版。

杨思卓：《六维领导力》，北京大学出版社 2008 年版。

张俊华：《教育领导学》，华东师范大学出版社 2008 年版。

张兆芹、卢乃桂、彭新强：《学习型学校的创建：教师组织学习力的新视角》，钟启泉译，教育科学出版社 2011 年版。

[澳大利亚] 鲍勃·林嘉德：《领导学习——达成教育者的愿景》，张健译，湖南教育出版社 2008 年版。

[加] 迈克尔·富兰：《学校领导的道德使命》，教育科学出版社 2005 年版。

[美] 阿尔玛·哈里斯、丹尼尔·缪伊斯：《教师领导力与学校发展》，许联、吴合文译，北京师范大学出版社 2007 年版。

[美] 彼得·诺斯豪斯：《领导学：理论与实践》，吴荣先译，江苏教育出版社 2002 年版。

[美] 彼得·圣吉：《第五项修炼》，郭进隆译，上海三联书店 1998 年版。

[美] 罗伯特·G. 欧文斯：《教育组织行为学》，窦卫霖译，华东师范

大学出版社2001年版。

[美] 马克·汉森：《教育管理与组织行为》，冯大鸣译，上海教育出版社2005年版。

[美] 梅瑞迪斯·D. 高尔、沃尔特·R. 博格、乔伊斯·P. 高尔：《教育研究方法》，许庆豫译，江苏教育出版社2002年版。

[美] 特里林、菲德尔：《21世纪技能：为我们生存的时代而学习》，洪友译，天津社会科学院出版社2011年版。

[美] 托马斯·J. 萨乔万：《校长学：一种反思性实践观》，张虹译，上海教育出版社2004年版。

[美] 约翰·W. 克里斯韦尔：《质的研究及其设计——方法与选择》，余东升译，中国海洋大学出版社2008年版。

[美] 约翰·杜威：《我们怎样思维·经验与教育》，姜文闵译，人民教育出版社2005年版。

[挪] 波·达林：《理论与战略：国际视野中的学校发展》，范国睿译，教育科学出版社2002年版。

[日] 佐藤学：《学习的快乐——走向对话》，教育科学出版社2004年版。

[新西兰] 约翰·哈蒂：《可见的学习——最大限度地促进学习（教师版）》，彭正梅等译，教育科学出版社2015年版。

[英] 阿尔玛·哈里斯：《分布式领导：不同的视觉》，冯大鸣译，上海教育出版社2012年版。

[英] 罗莎林德、李瓦西：《校本管理：分析与实践》，乔锦忠译，北京师范大学出版社2008年版。

中文期刊类

艾诗根：《学校领导者的学习领导作为研究——基于10份国际学习领导研究报告的内容分析》，《比较教育研究》2020年第9期。

艾诗根：《英国学习领导实施的经验评述》，《全球教育展望》2014年第9期。

毕恩明、路书红：《提升中小学校长领导力的对策研究》，《当代教育科学》2010年第4期。

曹阿娟：《美澳校长专业标准比较》，《基础教育》2012年第6期。

陈纯槿、王红：《近二十年英国教师领导研究发展述评》，《上海教育科研》2010年第8期。

陈红：《从课堂到课程再到课堂：浅谈校长课程领导力的提升》，《中国教育学刊》2014年第6期。

陈盼、龙君伟：《国外教师领导力研究述评》，《上海教育科研》2009年第12期。

陈粤秀、陈志利：《范德堡校长领导行为评价体系在中国的适用性研究》，《南京师大学报》（社会科学版）2012年第3期。

程琪、曾文婧、秦玉友：《美国中小学教师流动的特征、影响及应对策略》，《外国教育研究》2017年第12期。

程斯辉、汪睿：《论高中教育的复杂性及其对高中教育改革的要求》，《教育学报》2011年第2期。

楚明：《澳大利亚启动学校改进计划》，《世界教育信息》2013年第10期。

褚宏启、杨海燕：《校长专业化及其制度保障》，《教育理论与实践》2002年第11期。

单文经：《试释学习领导的意义》，《教育研究月刊》2013年第5期。

单作民：《教育领导学科理论的概念化问题》，《现代教育管理》2019年第8期。

董辉、李路路、张婕：《教学领导的概念创生与理论演进——基于菲利普·海林杰教授访谈的叙事与思考》，《华东师范大学学报》（教育科学版）2020年第7期。

杜芳芳：《教师领导力：迈向研究日程》，《外国教育研究》2010年第10期。

杜芳芳：《教师领导力：学校变革的重要力量》，《教育发展研究》2010年第18期。

樊亚峤、胡亚慧：《教师学习领导的"内涵·意义·实践"机制》，《现代中小学教育》2015年第8期。

范素辉：《校长的教师领导力提升路径》，《中小学管理》2014 年第 8 期。

菲利普·贺灵杰：《学习型领导力：模型及核心维度》，《教育研究》2013 年第 12 期。

冯大鸣：《分布式领导之中国意义》，《教育发展研究》2012 年第 12 期。

郭凯：《教师领导力：理解与启示》，《课程·教材·教法》2011 年第 6 期。

何华宇：《可持续教育领导力：背景、内涵及行动提升》，《教育发展研究》2010 年第 2 期。

何林：《美国教师领导力培养研究及其对我们的借鉴价值》，《中国成人教育》2018 年 8 期。

胡继飞、古立新：《我国教师领导力现状及其影响因素的调查研究——以广东省为例》，《课程·教材·教法》2012 年第 5 期。

黄葳：《中小学校长：从行政职务到管理职业》，《教育理论与实践》2005 年第 4 期。

姜美玲、陈静静、吕萍：《学校内涵发展中的校长领导力：对上海浦东新区 331 名正职校（园）长的调查分析》，《全球教育展望》2010 年第 8 期。

蒋园园：《中小学教师领导者角色的有效性：实践改善与资源分析》，《首都师范大学学报》（社会科学版）2011 年第 4 期。

缴润凯、刘丹：《西方学校变革型领导力的研究述评及展望》，《外国教育研究》2017 年第 8 期。

晋银峰：《我国薄弱学校改革发展三十年》，《课程·教材·教法》2015 年第 10 期。

赖翔晖、赵建梅：《高校教师领导力效能量表的开发与验证》，《黑龙江高教研究》2018 年第 7 期。

李保强：《关于教育管理学发展现状的三维审视》，《教育理论与实践》2004 年第 19 期。

李保强、薄存旭：《"教学相长"本义复归及其教师专业发展价值》，

《教育研究》2012年第6期。

李保强、李如密:《构建课堂教学管理学的几个理论问题》,《北京师范大学学报》(人文社会科学版) 2001年第5期。

李保强、刘永福:《学校改进的历史回溯及其多维发展走向》,《教育科学研究》2010年第2期。

李超平、时勘:《变革型领导与领导有效性之间关系的研究》,《心理科学》2003年第1期。

李军:《萨乔万尼论学校道德领导》,《外国教育研究》2003年第10期。

李均、郭凌:《发达国家改造薄弱学校的主要经验》,《外国中小学教育》2006年第11期。

李款:《论教师的领导力内涵》,《教育学术月刊》2009年第7期。

李鹏:《从数学教学反思到反思性数学教学》,《教育学术月刊》2015年第10期。

李太平、李茹、黄洪霖:《美国校长专业标准的演变历程及经验》,《全球教育展望》2019年第5期。

李伟胜:《校长办学思想的内涵、形态及更新策略》,《教育发展研究》2005年第7期。

李伟胜:《校长如何实现价值领导力》,《中小学教育管理》2011年第1期。

李运福、王斐:《教师信息化领导力:内涵与价值分析》,《基础教育》2016年第4期。

励晔、白华:《国外薄弱学校改进的有效举措探析》,《比较教育研究》2009年第6期。

梁健:《如何提升非制度权力下的领导力》,《北京石油管理干部学院学报》2005年第6期。

林明地:《学习领导:理念与实践初探》,《教育研究月刊》2013年第5期。

刘保兄、刘小娟:《教师成为领导者——美国新教师发展观述评》,《全球教育展望》2007年第6期。

刘茜:《学习领导理论述评》,《外国教育研究》2011年第1期。

刘胜男:《学习导向型领导:影响教师组织学习的领导因素——来自上海部分中学的调研证据》,《教育发展研究》2015年第4期。

刘幼玲:《近十年国外分布式教育领导研究述评》,《上海教育科研》2010年第8期。

刘幼玲:《近十年国外分布式教育领导研究述评》,《上海教育科研》2010年第8期。

刘玉、许国动:《教师教学领导力:高校课堂教学有效性视域》,《湖南师范大学教育科学学报》2015年第1期。

刘正伟、李玲:《美国中小学教师国家专业标准改革评述》,《比较教育研究》2016年第1期。

刘志华、罗丽雯:《以学习为中心的校长领导力与教师领导力关系研究》,《华南师范大学学报》(社会科学版)2015年第3期。

龙君伟、陈盼:《当前教师领导力研究的困境与出路》,《华南师范大学学报》(社会科学版)2010年第2期。

娄立志、张金泉:《适应和引领新课改:教师教育功能的角色认知》,《教师教育研究》2008年第2期。

陆燕萍:《基于课程文化建设,提升教师课程领导力》,《江苏教育研究》2012年第34期。

马爱民:《英国新学习文化运动的宣言书——〈21世纪的学习〉述评及启示》,《外国教育研究》2007年第4期。

马佳铮:《社会交换视角下的领导行为与组织绩效关系》,《甘肃理论学刊》2012年第3期。

马建新:《有效领导力的构成及提升途径》,《理论界》2007年第1期。

孟卫青、黄崴:《教学领导研究的新进展:理念与技能》,《外国教育研究》2008年第6期。

孟子舒、刘晓玫:《国际视野中的新任教师标准比较研究》,《外国中小学教育》2018年第10期。

聂玉景:《国外教师领导力研究现状》,《现代教育科学》2016年第4期。

宁波：《校长的教育领导对于学校科学成绩的影响——基于PISA2015中国四省市数据的实证研究》，《教育发展研究》2019年第22期。

彭虹斌：《教育领导面子的道德问题研究》，《教育理论与实践》2013年第16期。

彭虹斌：《英美加三国学校道德领导研究进展》，《外国教育研究》2011年第4期。

彭建华、段万春、陈朝良：《变革型领导理论述评》，《经济问题探索》2004年第9期。

彭云：《教师领导力的核心要素与提升路径》，《教育理论与实践》2017年第23期。

蒲蕊：《教师在学校改进中的领导作用》，《教育科学研究》2012年第5期。

蒲蕊、胡伟：《对教师管理制度改革的思考》，《教育科学研究》2015年第6期。

齐萱：《教师教学领导力的开发》，《中国教育学刊》2015年第1期。

任祥华：《建国70年我国教育领导研究的回顾与前瞻》，《现代教育管理》2019年第8期。

桑雷：《"互联网+"背景下教学共同体的演进与重构》，《高教探索》2016年第3期。

邵建东：《高职教师领导力：内涵、价值及发展路径》，《江苏高教》2018年第10期。

佘林茂、张新平：《个性化教育时代的教育领导：背景、关切与更新》，《中小学管理》2021年第1期。

石中英：《谈谈校长的价值领导力》，《中小学管理》2007年第7期。

史珠子：《高校英语教师领导力调查研究》，《湖北函授大学学报》2017年第1期。

苏静：《用服务型领导的理念发展教师领导力》，《当代教育科学》2012年第4期。

孙祯祥、张丹清：《教师信息化领导力生成动力研究——借助场动力理论的分析》，《远程教育杂志》2016年第5期。

孙帧祥：《校长信息化领导力的构成与模型》，《现代远距离教育》2010年第2期。

涂元玲：《从"文本"到"实践"：〈英国国家校长标准〉实施分析——基于英国国家级校长专业资格培训项目的研究》，《教育科学研究》2011年第2期。

汪建华：《关于校长课程领导力的思考》，《教育教学论坛》2012年第34期。

汪敏、朱永新：《竞争"灵恶"下教育主体关系的表征、瓶颈与应对》，《中国教育学刊》2018年第11期。

王绯烨、洪成文、萨莉·扎帕达：《骨干教师领导角色的认知研究》，《教师教育研究》2017年第5期。

王绯烨、洪成文、萨莉·扎帕达：《美国教师领导力的发展：内涵、价值及其应用前景》，《外国教育研究》2014年第1期。

王绯烨、萨莉·扎帕达：《骨干教师领导力影响因素的实证研究》，《湖南师范大学教育科学学报》2017年第3期。

王红、陈纯槿：《美国教育领导力评价研究三十年：回顾与启示》，《比较教育研究》2012年第1期。

王红、陈纯槿：《美国校长领导力与学生成就关系三十年研究》，《教育学术月刊》2010年第10期。

王丽华：《薄弱学校改进的个案研究》，《教育发展研究》2007年第20期。

王帅：《当代西方主流教育领导理论新进展》，《外国教育研究》2013年第5期。

王晓妹：《义务教育阶段学校内涵发展督导评估指标体系的研究》，《教育科学》2012年第6期。

王彦明：《教学共同体：一种社会学的分析》，《当代教育科学》2012年第11期。

王月芬、徐淀芳：《学校课程计划与课程领导力的实现》，《教育发展研究》2009年第2期。

吴晓英、朱德全：《教师教学领导力生成的困境与突破》，《中国教育学刊》2015 年第 5 期。

吴颖民：《国外对中小学教师领导力问题的研究与启示》，《比较教育研究》2008 年第 8 期。

吴遵民、谢海燕：《当代终身学习概念的本质特征及其理论发展的国际动向》，《继续教育研究》2004 年第 3 期。

项贤明：《当前国际教育改革主题与我国教育改革走向探析》，《北京师范大学学报》2005 年第 4 期。

许苏：《中小学校长专业标准的构建研究：美国经验和启示》，《全球教育展望》2010 年第 8 期。

杨彩菊、周志刚：《西方教育评价思想嬗变历程分析》，《国家教育行政学院学报》2009 年第 11 期。

杨志刚：《薄弱学校改造的实质及多样化策略》，《教育科学研究》2016 年第 1 期。

叶菊艳、朱旭东：《论教育协同变革中教师领导力的价值、内涵及其培育》，《教师教育研究》2018 年第 2 期。

应俊峰、王浩：《建立完善校长管理制度，促进校长专业发展》，《教育理论与实践》2004 年第 1 期。

于文聪：《教师领导力的角色转变及其路径探寻》，《教学与管理》2018 年第 18 期。

袁慧芳、彭虹斌：《从教育管理到教育领导——教育领导学作为一门学科的创立》，《外国教育研究》2010 年第 6 期。

袁明旭：《领导者的"四商"与领导力》，《党政干部学刊》2007 年第 2 期。

曾艳、黎万红、卢乃桂：《课程改革中教师成为学习领导者的路径探索——基于一项实证研究的探讨》，《教师教育研究》2014 年第 1 期。

曾艳、黎万红、卢乃桂：《学习的领导：理解教育领导的新范式》，《全球教育展望》2014 年第 4 期。

张恒渊：《论教师领导力对高效课堂教学的影响》，《新课程》2016 年第 7 期。

张民选、闫温乐：《英国教师眼中的中国数学教育秘密——上海师范大学国际与比较教育研究院院长张民选教授专访》,《外国中小学教育》2015年第1期。

张爽:《校长领导力的提升》,《教育理论与实践》2010年第12期。

张晓峰:《教学领导的研究进展与实施策略》,《教师教育研究》2012年第24期。

张晓峰:《中小学校长专业标准构建研究》,《教育发展研究》2009年第4期。

赵德成:《教学领导力:内涵、测评及未来研究方向》,《外国教育研究》2013年第4期。

赵健:《基于知识创新的学校组织发展——兼论学习共同体与学习型组织的异同化》,《全球教育展望》2007年第2期。

赵明仁:《论校长领导力》,《教育科学研究》2009年第1期。

赵迎:《大学英语教师分布式领导发展的内涵、现状与策略》,《外语界》2018年第5期。

赵垣可:《教师教学领导力的意蕴、困境与生成路径》,《现代中小学教育》2017年第3期。

郑鑫、尹弘飚:《分布式领导:概念、实践与展望》,《全球教育展望》2015年第2期。

郑鑫、尹弘飚:《教学领导的再度兴盛?——兼论西方教育领导研究的转向》,《比较教育研究》2014年第10期。

郅庭瑾:《论教育领导的伦理向度及其实现》,《教育研究》2012年第11期。

中国科学院"科技领导力"课题组:《领导力五力模型研究》,《领导科学》2006年第9期。

钟建国、洪明:《教育管理评估理念的新变革——美国"范德比尔特教育领导评估"述评》,《外国中小学教育》2010年第12期。

钟启泉:《"三维目标"论》,《教育研究》2011年第9期。

邹双秀、胡中锋:《中学校长道德领导力结构研究》,《基础教育》2011年第10期。

外文文献类

Buckner, K. G. and Mc Dowelle "Developing Teacher Leaders: Providing Encouragement, Opportunities, and Support." *NASSP Bulletin*, No. 84, 2000.

B. Mascall, K. Leithwood, T. Straus, et al. "The Relationship between Distributed Leadership and Teachers' Academic Optimism." *Journal of Educational Administration*, No. 2, 2008.

Carl, D., Glickman. "Leadership for Learning: How to Help Teachers Success." *Association for Supervision and Curriculum Development*, 2002.

Childs, B. D., Moller, G. & Scrivner, J., "Principals: Leaders of Leaders." *National Association of Secondary School Principals*, No. 6, 2000.

Christine Forde, Gillian Hamilton, Máire Ní Bhróithe, Mary Nihill, Anna Mai Rooney. "Evolving Policy Paradigms of Middle Leadership in Scottish and Irish Education: Implications for Middle Leadership Professional Development." *School Leadership & Management*, No. 3, 2019.

Christine Forde. "Leadership for Learning: Educating Educational Leaders." In: Tony Townsend & John MacBeath (eds.). *International Handbook of Leadership for Learning*. London: Springer, 2011.

Crowther, F., Ferguson, M., Hann, L., *Developing Teacher Leaders: How Teacher Leadership Enhances School Success*. Thousand Oaks, CA: Corwin Press, 2009.

C. CH. Xiu, "The Cross-Cultural Fit of the Learning-Centered Leadership Framework and Assessment for Chinese Principals." Nashville Tennessee: Vanderbilt University, 2008.

Darling-Hammond, L., Bullmaster, M. L., Cobb, V. L., "Rethinking Teacher Leaders-hip through Professional Development Schools." *The Elementary School Journal*, No. 1, 1995.

David Frost. "The Concept of 'Agency' in Leadership for Learning." *Leading and Managing*, No. 2, 2006.

Ellen Daniëls, Annie Hondeghem, Filip Dochy. "A Review on Leadership and Leadership Development in Educational Settings." *Educational Research Review*, No. 1, 2019.

Esther Dominique Klein, Hanna Bronnert-Härle. "Mature School Cultures and New Leadership Practices—An Analysis of Leadership for Learning in German Comprehensive Schools." Zeitschrift für Erziehungswissenschaft, No. 12, 2020, p. 20.

Frost, D. & Harris, A. "Teacher Leadership: Towards a Research Agenda." *Cambridge Journal of Education*, No. 3, 2003.

Graham Donaldson. "Leadership for Learning: The Challenges of Leading in a Time of Change."

Grant, C., Gardner, K., Kajee, F., Moodley, R. & Somaroo, S., "He Restricted Reality of Teacher Leadership: A South African Survey." 2008.

Hariss, A., "Teacher Leadership as Distributed Leadership: Heresy, Fantasy or Possibility." *School Leadership & Management*, No. 3, 2003.

Harrison, J. W. and Lembeck, E. "Emergent Teacher Leaders." In: Moller G & Katzenmeyer, M. (eds.). *Every Teacher a Leader: Realizing the Potential of Teacher Leadership*. San Francisco: Jossey-Bass, 1996.

Hart, A. W., "Creating Teacher Leadership Roles." *Educational Administration Quarterly*, No. 11, 1994.

Helen M. Marks, Susan M. Printy. "Principal Leadership and School Performance: An Integration of Transformational and Instructional Leadership." *Educational Administration Quarterly*, No. 3, 2003.

Hickey, W. D., Harris, S., "Improved Professional Development through Teacher Leadership." *The Rural Educator*, No. 2, 2005.

H. YU. "He Effects of Transformational Leadership on Teachers' Commitment to Change in Hong Kong." *Journal of Educational Administration*, No. 4, 2002.

James P. Spillane. *Distributed Leadership*. San Francisco: Jossey-Bass, No. 3, 2006.

Jan Håkansson. "Leadership for Learning in the Preschool: Preschool Managers'

Perspectives on Strategies and Actions in the Systematic Quality Work." *Educational Management Administration & Leadership*, No. 2, 2019.

Jerry, W., Valentine and Mike Prater. "Instructional, Transformational, and Managerial Leadership and Student Achievement: High School Principals Make a Difference." *NASSP Bulletin*, No. 1, 2011.

John MacBeath, Tony Townsend. Leadership and Learning: Paradox, Paradigms and Principles. In: Tony Townsend & John MacBeatb (eds.). *International Handbook of Leadership for Learning*. London: Springer, No. 12, 2011.

John MacBeath. "Leadership is for Learning—a Critique of Current Misconceptions around Leadership for Learning." *Zeitschrift für Erziehungswissenschaft*, No. 23, 2020.

Joseph Murphy, Stephen N. Elliott and Ellen Gold Ring, et al. "Leadership for Learning: A Research-based Model and Taxonomy of Behaviors." *School Leadership and Management*, No. 2, 2007.

J. York-bar, K. Duke. "What Do We Know about Teacher Leadership? Findings from Two Decades of Scholarship." *Review of Educational Research*, No. 3, 2004.

Katzenmeyer, M., Moller, G., *Awakening the Sleeping Giant: Helping Teachers Develop as Leaders*. Thousand Oaks, CA: Corwin Press, 2001.

Katznmeyer, M. & Moller, G. *Awakening the Sleeping Giant: Helping Teachers Develop as Leaders*, Thousand Oaks: Corwin Press, 2009.

Kenneth Leithwood, Karen Seashore Louis & Stephen Anderson, et al. How Leadership Influences Student Learning. Twin Cities: Center for Applied Research and Educational Improvement, University of Minnesota and Toronto: Ontario Institute for Studies in Education.

K. Leithwood, B. Mascall. "Collective Leadership Effects on Student Achievement." *Educational Administration Quarterly*, No. 4, 2008.

Leithwood, K. & Jantzi, D. "Principal and Teacher Leadership Effects: A Replication." *School Leadership & Management*, No. 4, 2000.

Lieberman, A. & Miller, L. *Teacher Leadership*, San Francisco: Jossey bass, 2004.

Lieberman, A. and Pointer, M. D. "The Role of 'Accomplished Teachers' in Professional Learning Communities: Uncovering Practice and Enabling Leadership." *Teachers and Teaching: Theory and Practice*, No. 4, 2009.

Little, J. W. "High School Restructuring and Vocational Reform: The Question of 'Fit' in Two Schools." *NASSP Bulletin*, No. 85, 2001.

MacBeath, Neil Dempster (eds.). *Connecting Leadership and Learning: Principles for Practice*, Abingdon: Routledge, 2009.

Marcus Pietsch, Pierre Tulowitzki, Tobias Koch. "On the Differential and Shared Effects of Leadership for Learning on Teachers' Organizational Commitment and Job Satisfaction: A Multilevel Perspective." *Educational Administration Quarterly*, No. 5, 2019.

Marks, H. M. & Louis, K. S. "Does Teacher Empowerment Affect the Classroom? The Implications of Teacher Empowerment for Instructional Practice and Student Academic Performance." *Educational Evaluation and Policy Analysis*, No. 3, 1997.

Markus Ammann. "Leadership for Learning as Experience: Introducing the Use of Vignettes for Research on Leadership Experiences in Schools." *International Journal of Qualitative Methods*, No. 1, 2018.

McCormick, R., Fox, A., Carmichael, P. & Proctor, R. *Researching and Understanding Educational Networks*. Abingdon: Routledge, 2011.

Michael A. Copland & Michael S. Knapp. *Connecting Leadership with Learning: A Framework for Reflection, Planing and Action*. Alexandria: Association for Supervision and Curriculum Development, 2006.

Michael Fullan, *The Moral Imperative of School Leadership*. Thousand Oaks: Corwin Press, 2003.

Michael S. Knapp, Michael A. Copland & Joan E. Talbert. Leading for Learning: Reflective Tools for School and District Leaders. Seattle: Center for the Study of Teaching and Policy, University of Washington, No. 13, 2003.

Moral, Higueras-Rodríguez, Martín-Romera, Valdivia, Morales-Ocaña.

"Effective Practices in Leadership for Social Justice. Evolution of Successful Secondary School Principalship in Disadvantaged Contexts." *International Journal of Leadership in Education*, No. 2, 2020.

Muijs, D. & Harris, A. "Teacher Led School Improvement: Teacher Leadership in the UK." *Elementary School Journal*, No. 1, 1995.

Mulford, B., Kendall, L. & Kendall, D., "Administrative Practice and High School Students' Perceptions of Their School, Teachers and Performance." *Journal of Educational Administration*, No. 1, 2004.

Murphy, J. *International Handbook of School Effectiveness and Improvement*. Berlin: Springer Netherlands, 2007.

Neil Dempster. Leadership for Learning: Making Connections down under. In: Tony Townsend & John MacBeatb (eds.). *International Handbook of Leadership for Learning*. London: Springer, No. 8, 2011.

Philip Hallinger. "Leadership for Learning: Lessons from 40 Years of Empirical Research." *Journal of Educational Administration*, No. 2, 2011.

Pierre Tulowitzki, Marcus Pietsch. Stichwort: Lernzentriertes Leitungshandeln an Schulen-Leadership for Learning. *Zeitschrift für Erziehungswissenschaft*, No. 3, 2020.

Pounder, J. S. "Transformational Classroom Leadership: The Fourth Wave of Teacher Leadership?" *Educational Management Administration & Leadership*, No. 4, 2006.

P. Hallinger, L. Bickman, K. Davis. "School Context, Principal Leadership, and Student Reading Achievement." *The Elementary School Journal*, No. 5, 1996.

P. Matthews, H. Moorman, & D. Nusche. "Building Leadership Capacity for System Improvement in Vicoria, Australia." In Pont, B., Nusche, D., and Hopkins, D. (eds.). *Improving School Leadership*, Volume 2: *Cases Studies on System Leadership* (pp: 179-214). Pairs: OECD, 2008.

Sliva, D. Y., Gimbert, B. & No lan, J. "Sliding the Doors: Locking and Unlocking Possibilities for Teacher Leadership." *Teachers College Record*,

No. 4, 2000.

Smylie, M. A. "New Perspectives on Teacher Leadership." *Elementary School Journal*, No. 1, 1995.

Snell, Swanson. The Essential Knowledge and Skills of Teacher Leaders: A Search for a Conceptual Framework. Paper Presented at the Annual Meeting of the American Educational Research Association, New Orleans, LA, April, 2000.

Steve Myran, Ian Sutherland. "Defining Learning in Educational Leadership: Reframing the Narrative." *Educational Administration Quarterly*, No. 4, 2019.

Sue Swaffield, Louis Major. "Inclusive Educational Leadership to Establish a Co-operative School Cluster Trust? Exploring Perspectives and Making Links with Leadership for Learning." *International Journal of Inclusive Education*, No. 11, 2019.

Tony Bush. "Educational Leadership and Management: Theory, Policy, and Practice." *South African Journal of Education*, No. 3, 2007.

V. Robinson, C. Lloyd, K. Rowe. "The Impact of Leadership on Student Outcomes: An Analysis of the Differential Effects of Leadership Types." *Educational Administration Quarterly*, No. 5, 2008.

Weiner, M. L. "Finding Common Ground: Teacher Leaders and Principals Speak out about Teacher Leadership." *Journal of School Leadership*, No. 1, 2001.

Wheatley, M. "Good-Bye Command and Control." In M. Fullan (eds.). *The Jossey Bass Reader on Educational Leadership*. Chicago: Jossey-Bass, 2000.

Wirt, F. M., Kirst, M. W. *The Political Dynamics of American Education*. Berkeley, CA: Mc Cutchan Publishing, 1997.

Yarger, S. J. & Lee, O., "The Development and Sustenance of Instructional Leadership." In D. R. Walling (ed.). Teachers as Leaders: Perspectives on the Professional Development of Teachers. Bloomington: *Phi Delta*

Kap pa Educational Foundation, No. 13, 1994.

Y. CH. Cheng. "Teacher Leadership Style: A Classroom-Level Study." *Journal of Educational Administration*, No. 3, 1994.

Zinn, L. F. Supports and Barriers to Teacher Leadership: Reports of Teacher Leaders. Paper presented at the annual meeting of the American Educational Research Association, Chicago, 1997.

网络文献类

Fadel, C. Earp, J. Global Education: 21st Century Skills, https://www.teachermagazine.com.au/article/global-education-21st-century-skills.

Greg Toppo. "What to Learn: 'Core Kno wledge' or '21st-century Skills'?," https://usatoday30.usatoday.com/news/education/2009-03-04-core-kNo.wledge_n.htm.

《〈国家中长期教育改革和发展规划纲要（2010—2020年）〉中期评估教师队伍建设专题评估报告》, http://www.moe.gov.cn/jyb_xwfb/xw_fbh/moe_2069/xwfbh_2015n/xwfb_151207/151207_sfcl/201512/t20151207_223264.html。

《教育部等五部门关于印发〈教师教育振兴行动计划（2018—2022年）〉的通知》, http://www.gov.cn/xinwen/2018-03/28/content_5278034.htm。

《教育部关于全面深化课程改革，落实立德树人根本任务的意见》, http://old.moe.gov.cn//publicfiles/business/htmlfiles/moe/s7054/201404/167226.html。

附　　录

一　中小学教师的学习领导力理论构建访谈提纲

尊敬的老师，

您好！感谢您能抽出宝贵时间接受我的访谈，本次访谈主要是为了收集中小学教师学习领导力理论模型构建相关的数据资料。为了便于整理，请您允许我使用录音笔。本次访谈所获得的资料仅用于开展学术研究。访谈的时间大约在1个小时，非常感谢您的配合！

（一）基本信息

性别	工作地点	教龄	职务

（二）中小学教师学习领导力模型构建访谈提纲

1. 您从事学习领导实践的动机有哪些？您是如何看待学习领导活动的？

2. 您认为在学习领导这项工作中，与其他同事相比，您有哪些突出的优势？

3. 您认为一个优秀的学习领导者应该是怎样的？应该具备哪些能力和素质？

4. 假设让您从目前的教师团队中选择一名教师来接替你的学习领

导工作,您打算从哪些方面培养他?如何进行培养?

三 请您按照以下提示,回想您在开展学习领导工作中曾经遇到的对于您来说比较重要或者印象深刻的事件:

STAR 访谈登陆提纲表

情境(situation)和任务(task)	反应(action)	结果(result)
1. 事件发生的情境是什么样的? 2. 是什么原因促使事件的发生? 3. 您在事件中从事哪些任务? 4. 您在事件完成过程中遇到了什么样的困难?	1. 您对这个事件的看法是什么? 2. 您在事件中担任什么样的角色? 3. 您在完成事件过程中的行动步骤是怎样的?	1. 事件最后的结果是什么? 2. 您在事件完成过程中能够发挥自身的哪些优点或者长处? 3. 您认为自己在完成事件过程中还存在哪些缺点?

二 德尔菲专家征询问卷（第一轮）

尊敬的专家：

您好！我是武汉大学教育科学研究院的一位博士生，正在从事中小学教师学习领导力的课题研究。您是研究者选定的既有深厚理论知识又有丰富教育实践经验的专家，您提出的意见与建议将对中小学教师学习领导力评价量表的科学性与真实性产生重大影响。在此恳请您抽出宝贵时间完成此问卷。本问卷共包含三部分内容：第一部分是专家基本情况；第二部分是专家对问卷内容熟悉程度与判断依据的调查表；第三部分则是中小学教师学习领导力评价量表征询问卷；第四部分是您的其他建议事项。

谢谢！

第一部分：专家基本情况

1. 您的工作单位_____
2. 您的工作年限是：
A. 5 年以内　　B. 6—10 年　　C. 11—15 年　　D. 16 年以上
3. 您的工作性质是
A. 学者　　　　B. 中小学校长　　　　C. 中小学教师
4. 您的职称是
A. 教授　　B. 副教授　　C. 高级　　D. 中级　　E. 初级

第二部分：专家对研究内容的熟悉程度与判断依据调查表

填写说明：请根据您的实际情况，在表 1 相应的表格中打"√"，表示您对研究内容的熟悉程度；在表 2 相应的表格中打"√"，表示您的判断依据及程度。

表 1　　　　　　　　　　您对研究内容的熟悉程度

完全熟悉	较为熟悉	一般熟悉	不太熟悉	完全不熟悉

表 2　　　　　　　　　　您的判断依据及程度

判断依据	对专家组成员判断的影响程度		
	大	中	小
工作经验			
理论知识			
文献熟知			

第三部分：中小学教师学习领导力评价量表征询问卷

填写说明：请根据您的实际情况，在下表"赞同程度"栏目下打"√"表示您对题项的赞同程度；同时，请您将修改建议填写在右侧的"修改意见"一栏中。

维度	一级指标	二级指标	题项	符合程度					修改意见
				5	4	3	2	1	
教师学习力	态度	自主学习态度	具备主动、勤奋刻苦的学习态度						
	知识	知识素质	具备精深的学科知识和丰富的关于学习的科学知识						
		前沿知识	实时跟踪学习领域的最新知识						
	技能	终身学习能力	认为终身学习很重要，并努力践行						
		创新学习能力	借助先进学习工具，如思维导图、APP等进行学习						
		反思学习能力	经常反思我的学习						
		高效学习能力	排除一切干扰集中精力学习						

续表

维度	一级指标	二级指标	题项	符合程度					修改意见
				5	4	3	2	1	
学习教导力	基本教学能力	教学表达能力	能够清晰表达、传递知识						
		课堂监管能力	有效控制课堂秩序,保证每位学生积极参与						
		教学设计能力	针对学生需求提供学习支架,帮助学生完成个体知识的意义建构						
	教学评价能力	客观评价能力	多元、客观地评价学生的学习成效						
		及时激励能力	激励学生进行自主学习和探究的学习活动						
	对学生自主学习的引导能力	促进个性化学习	了解学生学习风格,定制个性化的学习活动						
		促进自主学习	布置一些学生自主学习的任务						
学习决策力	决策认知	对决策主体的认知	认为教师是教育决策者中的一员						
		对参与决策的认知	认为教师是教育决策的参与者						
	决策意愿	愿意参与决策	乐意参与教与学活动中的决策						
学习决策力	决策项目	学校层面	参与学校发展计划制订						
			参与学校的课程开发						
			参与学校教学计划的制订						
			参与教师管理与评价方案的制定						
			参与学生管理与评价方案的制定						
		自我教学层面	自行决定自己所教科目的课程进度						
			自行决定所教科目的教学目标						
			自行决定采用何种教学方法						

续表

维度	一级指标	二级指标	题项	符合程度 5	4	3	2	1	修改意见
学习执行力	沟通能力	与学校领导层的沟通	就学校学习管理问题,积极提出个人意见						
		与同事的沟通	经常就教学问题与同事进行探讨和交流						
		与家长的沟通	经常与家长沟通,反映学生在校的学习表现						
		与社区的沟通	倡导社区开展一些教育服务活动						
		与学生的沟通	经常找学生谈话,了解学生的学习需求与困难						
	高效解决问题的能力	高效解决教学中的突发问题	能够及时、冷静、恰当地处理教学中的突发事件						
		妥善化解人际关系中的矛盾	与同事保持融洽、和谐的人际关系						
	营造学习环境	营造班级学习氛围	努力营造融恰的班级气氛,带领学生共同前进						
		创造同事间合作学习机会	主张集体备课,倡导同事之间的分享与合作						
	构建学习文化	引领学习共同体建设	主张在同事之间以及学生之间开展学习共同体实践						
学习感召力	责任意识	高度的职业责任感	认为教师这一职业是一生不遗余力要做的事情						
	前瞻能力	具有远见卓识	具备开阔的学科见识和视野						
	榜样作用	以身示范影响学生	身体力行,做到事事处处成为学生的榜样						
		以身示范影响同事	身体力行,做到事事处处成为同事的榜样						
	道德感召	高尚的道德品质	做到为人师表,言行一致						
			宽容与接纳不同的要求和观点						
			面对工作压力,能够保持乐观情绪						

续表

维度	一级指标	二级指标	题项	符合程度					修改意见
				5	4	3	2	1	
学习组织力	校合作能力	组织家校合作	促进家校合作	就学生在校表现及时向家长反映、与之交流					
		社区合作	争取社区支持	争取社区的人力、物力与财力支持					
	资源组织能力		学习资源的获取	能够运用现代化技术手段高效地获得学习资源					
			学习资源的配置	能够结合学习需要，对可利用的资源进行合理配置					
	团队合作		促进教师队伍合作	乐意与同事分享教学经验，带动同事分享教学经验					
			促进学生合作学习	能够引导学生互帮互助					

第四部分：您的其他建议事项

问卷到此结束，谢谢您提出的宝贵建议！

三 德尔菲专家征询问卷(第二轮)

尊敬的专家:

您好!承蒙您在第一轮专家征询中的协助与指导,我们根据您提出的宝贵意见,对中小学教师学习领导力的评价量表进行了修正,并在此基础上形成了第二轮专家征询问卷。本轮问卷共包含两个部分:第一部分是经过修正的中小学教师学习领导力评价量表征询问卷。第二部分是其他建议事项。请您尽量于 2019 年 8 月 20 日前将本轮问卷返回给研究者。

再次感谢您的支持与指导!

第一部分:中小学教师学习领导力评价量表征询问卷(修正版)

填写说明:请根据您的实际情况,在下表"赞同程度"栏目下打"√",表示您对题项的赞同程度;同时,请您将修改建议填写在右侧的"修改意见"一栏中。

维度	一级指标	二级指标	题项	赞同程度					修改意见
				5	4	3	2	1	
教师学习力	态度	对学习的认知	认同学习力是 21 世纪重要的一项能力之一						
		自主学习态度	具备主动、勤奋刻苦的学习态度						
	知识	知识素质	具备扎实的学科知识						
			具备丰富的关于学习的科学知识						
		前沿知识	实时跟踪学习领域的最新知识						

续表

维度	一级指标	二级指标	题项	赞同程度					修改意见
				5	4	3	2	1	
教师学习力	技能	终身学习能力	努力践行终身学习理念						
		创新学习能力	借助学习工具，如思维导图、APP进行学习						
		反思学习能力	经常反思我的学习						
		高效学习能力	排除一切干扰集中精力学习						
学习教导力	教学能力	基本教学能力	教学表达能力	能够清晰表达、传递知识					
			课堂监管能力	有效控制课堂秩序，使每位学生都积极参与						
			教学设计能力	针对学生需求提供学习支架，帮助学生完成个体知识的意义建构						
				创建有利的学习环境						
		教学评价能力	客观评价能力	多元、客观地评价学生的学习成效						
			及时激励能力	激励学生进行自主学习和探究学习活动						
	对学生学习的引导能力		促进个性化学习	了解学生学习风格，定制个性化学习活动						
			促进自主学习	布置一些学生自主学习的任务						
学习决策力	决策认知	对决策主体的认知	认为教师是教育决策者中的一员						
		对参与决策的认知	认为教师是教育决策的参与者						
	决策意愿	愿意参与决策	乐意参与学校教与学活动中的各项决策						
	决策项目	学校层面	参与学校教学计划制订						
			参与校本课程的开发						
			参与所教科目教学方案的制定						
			参与教师管理与评价方案的制定						
			参与学生管理与评价方案的制定						
		自我教学层面	自行决定所教科目的课程进度						
			自行决定所教科目的教学目标						
			自行决定采用何种教学方法进行授课						

续表

维度	一级指标	二级指标	题项	赞同程度					修改意见
				5	4	3	2	1	
学习合作力	沟通能力	与学校领导层的沟通	就学习管理问题，积极提出个人的意见						
		与同事的沟通	经常就教学问题与同事进行探讨和交流						
		与家长的沟通	经常与家长沟通，反映学生的学习表现						
		与社区的沟通	倡导社区开展一些教育服务活动						
		与学生的沟通	经常找学生谈话，了解学生的需求与困难						
	家校互动	争取家长的支持	经常邀请家长参加学校的各项实践活动						
	同事合作	乐于分享	愿意同事来观摩课堂教学，分享教学经验						
		促成合作	主张集体备课，倡导同事之间的合作						
	学习共同体	引领同事	主张在同事之间开展学习共同体实践						
		引领学生	鼓励学生开展学习共同体实践						
学习感召力	责任意识	高度的职业责任感	认为教师这一职业是一生不遗余力要做的事情						
	前瞻能力	具有远见卓识	具备开阔的学科见识和视野						
	榜样作用	以身示范影响学生	身体力行，做到事事处处成为学生的榜样						
		以身示范影响同事	身体力行，做到事事处处成为同事的榜样						
	道德感召	高尚的道德品质	做到为人师表，言行一致						
			宽容与接纳不同的要求和观点						
			面对工作压力，能够保持乐观情绪						

续表

维度	一级指标	二级指标	题项	赞同程度 5 4 3 2 1	修改意见
学习组织力	解决问题能力	高效解决教学中的突发问题	能够及时、冷静地处理教学中的突发事件		
		妥善化解矛盾	遇到矛盾与纠纷，能够及时解决		
	处理人际关系能力	同事关系	与同事之间关系和谐、融洽		
		师生关系	关爱学生，尊重每位学生的个性特点		
	资源组织能力	学习资源的获取	能够运用现代化技术高效地获得学习资源		
		学习资源的配置	能够结合学习需要，对资源进行合理配置		
学习变革力	变革教学理念	认知	开展学习领导需转变传统灌输式的教学理念		
		价值取向	坚持以促进学生全面发展为变革导向		
	变革教学实践	学生层面	注重激活学生的创新学习意识		
			注重培养学生创新学习的能力		
		教师层面	积极参与教与学变革的相关培训		
			在同事中起着带头变革教学实践的作用		
		学校层面	主动争取学校层面的变革支持		

第二部分：您的其他建议事项

问卷到此结束，谢谢您提出的宝贵建议！

四 中小学教师学习领导力调查问卷

敬爱的老师,

您好!此次问卷调查目的是了解中小学教师学习领导力发展现状以及影响因素。问卷的填写采用匿名方式,答案无对错之分,调查结果仅服务于课题研究,我们将会对您所有的回答进行保密。希望您根据自己的实际情况作答。

我们诚恳地希望得到您的支持和合作。谢谢!

中小学教师学习领导力研究调查组

(一) 基本信息

1. 您的性别: A. 男　　　B. 女

2. 您的年龄: A. 30 岁以下　B. 31—40 岁　C. 41—50 岁　D. 50 岁以上

3. 您的学历: A. 中专　B. 大专　C: 本科　D. 硕士及以上

4. 您的教龄: A. 5 年以下　B. 6—10 年　C. 11—20 年　D. 20 年以上

5. 您所在学校的类型: A. 小学　B. 初级中学　C. 高级中学　D. 完全中学

6. 您的职务: A. 普通任课教师　B. 班主任　C. 教研组长　D. 年段长或科室主任　E. 校领导

7. 您的职称: A. 特级　B. 高级　C. 中级(或一级)　D. 初级(或二级、三级)　E. 未定级

8. 您所获得的最高荣誉: A. 市骨干教师/学科带头人　B. 区骨干教师/学科带头人　C. 校骨干教师/学科带头人　D. 无

9. 您所在学校所属地区: A. 市区　B. 城乡接合部

C. 郊区　　D. 县城　　E. 乡镇

10. 您所在的地区：A. 东部地区　B. 中部地区　C. 西部地区

（二）中小学教师学习领导力现状问卷

	题项	符合程度				
		5	4	3	2	1
学习自治力	认同学习力是21世纪学生重要的能力之一					
	具备勤奋刻苦的学习态度					
	具备扎实的学科知识					
	具备丰富的关于学习的科学知识					
	实时跟踪学习领域的最新知识					
	十分认同"活到老，学到老"的学习理念					
	借助先进学习工具，如思维导图、APP等进行学习					
	经常反思自身的学习					
	能够排除一切干扰集中精力学习					
学习教导力	能够清晰表达、传递知识					
	能够有效维持课堂秩序					
	教学设计注重满足学生的个性化学习需求					
	为学生创建有利的学习环境					
	客观、多元地评价学生的学习成效					
	对学生给予适时的激励					
	引导学生进行自主学习					
学习变革力	开展学习领导实践需要转变传统灌输式的教学理念					
	坚持以促进学生全面发展为变革导向					
	注重激活学生的创新学习意识					
	注重培养学生创新学习的能力					
	积极参与教与学变革的相关培训					
	在同事中起着带头变革教学实践的引领作用					
	主动争取学校层面的变革支持					

续表

	题项	符合程度				
		5	4	3	2	1
学习决策力	认为教师是教育决策者中的一员					
	乐意参与教与学活动中的各项决策					
	参与学校教学计划制订					
	参与校本课程的开发					
	参与教师管理与评价方案的制定					
	参与学生管理与评价方案的制定					
	自行决定所教科目的课程进度					
	自行决定所教科目的教学目标					
	自行决定采用何种教学方法进行授课					
学习合作力	主动与社区合作开展教育服务活动					
	经常找学生谈话，了解学生的学习需求与困难					
	与家长保持沟通与合作					
	与同事合作解决教学中的冲突与矛盾					
	与同事合作开发与配置学习资源					
	与家长、学生以及同事的人际关系和谐、融洽					
	倡导同事之间的分享与合作					
学习感召力	认为教师这一职业是一生不遗余力要做的事情					
	具备开阔的学科见识和视野					
	关爱学生，尊重学生					
	以身示范引领他人					
	宽容与接纳不同的要求和观点					
	面对工作压力，能够保持乐观情绪					

（三）中小学教师学习领导力影响因素问卷

题项	符合程度				
	5	4	3	2	1
我认为自己是学习领导者中的一员					
我会以学习领导者的身份严格要求自己					
我应对学生以及同事的学习进步负起责任					
学校建立了学习领导实践的共同愿景					
我十分认同学校建立的愿景与目标					
校长的人格魅力使同事们对团队产生认同感					
校长经常与我和同事们对话与交流					
校长鼓励我和同事们积极参与学校的各项管理事务					
校长制定决策时愿意听从教师的意见					
骨干教师在教育实践中起着带头作用					
骨干教师很乐意帮助同事解决教学实践中的困难					
骨干教师经常组织同事开展集体研讨					
骨干教师乐意与年轻同事分享经验					
学校出台了教师学习领导实践的具体举措					
学校赋予教师学习领导实践的权力					
学校为教师的学习领导实践搭建平台					
学校鼓励教师群体形成学习共同体					
当前教师考评中还没有与学习领导相关的内容					
教育行政部门尚未出台教师学习领导力的考核标准					
教育行政部门建立了多维度的教师考评体系					
教育行政部门对学习领导实践突出的教师予以表彰					
教育行政部门尚未建立关于教师学习领导的荣誉制度					
师范教育开设了教育领导的相关课程					
参与了学习领导的相关实践					
定期参加教育领导相关的讲座					
定期参加学习领导力提升的在线培训					

问卷到此结束，感谢您的支持与配合！

五 中小学教师学习领导力访谈提纲

（一）访谈目的

1. 了解中小学教师学习领导力的发展现状。
2. 了解校长、骨干教师以及普通教师对教师学习领导力的态度。
3. 了解校长、骨干教师以及普通教师在教师学习领导力实践中的表现。
4. 了解影响中小学教师学习领导力发展的现实障碍。
5. 了解影响中小学教师学习领导力发展的相关因素。

（二）中小学普通教师访谈提纲

1. 您了解教师的学习领导力吗？您认为的教师学习领导力是什么样的？
2. 您认为中小学教师的学习领导力包括哪些方面？
3. 您在教育实践中是如何发挥学习领导力的作用的？能否列举相关的教育案例？
4. 您认为校长对您的学习领导力发展起着什么样的作用？在实践中校长是如何发挥这些作用的？
5. 您认为骨干教师对您的学习领导力发展起着什么样的作用？在实践中骨干教师是如何发挥这些作用的？
6. 您的学习领导力对您身边哪些人产生了作用？请您举例说明。
7. 您认为有哪些因素会阻碍您的学习领导力发展？

（三）中小学骨干教师访谈提纲

1. 您认为您和其他同事有哪些不同之处？
2. 您觉得在日常教学中，您对其他同事有影响力吗？这些影响力都表现在哪些地方呢？
3. 您在学校日常教育管理事务中，会积极表达自己的观点与建议吗？

4. 您在日常教与学活动中，会经常与其他同事互帮互助吗？

5. 您会主动带领年轻教师开展教研活动吗？

6. 您认为目前自身还有哪些欠缺阻碍着自己在同事与学生中发挥更大程度的影响力呢？

7. 您对其他教师开展学习领导实践有什么好的建议？

8. 您觉得影响领导力培养的因素有哪些呢？

（四）中小学校长访谈提纲

1. 哪些教师可以成为贵校的学习领导者？需要什么样的标准和资质要求？

2. 贵校在培养教师学习领导力过程中，采取了什么样的措施？有哪些成功的经验？

3. 您认为贵校的教师在学习领导实践中权力与责任是否对等？

4. 您认为贵校的教师在学习领导力作用发挥上的积极性如何？

5. 您认为造成教师学习领导力发挥积极性高低的外部影响因素主要有哪些（物质激励、发展平台、领导支持）？

6. 贵校是如何对教师学习领导力进行评价的？

7. 您认为教师在入岗之前是否需要接受专门的学习领导力发展培训？

8. 对于教师们提出的建议或意见，您通常做出怎样的回应？

9. 如果对教师的学习领导力进行培养，您会就此做出什么样的努力呢？

访谈知情同意书

研究名称：中小学教师的学习领导力研究

在您决定接受本次访谈前，请仔细阅读下述内容。

访谈目的：本次访谈希望从教师、学生和学校领导的角度，了解目前中小学教师学习领导力的相关情况，从而为提升学习领导力，并改善学生学习指导提供参考，希望得到您的帮助。

您的任务：配合并回答采访人员的问题。

访谈时间：30—45 分钟。

隐私权：本次访谈的结果可能会在学位论文上加以体现，但您的相关信息不会在材料中出现，相关信息会采取匿名方式表述。本次访谈将会在您的允许下使用录音记录，我们将对访谈中所获得的全部信息进行严格保密。

自愿参与或退出：参加本次访谈完全出于自愿，若有任何不便，您可以中途退出。

受访对象：我已详细阅读并接受本知情同意书，下面的签名表明我愿意参加本次访谈。

个人签名：　　　　　　日期：

采访人员：我已向受访对象解释访谈目的和程序，并尽可能回答了与访谈相关的问题。

个人签名：　　　　　　日期：

后　　记

　　本书是在我的博士学位论文《中小学教师学习领导力研究》基础上丰富和完善的成果。

　　掩卷回首，心中的种种焦虑并未渐次纾解。望向窗外，春芽伴着一场细雨已渐渐吐绿，思绪顿时奔向了千里之外的珞珈山。

　　2017年9月，我满怀憧憬地来到了江城武汉，来到了梦寐以求的武汉大学。登上珞珈山，俯瞰青墙绿瓦、林荫小道，轻松而释然；站在凌波栈道上远眺东湖，任夕阳余晖浸染湖面，宁静而美好；坐在图书馆里临窗仰望着蔚蓝的天空，清透而明亮；走在如画的校园里，青春美好的身影，热情而阳光……"艳阳时节又蹉跎，迟暮光阴复若何。"博士阶段的求学生涯虽已结束，除却种种不舍，更多的是对三年来给予我无限帮助的那些可敬可爱人儿的感谢。

　　感谢我的恩师李保强教授，如若说读博三年是学术生涯的重要提升阶段，那么，作为李老师的博士生，我很荣幸地得到了老师为人、为学和为教的多重熏陶。老师对人仁爱谦和，老师做学严谨求实，老师教人如春风化雨，虽历时短短三载，您却教我终身受益无穷之道。仅就本书而言，从选题到开题，从构思到行文，从预答辩到定稿，各个环节无不包含着老师的悉心指导，老师曾无数次地询问我研究进展，为我指点迷津，但愿自己在接下来的工作生活中不负武大学子之名，不负吾师教导之恩。

　　感谢我的师母苏凡英老师，师母总是面带微笑，像一位慈祥的母亲呵护自己的孩子一样，不断鼓励我们前行。无论何时，与她交谈，我都能收获满满的正能量。师母乐观开朗的性格，激励着我对生活时刻充满热情；师母勤俭节约的作风，为我树立了生活上的典范。在此表示衷心感谢！

感谢武大教科院的博士生导师团！他们是彭宇文教授、程斯辉教授、蒲蕊教授、刘亚敏教授、黄明东教授、冯惠敏教授、邱均平教授、杜学元教授。感谢老师们对我的学习研究和论文开题、写作和答辩提出的宝贵意见。另外，感谢李湘东书记、高添璧老师、夏克辉老师、朱福海老师、罗毅刚老师为我学习和科研提供的帮助。

学贵得师，亦贵得友。感谢我的博士战友们！他们是贺静霞、朱秋月、宋博、高慧君、林靖云、关荆晶、黄晶晶、王声平，每当我停滞不前时，总能被当头棒喝；在我迷茫失落时，总能被妥帖治愈；在收获喜悦时，总能欢畅分享。忘不了催着早到占位听讲座的小分队；忘不了每次吃饭路上的论文会；忘不了老斋舍前各种造型的民国风……突如其来的疫情让我们无法如期相见，面对毕业、就业我们在全国各地的家中各自忙乱，但却彼此牵念，愿春暖花开，瘟疫散离，我们再相约。

感谢同门师兄、师姐、师妹、师弟！他们是刘永福师兄、薄存旭师兄、韦耀阳师兄、汪如锋师兄、栾兆云师姐、陈海岩师兄、朱薇师姐、王佳佳师妹、刘晓霞师妹、戴凯媛师妹、马海萍师妹、欣月师妹、黄烨师妹、王印师弟、欧莎娜师妹。每次师门研讨会上大家踊跃而激烈的学术论辩使我开阔视野，助我不断反思和改进，每次师门聚会上的谈笑风生，都让我更加热爱和珍惜读书的光阴，因为师门大家庭，才使我的博士学习阶段格外饱满。愿大家学有所成，前程似锦。

走过千山万水，家是永远的牵挂，因为那是珍藏幸福的存根。感谢亲爱的家人！我的爸妈，我的公婆，感谢你们一直以来无私、无怨的付出，强大的精神支持，充足的物质支持，替我照顾家庭，为我解除后顾之忧，又时常嘘我冷暖，嘱我三餐。感谢我的付先生，总知我冷暖，懂我悲欢；分我家庭重担，解我学业之愁；永远是我开心时的果，脆弱时的肩。感谢我的小队长，每当看到你天真可爱的小脸蛋儿，听到你吱吱呀呀地喊妈妈，都会给我无限奋进的力量。……天长地久有时尽，恩情报答无绝期，唯有更加珍惜光阴，不负亲人期望才能聊表点滴感激之情。

最后，感谢在本书研究进展中给予我指导和帮助的德尔菲小组的专家和我的硕士导师中国海洋大学孙艳霞教授，还有参与填写调查问卷、接受访谈的诸位中小学校长和老师们，他们对本书的完成和完善功不可没，在此表示诚挚的谢意！

珞珈樱花开开落落，东湖波浪起起伏伏。武大的樱花，开了！却已不能目睹，但能在网络媒体上一探早樱芳颜，窥见武大春色和那熟悉的老斋舍、樱花大道，也让人倍感亲切，激动不已！那一片绚烂盛开于乍暖还寒的早春，象征着不屈不挠的生命最终冲破了寒冷与严酷环境的阻隔。这也预示着，在武汉这座英雄的城市里，在广大医护人员和市民的努力下，病毒终将被战胜，温暖而灿烂的阳光会重新普照大地！武汉加油！中国加油！

白文昊于河洛书苑
2020 年 4 月